物权法研究

wuquanfa yanjiu

陈小燕 著

人民出版社

前　言

　　物权法是调整财产关系的基本法律,是民法的重要组成部分。但是,长期以来,由于各种因素,我国物权法律制度未得到应有的确立和发展。1986年颁布的《中华人民共和国民法通则》(以下简称《民法通则》)对有关所有权、他物权制度有所规定,但由于其规范过于笼统与简单,我国亟需制定一部完整的、体系化的物权法。1993年前后,我国民法学界理论研究的中心之一就是物权立法问题。1994年物权立法被全国人大常委会正式列入立法规划中,并于1998年正式成立"民法起草工作小组",其任务之一就是起草《中华人民共和国物权法》(以下简称《物权法》)。2004年8月形成《物权法(草案)》,2007年3月,十届全国人民代表大会第五次会议对该草案进行第七次审议,最终,《物权法》获得了97%的赞同票被顺利通过,并于2007年10月1日正式实施。《物权法》的颁行是我国立法史上一个十分重要的里程碑,也标志着我国民法典的制定已经取得了重大突破。

　　长久以来,由于我国法律实务中,对物权、用益物权、担保物权及占有等物权法的基本概念均无体系性的规定,造成人们对物权基本理论的学习和认识存在障碍。有基于此,本书以我国新颁布的《物权法》为基础,采用《物权法》的体系编排,运用基础理论与范举的方式,对物权的基本理论和知识进行全新的、系统的论述。本书凝聚了作者长期从事法学教学和法律实务的心血,采用深入浅出的论述方法,语言通俗易懂,严格遵循新颁布的《物权法》的法律术语,紧跟最新动态,适合法学专业本科生自学或者作为教师辅导用书,也可供法律实务工作者和研究人员参考使用。

　　本书分为五编:第一编为总论,主要阐述物权法的基本概念、基本原则及其他基本理论。第二编为所有权,介绍了所有权的一般规定,包括所有权的种类、取得方式等。第三编为用益物权,根据新颁布的《物权法》的体例,重点介绍了土地承包经营权、建设用地使用权、宅基地使用权、地役权等相关规定。第四编为担保物权,结合我国《物权法》的新规定,分别对抵押权、质权、留置权等担保物权作了详细的介绍。第五编为占有，简单地阐述了占有制度的基本理论问题。

由于作者水平有限，书中如有不足之处，恳请各位读者和专家批评指正。

目 录

前言 ··· 1

第一编 总 论

第一章 物权法总论 ·· 1
第一节 物权法概述 ··· 1
一、物权法的概念和特征 ··· 1
二、物权法的价值 ·· 4
三、《物权法》的制定和对我国《物权法》的评价 ······································ 8
第二节 物权法的内容和体系 ·· 11
一、物权法的内容 ·· 11
二、物权法的体系和我国《物权法》 ·· 11
第三节 物权法的基本原则 ··· 13
一、物权法的基本原则概述与我国《物权法》 ······································· 13
二、平等保护原则 ·· 15
三、物权法定原则 ·· 16
四、一物一权原则 ·· 18
五、公示公信原则 ·· 19

第二章 物权概论 ·· 21
第一节 物权的概念和特征 ··· 21
一、物权的概念 ··· 21
二、物权的特征 ··· 23
三、物权与其他财产权的比较 ·· 23
第二节 物权的种类 ··· 26
一、物权的学理分类 ··· 26

二、民法上对物权的分类与我国《物权法》……………………… 28
　第三节　物权的客体 ………………………………………………… 29
　　一、物的概念和特征 ……………………………………………… 29
　　二、物的分类 ……………………………………………………… 32
　　三、物权客体与权利——兼评我国《物权法》第二条第二款 …… 36
　第四节　物权的效力 ………………………………………………… 37
　　一、物权的支配效力 ……………………………………………… 38
　　二、物权的排他效力 ……………………………………………… 38
　　三、物权的优先效力 ……………………………………………… 39
　　四、物权的追及效力 ……………………………………………… 42
　　五、物权的妨害排除效力 ………………………………………… 43
第三章　物权的变动 …………………………………………………… 44
　第一节　物权变动概述 ……………………………………………… 44
　　一、物权变动的概念和形态 ……………………………………… 44
　　二、物权变动的原因 ……………………………………………… 46
　第二节　不动产的登记 ……………………………………………… 47
　　一、不动产登记的概念、效力及功能 …………………………… 47
　　二、不动产登记的机构与登记的程序 …………………………… 50
　　三、不动产登记簿和权属证书 …………………………………… 52
　　四、不动产登记的分类 …………………………………………… 53
　　五、预告登记制度 ………………………………………………… 55
　　六、不动产登记瑕疵的救济与责任承担 ………………………… 57
　第三节　动产交付 …………………………………………………… 59
　　一、动产交付的概念、效力及意义 ……………………………… 59
　　二、动产交付的具体形态 ………………………………………… 60
　第四节　物权的消灭 ………………………………………………… 62
　　一、标的物灭失 …………………………………………………… 62
　　二、抛弃 …………………………………………………………… 62
　　三、混同 …………………………………………………………… 63
　　四、其他原因 ……………………………………………………… 63
第四章　物权的保护 …………………………………………………… 64
　第一节　物权的保护概述 …………………………………………… 64

一、物权的保护的概念和意义……………………………64
二、物权的保护的法律归类……………………………64
三、物权的保护的争议解决方式………………………65
第二节 物权请求权…………………………………………66
一、物权请求权的概念和特征…………………………66
二、确认物权的请求权…………………………………68
三、返还原物请求权……………………………………69
四、排除妨害请求权……………………………………70
五、消除危险请求权……………………………………70
六、恢复原状请求权……………………………………71
七、损害赔偿请求权……………………………………72
八、物权请求权的竞合…………………………………72

第二编 所有权

第五章 一般规定……………………………………………75
第一节 所有权的概述………………………………………75
一、所有权的理论………………………………………75
二、所有权的概念与特征………………………………78
第二节 所有权的种类………………………………………80
一、物权平等保护原则的体现…………………………80
二、国家所有权——强化对国有财产的保护…………81
三、集体所有权——主体问题…………………………82
四、私人所有权——完善私有财产法律保护…………83
第三节 所有权的社会作用…………………………………84
一、所有权制度:国家基本经济制度之基石…………84
二、所有权制度:产权的法律形式……………………84
三、所有权:最重要的民事权利………………………85
第四节 所有权的内容………………………………………85
一、积极权能……………………………………………86
二、消极权能……………………………………………87
三、所有权之限制………………………………………87

第六章　不动产所有权 ································· 89

第一节　土地所有权 ································· 89
一、土地所有权的概念和特征 ······················· 89
二、土地所有权的范围 ····························· 90
三、空间权理论的产生与发展 ······················· 90
四、我国的土地所有权制度 ························· 91
五、我国土地征收制度 ····························· 92

第二节　房屋所有权 ································· 93
一、房屋所有权的概念 ····························· 93
二、房屋和土地的关系 ····························· 94

第三节　建筑物区分所有权 ··························· 95
一、建筑物区分所有权的概念和特征 ················· 95
二、业主个人财产的专有权 ························· 98
三、业主共有财产 ································ 103
四、车库、车位的归属与利用 ······················ 106
五、业主之权利与义务 ···························· 107

第四节　建筑物区分所有人管理团体 ·················· 112
一、建筑物区分所有人管理团体之立法例 ············ 113
二、区分所有权人管理团体的性质 ·················· 113
三、业主大会及业主委员会 ························ 114
四、业主大会、业主委员会的职能及其行使 ·········· 116
五、业主大会、业主委员会的诉讼地位 ·············· 117

第七章　不动产相邻关系 ······························ 120

第一节　不动产相邻关系的概念和特征 ················ 120
一、相邻关系的概念 ······························ 120
二、相邻关系的特征 ······························ 120

第二节　相邻关系的处理原则 ························ 122
一、有利于生产、方便生活 ························ 122
二、团结互助、公平合理 ·························· 122
三、尊重历史和习惯 ······························ 122

第三节　相邻关系的种类 ···························· 122
一、《物权法》细化《民法通则》相关规定 ·········· 122

二、相邻土地使用关系 …………………………………………… 124
　　三、相邻用水和排水关系 …………………………………………… 125
　　四、相邻土地、建筑物之损害防免义务 …………………………… 125

第八章　共有 …………………………………………………………… 127
　第一节　共有的概念 ………………………………………………… 127
　　一、共有的概念和特征 ……………………………………………… 127
　　二、共有成立的原因及其意义 ……………………………………… 128
　第二节　按份共有 …………………………………………………… 129
　　一、按份共有的概念和特征 ………………………………………… 129
　　二、按份共有的内部关系 …………………………………………… 130
　　三、按份共有的外部关系 …………………………………………… 132
　　四、共有关系的终止与共有物的分割 ……………………………… 132
　第三节　共同共有 …………………………………………………… 133
　　一、共同共有的概念和特征 ………………………………………… 133
　　二、共同共有的类型 ………………………………………………… 134
　　三、共同共有的内部关系 …………………………………………… 134
　　四、共同共有的外部关系 …………………………………………… 135

第九章　所有权的特别取得 …………………………………………… 136
　第一节　善意取得 …………………………………………………… 136
　　一、善意取得概念 …………………………………………………… 136
　　二、善意取得构成要件 ……………………………………………… 138
　　三、善意取得制度的比较法考察 …………………………………… 139
　　四、我国《物权法》中善意取得的法律效果 ……………………… 141
　　五、盗赃遗失物善意取得问题 ……………………………………… 142
　第二节　拾得遗失物 ………………………………………………… 143
　　一、拾得遗失物的概念 ……………………………………………… 143
　　二、拾得遗失物的构成要件 ………………………………………… 144
　　三、拾得遗失物的法律后果 ………………………………………… 145
　第三节　漂流物、埋藏物、隐藏物 ………………………………… 146
　　一、漂流物、埋藏物、隐藏物的概念 ……………………………… 146
　　二、法律效果 ………………………………………………………… 147
　第四节　添附 ………………………………………………………… 147

一、添附的概念 …………………………………………… 147
　　二、附合 …………………………………………………… 148
　　三、混合 …………………………………………………… 148
　　四、加工 …………………………………………………… 148
第五节　孳息 ………………………………………………… 149
　　一、孳息的概念 …………………………………………… 149
　　二、孳息的分类 …………………………………………… 149
　　三、孳息的归属 …………………………………………… 150
第六节　先占 ………………………………………………… 150
　　一、先占的概念 …………………………………………… 150
　　二、先占取得的构成要件 ………………………………… 151
第七节　取得时效 …………………………………………… 151
　　一、取得时效的概念、意义与性质 ……………………… 151
　　二、取得时效的立法例 …………………………………… 153
　　三、取得时效的构成要件 ………………………………… 154
　　四、取得时效的法律效果 ………………………………… 155
　　五、《物权法》对取得时效的态度 ……………………… 156

第三编　用益物权

第十章　用益物权总论 ……………………………………… 157
第一节　用益物权概述 ……………………………………… 157
　　一、用益物权的概念和特征 ……………………………… 157
　　二、用益物权的价值 ……………………………………… 158
第二节　用益物权的体系和种类 …………………………… 160
　　一、用益物权的种类和体系 ……………………………… 160
　　二、我国用益物权体系立法及其评价 …………………… 161
第十一章　用益物权的具体类型 …………………………… 163
第一节　国有土地使用权 …………………………………… 163
　　一、国有土地使用权的概念和意义 ……………………… 163
　　二、国有土地使用权的取得 ……………………………… 164
　　三、国有土地使用权的消灭 ……………………………… 166

第二节 集体土地使用权 …… 167
一、集体土地使用权的概念 …… 167
二、集体土地使用权的行使 …… 167
三、集体土地使用权的收回 …… 168

第三节 土地承包经营权 …… 168
一、土地承包经营权概述 …… 168
二、土地承包经营权的取得 …… 170
三、土地承包经营权的内容 …… 171
四、土地承包经营权的流转 …… 172
五、土地承包经营权的消灭 …… 173

第四节 建设用地使用权 …… 174
一、建设用地使用权概述 …… 174
二、空间建设用地使用权 …… 175
三、建设用地使用权的取得 …… 177
四、建设用地使用权的内容 …… 178
五、建设用地使用权的流转 …… 179
六、建设用地使用权的消灭 …… 180

第五节 宅基地使用权 …… 181
一、宅基地使用权的概念和特征 …… 181
二、宅基地使用权的取得 …… 182
三、宅基地使用权的内容 …… 182
四、宅基地使用权的消灭 …… 183

第六节 地役权 …… 183
一、地役权的概念与特征 …… 183
二、地役权的取得 …… 184
三、地役权的内容 …… 185
四、地役权的消灭 …… 187

第七节 用益物权的其他类型 …… 188
一、海域使用权 …… 188
二、探矿权与采矿权 …… 189
三、取水权 …… 189
四、养殖权与捕捞权 …… 190

第四编　担保物权

第十二章　担保物权概述 …… 191
第一节　担保物权的概念和特征 …… 191
　一、担保物权的概念 …… 191
　二、担保物权的特征 …… 193
第二节　担保物权的种类 …… 196
　一、法定担保物权与约定担保物权 …… 197
　二、动产担保物权、不动产担保物权、权利担保物权与非特定财产担保物权 …… 197
　三、留置性担保物权与优先清偿性担保物权 …… 197
　四、保全性担保物权与融资性担保物权 …… 197
　五、登记担保物权与非登记担保物权 …… 198
　六、典型担保物权与非典型担保物权 …… 198
第三节　担保物权的取得 …… 198
　一、基于法律行为而取得担保物权 …… 199
　二、非基于法律行为而取得担保物权 …… 200
第四节　担保物权的存续 …… 201
　一、主债权时效届满与担保物权之存续 …… 201
　二、约定担保物权存续期限 …… 205
第五节　担保物权与保证 …… 206
　一、担保物权与保证并存的效力 …… 206
　二、债权人抛弃担保物权对保证责任之影响 …… 209
　三、保证人、物上保证人之追偿与代位关系 …… 210
第六节　担保物权与《担保法》 …… 212
　一、《物权法》与《担保法》之比较 …… 212
　二、《物权法》改进之意义及不足 …… 213

第十三章　抵押权 …… 217
第一节　抵押权的概念和特征 …… 217
　一、抵押权的概念 …… 217
　二、抵押权的特征 …… 217

第二节 抵押权的属性 …… 218
一、抵押权的从属性 …… 218
二、抵押权的不可分性 …… 219
三、抵押权的物上代位性 …… 219

第三节 抵押财产 …… 220
一、概述 …… 220
二、允许抵押的财产 …… 221
三、禁止抵押的财产 …… 222

第四节 抵押权的取得 …… 222
一、抵押合同 …… 222
二、抵押登记 …… 223

第五节 抵押权担保的债权范围及效力所及标的物的范围 …… 225
一、抵押权担保债权的范围 …… 225
二、抵押权效力所及标的物的范围 …… 225

第六节 抵押权的实现 …… 226
一、抵押权实现的概念 …… 226
二、抵押权实现的条件 …… 226
三、抵押权实现的方式 …… 227

第七节 抵押权消灭 …… 228
一、主债权消灭 …… 228
二、抵押权实现 …… 229
三、抵押物灭失 …… 229
四、抵押物期间届满 …… 229

第八节 浮动抵押权 …… 229
一、浮动抵押权的概念 …… 229
二、抵押财产的确定 …… 231
三、浮动式财团抵押与固定式财团抵押 …… 232

第九节 最高额抵押权 …… 232
一、最高额抵押权的概念与特征 …… 232
二、最高额抵押权的设定 …… 233
三、最高额抵押权的效力 …… 234

第十节 抵押权的顺位 …… 235

　　　　一、顺位确定标准 ……………………………………………… 235
　　　　二、抵押权与价值权 ……………………………………………… 236
　　　　三、顺位的让与、变更与抛弃 …………………………………… 237
第十四章　质权 ……………………………………………………………… 238
　　第一节　质权概述 ……………………………………………………… 238
　　　　一、质权概念 ……………………………………………………… 238
　　　　二、质权与抵押权区别 …………………………………………… 238
　　　　三、质权分类 ……………………………………………………… 239
　　第二节　动产质权 ……………………………………………………… 239
　　　　一、动产质权的概念与特征 ……………………………………… 239
　　　　二、动产质权的取得 ……………………………………………… 240
　　　　三、动产质权的效力 ……………………………………………… 241
　　　　四、动产质权的消灭 ……………………………………………… 242
　　第三节　权利质权 ……………………………………………………… 242
　　　　一、权利质权的概念和特征 ……………………………………… 242
　　　　二、权利质权的设定 ……………………………………………… 244
　　　　三、权利质权的效力 ……………………………………………… 247
　　　　四、权利质权的消灭 ……………………………………………… 248
第十五章　留置权 …………………………………………………………… 249
　　第一节　留置权 ………………………………………………………… 249
　　　　一、留置权的概念 ………………………………………………… 249
　　　　二、留置权的特征 ………………………………………………… 249
　　第二节　留置权的构成要件 …………………………………………… 249
　　　　一、债权人合法占有债务人的动产 ……………………………… 250
　　　　二、债权与动产间的牵连关系 …………………………………… 250
　　　　三、债务人不履行债务或不能履行债务 ………………………… 253
　　　　四、无法定或约定之障碍 ………………………………………… 253
　　第三节　留置权的效力 ………………………………………………… 254
　　　　一、留置权担保债权的范围 ……………………………………… 254
　　　　二、留置权标的物的范围 ………………………………………… 254
　　　　三、留置权人的权利和义务 ……………………………………… 255
　　　　四、留置物所有人的权利 ………………………………………… 257

第四节　留置权的实行 ··· 257
一、留置权行使的条件 ·· 257
二、留置权行使的标的物范围 ·· 258
三、留置权行使的形态 ·· 258
四、留置权处置取偿的方法 ··· 259

第五节　留置权的消灭 ··· 259
一、另行担保的提出 ··· 259
二、留置物占有的丧失 ·· 260
三、债权清偿期的延缓 ·· 260

第十六章　非典型担保和担保物权的竞合 ························· 261

第一节　优先权 ·· 261
一、优先权的概念和立法例 ··· 261
二、优先权的性质 ··· 262
三、优先权的法律特征 ·· 263
四、优先权的种类 ··· 264
五、优先权的效力 ··· 264

第二节　让与担保 ··· 265
一、让与担保的概念与特征 ··· 265
二、让与担保的设定 ··· 267
三、让与担保的效力 ··· 267
四、让与担保的消灭 ··· 270

第三节　所有权保留 ·· 271
一、所有权保留的概念、性质与特征 ································ 271
二、所有权保留的效力 ·· 273

第四节　担保物权的竞合 ·· 274
一、担保物权竞合的概念和条件 ······································ 274
二、抵押权与质权的竞合 ·· 275
三、抵押权与留置权的竞合 ··· 276
四、留置权与质权的竞合 ·· 276
五、非典型担保物权与典型担保物权的竞合 ······················· 277

第五编 占 有

第十七章 占有的一般理论 …………………………………………… 281
第一节 占有的概述 ………………………………………………… 281
一、占有的概念和特征 ………………………………………… 281
二、占有制度的社会价值 ……………………………………… 282
三、占有的分类 ………………………………………………… 283

第二节 占有的取得和消灭 ………………………………………… 285
一、占有的取得 ………………………………………………… 285
二、占有的消灭 ………………………………………………… 287

第十八章 占有的保护 ………………………………………………… 288
第一节 占有效力 …………………………………………………… 288
一、占有的状态推定效力 ……………………………………… 288
二、占有的权利推定效力 ……………………………………… 288
三、占有人的权利和义务 ……………………………………… 289

第二节 占有的保护 ………………………………………………… 290
一、占有的物权保护 …………………………………………… 290
二、占有的债权保护 …………………………………………… 291
三、我国《物权法》对占有的设置 …………………………… 292

参考文献 ………………………………………………………………… 294
后记 ……………………………………………………………………… 298

第一编 总 论

第一章 物权法总论

第一节 物权法概述

一、物权法的概念和特征

(一)物权法的概念

物权法是大陆法系特有的概念。在大陆法的民法体系中,有专门的财产法用来调整财产关系,其中包括物权法和债权法,可见,物权法是整个财产法体系架构中的重要组成部分。自19世纪以来,物权法一直是大陆法系国家重要的民事法律制度之一。但是,罗马法和1804年的《法国民法典》都未对物和物权进行严格的界定,直到1896年《德国民法典》将物作为权利的客体规定在总则部分,并将物权、债权和继承作为三种不同性质的财产权,独立成编规定其中。至此,物权法作为自身体系独立和内容完整的法律制度陆续为大陆法诸国所知悉并加以推崇。在英美法系国家,本无民法的概念,亦无物权法的概念,有关物权的法律规范主要规定在财产法中,它是与侵权行为法、合同法相对应的法律。从内容上分析,英美法的财产法基本上包括了大陆法的物权法内容,甚至有些属于大陆法中合同法的内容,如租赁、赠与等也包括在其财产法的范围之中。

一般而言,大陆法中的物权法概念可以从广义和狭义两个方面来理解。广义的物权法,亦称为实质意义上的物权法,是指调整民事主体对物的直接支配和利用关系的法律规范的总称,其具体内容包括:物权种类及其权能、物权的效力、物权的行使、物权的变动以及物权的保护等具体法律制度。就我国目前的立法情况来看,实质意义上的物权法包括:2007年3月16日颁布的《中华人民共和国物权法》,《民法通则》中关于"所有权及与所有权相关的财产权"的规定,《中华人民共和国宪法》(以下简称《宪法》)中关于所有制、土地及其他自然资源权属的规定等内容,《中华人民共和国土地管理法》(以下简称《土地管理法》)、《中华人民共和国城市房地产管理法》(以下简称《城市房地产管理法》)、《中华人民共和国海域使用管理法》(以下简称《海域使用管理法》)、《中华人民共和国农村土地承包法》(以下简称《农村土地承包法》)、《中华人民共和国草原法》(以下简称《草原法》)、《中华人民共和国森林法》(以下简称《森林法》)、《中华人民共和国矿产资源法》(以下简称《矿产资源法》)、《中华人民共和国水法》(以下简称《水法》)、《中华人民共和国渔业法》(以下简称《渔业法》)、《中华人民共和国文物保护法》(以下简称《文物保护法》)等法律以及大量的行政法规中有关物权的规定。

狭义的物权法又称形式意义上的物权法,在大陆法系国家一般指民法典中的物权篇。我国尚未有统一的民法典,但2007年3月,作为中华人民共和国立法史上迄今为止唯一被全国人大常委会"七次审议"的法律草案,经历了近13年的广泛讨论与修改的《中华人民共和国物权法》,在第十届全国人民代表大会第五次会议上顺利获得通过,并于2007年10月1日正式实施。该法对物权关系做出了全面系统化的规定。本书所论述的物权法主要是实质意义上的物权法,根据传统物权法的基本学说理论,同时结合我国新颁布的《物权法》进行阐述。

(二)物权法的特征

1. 物权法是财产归属法

法学界一般认为,民法分为财产法、人格法和身份法。其中,调整财产关系,保护财产秩序的法律为财产法。物权法以规范人对财产的支配关系为内容,性质上属于财产法。物权法调整的主要是基于对财产的支配和利用而发生的社会关系,所要解决的是财产的归属关系,即财产归谁所有和归谁利用的问题。财产归谁所有是最典型的财产归属关系,在物权法上体现为所有权。财产归谁利用也反映了一定的财产归属关系。在物权法中,用益物权所反映的是对物的使用价值的利用,担保物权反映的是对物的交换价值的利用,用益物权和担保物权的权利人同所有权人一样,分享着财产带来的利益,具有某种程度的财产归属意义。用益物权和担保物权虽然不能等同于财产的所有权,但常常具有优于所有权的法律效力。因此,物权法不论是关于所有权的规定还是关于他物权的规定都具有财产归属法的意义。

2. 物权法是私法,但兼具公法性规定

公私法的划分最早起源于罗马法。公元533年的《学说汇纂》中乌尔比安认为:"公法是有关罗马国家状况的法律,私法是涉及个人利益的法律;事实上,有的事情涉及公共利益,有的事情涉及私人利益,公法见之于宗教事务、宗教机构和长官设立。"公私法的划分在西方法律史上也是源远流长的法律分类方法。关于公私法的划分标准,学界存在较大分歧,主要有四种观点:一是目的说或利益说。凡是规定国家利益、公共利益的法律为公法;凡是规定私人利益、私人关系的法律为私法。二是关系说或意思说。凡是规定权力和服从关系意思的法律为公法;凡是规定自愿、平等关系意思的法律为私法。三是主体说。凡是规定社会关系主体双方或至少一方为国家或公权力的法律为公法;凡是规定私人之间关系的法律为私法。四是实质说。实质为国家组织生活之维持的法律为公法;实质为私人生活之存续的法律为私法。物权法旨在规范私人间财产上的权利义务,无论从以上的何种标准来分析,都是私法。它强调对民事主体合法权利的保护,充分尊重民事主体在法定范围内所享有的行为自由,尊重民事主体对自身所合法享有权利的合法处分。但是由于物权法在国民经济和社会生活中举足轻重的作用,政府需要对其进行干预。因此,在物权法中存在许多公法的规定。例如《土地管理法》、《城市房地产管理法》等等。

3. 物权法是强行法,但也有任意性规定

所谓强行法,是指不能由当事人通过协议加以改变的法律规范。物权法的强行性特征主要体现在物权类型、物权的公示方法、物权的效力等方面,换言之,这些方面的内容必须由法律作出规定,当事人不能通过相互之间的协议加以改变。除此之外,物权法的强行性还表现在不动产权利的行使方面,物权法越来越多地受到国家的干预。但是,物权法作为私法,也要贯彻私法自治的原则,允许存在任意性的规定,如确认物权人可以在法律规定的范围内依自身的意志设立、变更以及转移物权;每个所有权人和他物权人可以依法自由行使其权利,他人不得干涉;物权人有权在法律规定的范围内抛弃、处分其权利;等等。

4. 物权法是固有法,但有国际化的倾向

所谓固有法,是指保留了较多的国家、民族和历史的传统的法律。物权法具有极强的固有法的性质,原因在于物权法具有根植于本国、本民族的特性,"各国物权法因国家、民族、历史传统的差异而往往互不相同。此与各国债权法往往大同小异正好形成对照"。① 由于物权与人类的生存息息相关,其种类和内容的设定、行使和保护的方式等,都深受本国的政治、经济、民族、历史、文化等诸多因素的影响。但是,必须指出的是,物权法的固有性并不意味着其规则是一成不变的;相反,物权法随着社会经济条件的变化也在不断地发展变化。20世纪以来,物权法也呈现出新的发展趋势,如物权的社会化、物权种类的增加、相邻关系的公法与私法的双轨制规范体系的形成、建筑物区分所有制度的形成、物权的证券化及物权与债权的相对化等等。

对于现代物权法是否存在国际化的倾向,学者们存在意见分歧。持肯定意见的学者认为:"随着国际贸易发达,世界交通的便利,使国内市场与国际市场相沟通,遂造成物权的国际化趋势。现今大陆法系各国的物权制度已大同小异,就是两大法系物权制度的差异,也正在缩小。"②而持否定意见的学者认为,物权法具有国际化趋势的说法"显然是不妥当的。物权法难以国际化的特点,也是它与债权法的重要区别"。③客观而言,由于物权法的固有法特性,在国际化问题上,物权法不像债权法那样表现得典型全面。但是,随着国际交往的不断发展,各国的物权法的确存在相互交融、相互借鉴的现象。一般而言,各国物权法在用益物权的种类和内容上表现出较大的差别,而在担保物权的种类和内容上,各国物权法甚至大陆法系与英美法系国家之间,却表现出较大的一致性。例如,英美法中的附条件买卖(所有权保留制度)、浮动担保、让与担保等,都或多或少地为大陆法系各国民事立法、判例或学说吸收。这些现象确实说明了在现代物权法中存在着国际化的趋势。④

二、物权法的价值

所谓法律价值,是指法所具有的、对主体有意义的、可以满足主体需要的功能和属性。⑤ 物权法的价值即是物权法的规范功能,是指物权法所应当具有的作用和应当达到的目标。物权法和其他法律一样都必须体现法律的秩序、自由、正义和效益等价值目标。但作为一种专门用于解决因自然资源的有限性与人类需要的无限性之间矛盾的法律制度,物权法具有其更为独特的价值。主要体现

---

① 梁慧星、陈华彬:《物权法》(第二版),法律出版社2003年版,第2页。
② 梁慧星:《中国物权法研究》(上册),法律出版社1998年版,第7页。
③ 王利明:《物权法论》,中国政法大学出版社1998年版,第76页。
④ 参见白非:《物权法例论》,法律出版社2005年版,第7页。
⑤ 参见张文显:《法学基本范畴研究》,中国政法大学出版社1993年版,第254页。

在以下三个方面：

（一）确认和保护物权

物权法的首要功能在于确定财产的归属，从而平息冲突与纷争，实现稳定的财产支配秩序。因为物权的本质就在于将特定物归属于某权利主体，由其直接支配，享受利益，并排除他人对此支配领域的侵害或干预。[1] 由于自然资源具有稀缺性，而人类的欲望是无穷的，若不划定个人可控制财产的界限，则会引起冲突和纷争。因此，必须明确某项财产归属于特定的主体，使其能进行排他性的支配，从而稳定社会秩序，安定社会生活。在我国社会主义市场经济条件下，物权法的这一功能主要表现为以下三点：

1. 确认和保护多种所有制经济，充分发挥社会主义公有制的优越性

我国是以公有制为主体的多种经济形式并存的社会主义国家，公有制作为一种所有制形式，必须通过物权法的调整使之成为一种财产法律关系，从而明确权利归属，确定权利义务内容，唯如此，才能使公有制的优越性得到充分体现。长久以来，由于物权制度不完善，造成公有财产中所有权虚位、产权界限不清等一系列问题，公有制的优越性难以发挥，生产力受到极大束缚，并导致国有资产的大量流失，这与社会生活中缺乏规范财产归属关系的基本民事法律规则是有关联的。为此，我国新颁布的《物权法》第三条明确规定："国家在社会主义初级阶段，坚持公有制为主体、多种所有制经济共同发展的基本经济制度。"明确了我国的所有制类型。另外《物权法》第一条规定："为了维护国家基本经济制度，维护社会主义市场经济秩序，明确物的归属，发挥物的效用，保护权利人的物权，根据宪法，制定本法。"这也正好印证了物权法的这一价值。

2. 确认国家、集体和私人所有权，实现对各类财产权的平等保护

物权法将财产所有权分为国家所有权、集体所有权和私人所有权三种类型，并对其实行平等的保护，鼓励、促进人们努力创造财富，促进社会财富的增长。长期以来，由于受意识形态的影响，国家所有权往往被置于优先保护的地位，而个人所有权却受到极大的限制。这一状况难免直接或间接地影响社会经济的发展，也影响了广大人民群众创造财富积极性的发挥。当前，某些个人资金的外流以及某些过度的挥霍浪费与个人财产权没有得到充分的保护存在一定的关联。因此，物权法对公有财产和个人财产实行平等保护，将有助于人们将一定的消费

---

[1] 参见梁慧星、陈华彬：《物权法》（第二版），法律出版社2003年版，第7页。

资金投入生产领域,满足社会投资的需要,解决资金紧缺的困难,促进市场经济的发展。我国新颁布的《物权法》第四条规定:"国家、集体、私人的物权和其他权利人的物权受法律保护,任何单位和个人不得侵犯。"该规定体现了对各类财产权的平等保护。

3. 法律本身并不能直接创造财富,但是可以通过确认和保护财产来鼓励财富创造

法律的这一功能主要是通过物权法来发挥的。物权法对财产的保护方法主要包括:(1)赋予物权请求权。当物权受到侵害时,物权人可以要求侵权人承担返还财产、恢复原状等侵权的民事责任,使物权人的权利得到有效的保护。(2)规定取得时效制度。时效制度使产权不确定的财产尽快明确其归属,尊重既定事实,稳定社会经济关系,充分发挥财产的经济效益。(3)规定建筑物区分所有权。该制度旨在协调高层建筑物所有人之间的关系,明确权利人对建筑物享有的权利和应承担的义务,避免纠纷的发生。(4)采用一物一权原则。该原则确定一物之上只能设定一个所有权,明确某个特定物的最终权利归属,使权利人能够充分行使对物的支配权,稳定社会秩序。

(二)支持、保障和促进交易

物权法不仅是确认和保护所有制关系的法律,而且也是规范市场经济的基本法律规则。物权法对我国市场经济的重要作用主要是通过自身具有的支持、保障和促进交易顺利进行的功能来实现的。主要体现在以下三个方面:

1. 确认物权形态,为交易的进行提供前提性支持

交易是物权在市场主体间的转移,其一个基本前提是交易主体拥有物权。物权法通过确认各种具体的物权形态,并予以切实的保护,从而为交易的顺利进行奠定了坚实的基础。物权法是典型的财产归属法,以调整财产归属关系为宗旨,实现财产的归属秩序。物权法的制定能够为建立良好的财产流通秩序提供前提性支持。

2. 确立物权变动的基本规则,规范物权取得方式

实际上,交换就是交易主体基于自己的自由意思而发生的物权转移,换言之,交易过程就是物权变动的过程。物权法对交易过程的规范主要是通过确立物权变动的规则来实现的,如关于添附、交付、善意取得等规则。在交易过程中,交易主体双方必然要利用买卖、赠与等合同形式,但这些合同仅为发生债的关系的协议,并不发生物权变动的效果。要发生物权变动的效果,还需要依物权法的

规定实行一定的公示方法,在动产方面需要交付、在不动产方面需要登记。从而保障交易的安全进行。

3. 确立公示公信原则、善意取得制度,保护交易安全

法律上的安全分为静的安全和动的安全。前者是指法律对主体已经享有的既定利益加以保护,主要体现为债的制度;后者是指法律对主体取得利益的行为加以保护,使其合理期待得到法律的确认和实现,主要体现在物的制度上。事实上,物权法的功能不仅在于维护静态安全,也具有维护交易秩序,保护动态安全的功能,主要通过公示公信原则和善意取得制度表现出来。公示原则是指物权的各种变动以一种外部可知悉的方式予以展示,以保护第三人利益,消除交易中的风险,维护交易的正常秩序。公信原则实际上是赋予公示的内容以公信力,即使物权变动的公示方法与真实的权利状态不相符,法律仍然承认其具有与真实物权存在相同的效果,保护交易的安全。善意取得制度是通过阻止原权利人物权的追及力而使善意第三人取得动产所有权,从而减少第三人因信息不对称而带来的担心。因此,物权法并不是置身于交易关系之外的,其诸多制度都是直接服务于交易关系的。

(三)增进财产的利用效益

物权法的功能不仅仅在于界定财产归属、明晰产权从而达到定纷止争的作用,更在于使有限的自然资源的效益得到充分发挥,从而更好地满足人类的需求。无论从物权法自身的沿革历史来看,还是就其制度构造而言,物权法都以充分发挥资源的经济社会效益作为其追求的目标。

在资本主义早期,财产被认为是个人自由意志的表现,是权利人自由的外在特性。作为一种重要的财产权,所有权完全由个人享有,受个人意志支配,不应受到任何的干预和限制,对其实行绝对的保护。与此同时,设立了他物权制度包括用益物权制度和担保物权制度,从而使物的利用进一步优化。在当代新形势下,又出现了一些新的形式使物的作用发挥得更加淋漓尽致,主要表现为:所有权权能分离更加复杂、不动产上的物权类型越来越多、物权证券化趋向更加显著等等。

综上所述,现代各国物权法已经逐渐放弃了传统的注重对物的实体支配、注重财产的归属,转而注重对物的多种形态利用、注重财产的价值形态。对物的有效利用成为物权法一项主要功能。

三、《物权法》的制定和对我国《物权法》的评价

(一)我国《物权法》的制定

在我国古代,由于商品经济关系一直不发达,自给自足的自然经济占统治地位,因而民事法律不发达,不仅诸法合体而且以刑为主,对涉及民事关系的也以刑事方法制裁。

清朝末年,为顺应时代潮流,清政府开始了我国历史上第一次民法典编纂工作,于1911年完稿的《大清民律草案》采用最先进的潘德克顿(Pandekten)制专设物权编。该草案中的物权编,大胆借鉴立法上最为精确的德国物权立法。另外,此时编纂的《破产法》、《海船法》草案中,也有许多关于物权的规定。

新中国成立后,废除了国民党的六法全书,开始了新的民事立法。但由于受苏联的影响,我国的现行民事立法中一直拒绝接受"物权"一词,然而这并不意味着我国实际上不存在物权法律制度。于1986年4月12日通过的《中华人民共和国民法通则》,其中也未能明确"物权"的概念和内容,而只规定了"财产所有权和与财产所有权有关的财产权"。之后,又先后制定了《中华人民共和国担保法》(以下简称《担保法》)、《土地管理法》及《城市房地产管理法》等相关的法律,对物权制度做出了一些规定。除上述立法外,我国经济体制改革以来,先后颁布了《森林法》(1984年通过,1998年修改)、《草原法》(1985年)、《渔业法》(1986年)、《矿产资源法》(1986年通过,1996年修改)、《水法》(1988年)等自然资源法。除规定自然资源的所有权外,这些法律分别对林地使用权、草原使用权、水面滩涂使用权、采矿权、水资源开发利用权等作了规定。

为进一步完善我国的民事法律规范,全国人民代表大会常务委员会于1994年将物权法列入其立法规划中,并于1998年正式成立"民法起草工作小组",负责中国民法典的编纂和起草《物权法》。经过长期的酝酿和讨论,于2002年12月形成"征求建议稿",并于2004年8月公布了《物权法(草案)》。令人高兴的是,2007年3月,《中华人民共和国物权法》在第十届全国人民代表大会第五次会议上顺利获得通过,并于2007年10月1日正式实施。

(二)对我国《物权法》的评价

1. 物权立法的社会意义

首先,物权立法是社会主义市场经济发展的必然要求。《物权法》是对改革开放以来所取得的胜利成果,特别是经济体制改革胜利成果的法律确认。它不

仅涉及国家的根本经济制度问题,而且也涉及国家、集体和个人的所有权以及其他物权的确认、保护和利用等诸多问题。颁行《物权法》是坚持社会主义基本经济制度、规范市场经济秩序、维护广大人民群众切身利益、实现2010年形成中国特色社会主义法律体系目标、树立科学发展观、构建社会主义和谐社会的现实需要。颁行《物权法》,依法确认物的归属,明确所有权和用益物权、担保物权等内容,保障各种市场主体的平等法律地位和发展权利,依法保护权利人的物权,规范权利人行使物权,有利于广大人民群众尽享改革发展的成果,有利于"放手让一切劳动、知识、技术、管理和资本的活力竞相迸发,让一切创造社会财富的源泉充分涌流,以造福于人民",有利于促进社会主义市场经济的健康发展。

其次,物权法是保护最广大人民群众利益的基本法律。物权法始终以维护最广大人民群众根本利益为目的,物权法切实维护了广大城市居民的财产权益。物权法中有关保护农民财产权的制度,也切实维护了广大农民的利益。物权法是维护我国社会主义基本经济制度的重要法律,物权法强化了对国有财产的保护,同时也强化了对私人所有权的保护。物权法是社会主义市场经济的基本法,物权法对于市场经济的基础性作用表现在以下几个方面:一是物权法构建了产权制度的基本框架,为市场的正常运行奠定了基础。二是确认了平等保护原则,维护市场主体的平等地位和基本财产权利。三是维护市场经济的正常秩序和交易安全。物权法的一系列规则,如公示公信原则、所有权转移规则、善意取得制度等都是直接服务于交易关系的。可以说物权法是鼓励人民群众创造财富的法律。

最后,物权法的任务是制度审核,把分散的规则集合起来予以协调、重构、补充、契合,形成一个对财产权完整的保护体系。[①]

2. 我国《物权法》的内在意义

第一,《物权法》具有鲜明的中国特色。在《物权法》规定的物权体系中,规定了所有权、业主的建筑物区分所有权、共有权、相邻权(相邻关系)、土地承包经营权、建设用地使用权、宅基地使用权、地役权、特许物权、抵押权、质权、留置权等共12种基本物权,其中的土地承包经营权、建设用地使用权、宅基地使用权和特许物权,都是我国独具特色的物权,是在任何其他国家的物权法中都没有出现过的物权。尽管所有权是任何民事立法都规定的物权,但是我国《物权法》规

[①] 参见尹田:《〈物权法〉的得与失》,载 http://www.civillaw.com.cn/article/default.asp?id=31877。

定的所有权也有自己的特点。《物权法》还创造了很多具有中国特色的具体规则，这也体现了我国《物权法》的鲜明中国特色。关于善意取得，各国物权法一般规定适用于动产交易，不适用于不动产交易，但我国《物权法》在"所有权取得的特别规定"一章中，不仅规定善意取得适用于动产，而且也适用于不动产。[①]

第二，《物权法》制度设计科学合理，采用了"先总后分"式结构，逻辑严密。总则部分，明确了立法指导思想和物权法定原则、物权公示与公信原则以及不动产登记制度和物权救济方法等一般规则。分则部分对财产所有权、用益物权和担保物权以及占有制度设计了全面的、操作性和协调性很强的具体规则，为定纷止争提供了充足的法律依据。《物权法》全面准确地体现了社会主义的基本经济制度，坚持了党的十六大提出的两个"毫不动摇"方针；坚持公私财产平等保护的原则；明确国有财产的范围、国家所有权的行使和加强对国有财产的法律保护；明确了集体财产的产权所有。比如，《物权法》依据《宪法》和现阶段党在农村的基本政策，进一步明确了"农村集体经济组织实行家庭承包经营为基础、统分结合的双层经营体制"；赋予农民长期而有保障的土地使用权，耕地、草地、林地的承包期届满，由土地承包经营权人按照国家有关规定继续承包；规范了征收补偿行为等等。

但是，《物权法》也存在不尽如人意的地方。对民法理论和民事立法的发展走向可能产生消极影响。第一，调整对象模糊，公法私法不清。物权法是民法，民法的调整对象是平等主体之间的法律关系。物权法对一些通常不进入民事领域的国家财产也作了规定。第二，在一些制度设计方面，没有将企业法人的财产权确定下来。公司法已经做出了改变，物权法没有能够再进一步确认。第三，占有的条文稍显单薄。应当看到《物权法》这些具有鲜明特色的物权种类、物权规则也还存在某些不够完善的地方，在其他方面也还存在某些不足，还都有待于进一步地探索和完善，需要在《物权法》现行规定的基础上，进一步总结实践经验，进行深入的理论探讨，在将《物权法》编入中国民法典的时候，能够使它更加进步，更加适合我国国情，在推进经济发展、社会文明进步和保障人民幸福中，发挥更大的作用。这是我们对《物权法》的更高期许。

总之，应该说物权法是成功的。我国物权立法具有形式价值和内在价值。就其形式价值而言，此部《物权法》勾画出物权法的逻辑思路，使人们能够准确而全面地把握物权法脉络，省去了许多在散乱的法律文件、司法解释和判例中寻

[①] 参见杨立新：《试论我国〈物权法〉鲜明中国特色》，载 http://www.civillaw.com.cn/search.asp。

找物权法律的麻烦;就其内在价值而言,我国《物权法》继受了物权法律文明、承接了现行宪政体制、反映了时代国情特点,是当今中国制定的一部真正意义上的财产基本法。[①]

第二节 物权法的内容和体系

一、物权法的内容

物权法是调整物权关系的法律规范,物权包括不动产物权和动产物权两种,因此,物权法的主要内容是对不动产物权和动产物权的规定。自罗马法以来,物权法的立法内容大体上包括所有权制度、用益物权制度、担保物权制度和占有制度。《法国民法典》仿照罗马法的模式,除规定了所有权制度、用益物权制度和担保物权制度,其中,役权分为人役权和地役权,人役权又包括了用益权、使用权、居住权;地役权包括因地点情况发生的役权、法定役权、由人的行为设定的役权。《德国民法典》在其物权编规定了占有、关于土地权利的一般规定、所有权、地上权、役权、先买权、土地负担、抵押权、土地债务、定期金钱债务、动产质权和权利质权等制度。我国《物权法》规定有建筑物区分所有权等制度。

在传统民法上,物权法仅规范不动产和动产等有体物。但随着经济的发展和社会的变化,电、热、声、光、磁等无形态的物,一般被认为是有体物的延伸,仍然属于物权法调整的内容。

无形财产是英美法的一个名称。德国以前称为无体财产,现在主要是指知识产权。除此之外,对有体物的权利以外的其他权利和利益,如对股票、票据、债券等的权利,都可以被称为无形财产。知识产权一般由专门的知识产权法调整,股票、债券、票据等应当由《公司法》、《证券法》、《票据法》等民事特别法律规范调整。因此,一般认为,物权法主要调整有形财产权,至于无形财产应当由专门的法律加以规范,不应主要由物权法调整。

二、物权法的体系和我国《物权法》

(一)物权法的体系

物权法的体系,即物权法作为民法的一个分支,依据一定逻辑结构所构成的

---

① 参见胡吕银:《论物权立法的价值——兼评物权立法的新一轮争论》,载《河南省政法管理干部学院学报》2007年第2期。

体系。从大陆法系各国的物权法来看,物权法规定的各种物权可分为两大类:所有权(自物权)和他物权。所有权是最典型、最完整的一种物权。他物权又可以分为两类:一类是用益物权;另一类是担保物权。此外,物权法也应当包含占有制度。具体内容包括:

1. 总则

主要包括:一般规定;物权的设立、变更、转让和消灭;物权的保护等内容。在物权法总则中主要规定物权法的基本原则、物权的主体、客体和效力、物权变动、物权的保护方法等内容。

2. 所有权

所有权是物权体系的核心。主要包括:一般规定;所有权的基本类型;建筑物区分所有权；相邻关系;共有;所有权取得的特别规定等。

3. 用益物权

主要包括:国有土地使用权;土地承包经营权;建设用地使用权;宅基地使用权;地役权和其他用益物权。

4. 担保物权

主要包括:抵押权;质权;留置权。此外,根据传统民法理论,担保物权还应当包括优先权和非典型担保物权。

5. 占有制度

占有制度也应当是物权法中的一项重要制度,它是依外观上的事实对于占有予以一定保护的法律制度。

(二)我国《物权法》的基本框架

我国新颁布的《物权法》共五编,十九章,二百四十七条。

第一编"总则",共三章。第一章"基本原则",对立法目的,适用范围,维护国家基本经济制度,保护国家、集体、私人的物权和其他权利人的物权,物权法定和物权的取得、行使的原则,物权法和其他法律的关系等作了规定。物权法调整因物的归属和利用而产生的民事关系,这种财产关系的基础是社会主义基本经济制度。第二章"物权的设立、变更、转让和消灭",对确认物权的规则区分不动产和动产作了规定。不动产物权的设立、变更、转让和消灭,除法律另有规定外,经依法登记,发生效力;未经登记,不发生效力。动产物权的设立和转让,除法律另有规定外,自交付时发生效力。第三章"物权的保护",对权利人可以采取确认权利、返还原物、消除危险、排除妨碍、损害赔偿等多种方法保护物权作了规定。

第二编"所有权",自第四章至第九章,共六章。第四章"一般规定",对所有权人的权利、征收、征用作了规定。第五章"国家所有权和集体所有权、私人所有权",对国有财产的范围、行使国家所有权的主体、加大对国有资产的保护等作了规定,以保障国有经济在国民经济中的主导地位。对集体财产的范围和归属作了规定,以巩固和发展集体经济。对私人所有权的内容和对私人所有权的保护作了规定,以鼓励、支持和引导非公有制经济的发展,切实保护公民的合法财产。第六章至第九章,分别对业主的建筑物区分所有权、相邻关系、共有作了详细的界定。

第三编"用益物权",自第十章至第十四章,共五章。第十章"一般规定",对用益物权人的权利、自然资源有偿使用制度、用益物权人应当保护和合理开发利用资源等作了规定。第十一章至第十四章,分别对土地承包经营权、建设用地使用权、宅基地使用权、地役权等用益物权作了规定。

第四编"担保物权",自第十五章至第十八章,共四章。第十五章"一般规定",对担保物权共同适用的规则作了规定。第十六章至第十八章,分别对抵押权、质权、留置权等担保物权作了规定。

第五编"占有",第十九章,对占有的保护和无权占有人的侵权责任作了规定。

综观我国《物权法》的结构体系,不但保留了大陆法系的物权法的基本体系内容,而且还具有中国特色,合乎我国的基本国情,可操作性较强,对于民生,大有裨益!

第三节 物权法的基本原则

一、物权法的基本原则概述与我国《物权法》

(一)物权法的基本原则概述

法律原则是指包括立法、司法、执法和守法在内的整个法制活动的总的指导思想和根本法律准则。[1] 物权法的基本原则,是物权法的主旨和根本准则,是指

---

[1] 参见徐国栋:《民法基本原则解释》,中国政法大学出版社 2001 年版,第 7 页。[美]麦克尔·P.贝勒斯:《法律的原则》,中国大百科全书出版社 1995 年版,第 468 页。

导、解释、执行和研究物权法的出发点。物权法的基本原则贯穿整个物权法制度和规范之中，体现物权立法的基本理念和精神。制定物权法，需要首先确定物权法的基本原则，为物权法的立法明确目标和基本内容。

关于物权法有哪些基本原则，学术界存在各种不同的看法。（1）二原则说。该说认为我国物权立法中应肯定的基本原则有物权法定原则和公示公信原则。[①]（2）三原则说。该说的主流学者认为物权法的基本原则为三个，即物权法定、一物一权、公示公信三个原则；[②]另有学者认为：物权法的三项基本原则为物权绝对原则、物权法定原则、物权公示原则。[③]（3）四原则说。有几种不同见解。一种认为是在三原则之上再增加"物权行为独立性原则"；[④]一种认为物权法的基本原则为物权的法定性原则、物权的排他性原则、物权的弹力性原则和物权的公示性原则；[⑤]另一种认为物权法的基本原则除前面的三原则外还包括物权的效力优先原则；[⑥]还有一种认为，除前述三原则外还包括效率原则。[⑦]（4）五原则说。该说主流学者认为物权法的基本原则应当为物权法定、一物一权、公示公信、物权的效力优先、物权行为独立。[⑧]可见，学术界对于物权法的基本原则，众说纷纭。但是从对这些学术观点的比较分析来看，学者普遍认同物权法定原则和公示公信原则。对于一物一权原则有不同的主张，对于物权绝对、物权排他、物权效力优先和效率原则的态度则有较大分歧。

（二）我国《物权法》的基本原则

我国新颁布的《物权法》经过对近年来学术动态的观察和关于物权法草案的激烈讨论之后，最终确定我国《物权法》的基本原则为：坚持社会主义基本经济制度原则、平等保护原则、物权法定原则、一物一权原则、公示公信原则五项。这五项基本原则既坚持了物权法基本原则的实质特性，又兼具我国物权制度的

---

① 参见温世扬：《物权法要论》，武汉大学出版社1997年版，第21页。
② 参见张俊浩主编：《民法原理》，中国政法大学出版社1991年版，第339～341页；参见彭万林主编：《民法学》，中国政法大学出版社1997年版（修订本），第230～234页；参见王利明：《物权法论》（修订本），上海人民出版社2003年版，第77～95页。
③ 参见刘保玉：《物权法》，上海人民出版社2003年版，第148～168页。
④ 王果纯、屈茂辉：《现代物权法》，湖南师范大学出版社1993年版，第3～13页；马俊驹、余延满：《民法原论》上册，法律出版社1998年版，第344～352页。
⑤ 参见余能斌主编：《现代物权法专论》，法律出版社2002年版，第40～50页。
⑥ 参见崔建远：《我国物权法应选取的结构原则》，载《法制与社会发展》1995年第3期。
⑦ 参见王利明：《物权法研究》，中国人民大学出版社2002年版，第73页。
⑧ 参见钱明星：《论我国物权法的基本原则》，载《北京大学学报（哲社版）》1998年第1期。

社会主义特色。

中国特色社会主义物权制度是由社会主义基本经济制度决定的。为制定一部中国特色的社会主义物权法,物权法把宪法规定的社会主义基本经济制度和党的十六大提出的两个"毫不动摇"作为物权法的基本原则。这些原则明显地体现在我国新颁布的《物权法》中。我国新颁布的《物权法》第一条规定:为了维护国家基本经济制度,维护社会主义市场经济秩序,明确物的归属,发挥物的效用,保护权利人的物权,根据宪法,制定本法。第三条第一款和第二款规定:国家在社会主义初级阶段,坚持公有制为主体、多种所有制经济共同发展的基本经济制度。国家巩固和发展公有制经济,鼓励、支持和引导非公有制经济的发展。这一基本原则作为物权法的核心,贯穿于整部物权法的始终。

二、平等保护原则

(一)平等保护原则概述

众所周知,民法和物权法是私法性占主导的法律规范,私法是指调整法律地位平等的自然人和法人之间及其相互间平等关系的法律。国家行政机关或者其他公权机关在参加到这些关系中时,与自然人、法人之间的法律地位是平等的,因此,仅就民法和物权法的角度而言,对私权和公权平等保护是其应有之义。在物权法中,平等保护原则意味着一切民事主体享有平等的法律地位和发展权利;法律平等保护国家、集体和私人的合法物权。在当代社会,确立物权的平等保护原则具有深刻的意义。它有利于激励人们创造财富,促进社会总财富的增长;有利于促进市场经济的发展;从而有利于新时期和谐社会的建设。[①]

(二)平等保护原则与我国《物权法》

我国新颁布的《物权法》确立了一切民事主体的权利应当给予平等保护的理念。该法第三条第三款规定:"国家实行社会主义市场经济,保障一切市场主体的平等法律地位和发展权利。"第四条规定:"国家、集体、私人的物权和其他权利人的物权受法律保护,任何单位和个人不得侵犯。"可见,这两条将平等保护原则提升为《物权法》的基本原则加以规定。在财产归属依法确定的前提下,作为物权主体,不论是国家、集体、还是私人,对他们的物权都应当给予平等保护。否则,不同权利人的物权受到同样的侵害,国家的、集体的多赔,私人的可以

---

① 参见江平主编:《中国物权法教程》,知识产权出版社2007年版,第172~177页。

少赔,势必损害群众依法创造、积累财富的积极性,不利于社会和谐。我国实行社会主义市场经济,保障一切民事主体的平等法律地位,毫无疑问,市场参与者要求自己的合法权益得到充分的保障,只有对一切民事主体给予平等保护的制度才能作为真正符合市场经济要求的物权法的基本规则。从我国《物权法》的具体规定来看,该原则包括两方面的内容:(1)受法律保护的对象是国家、集体、私人的物品和其他权利人的物权。(2)禁止任何单位和个人侵犯国家、集体、私人的物品和其他权利人的物权。这里的物权包括所有权和其他各种物权。[①] 但是我们必须指出两点:其一,国家保护的私人财产,当然是合法的财产,非法取得的财产不但不受法律保护,还要其承担相应的法律责任。其二,平等保护不是说不同所有制经济在国民经济中的地位和作用是相同的。根据宪法的规定,公有制经济是主体,国有经济是主导力量,非公有制经济是社会主义市场经济的重要组成部分,它们在国民经济中的地位和作用是不同的。[②]

三、物权法定原则

(一)物权法定原则的涵义

物权法定原则,有的学者称为物权法定主义,是19世纪民法典编纂运动以来各国关于物权立法的一项原则,在物权法的结构体系中居于枢纽地位。法国、德国、瑞士等国民法对此虽无明文规定,但解释上均承认此项原则。我国新颁布的《物权法》和学说理论都明确承认了这一原则。

物权法定原则是指当事人只能依照法律规定设定物权,物权的种类、内容、物权的取得和变更、物权的效力和公示方法等都应由法律明确规定,而不能由当事人通过合同任意创设和改变。具体包括以下四个方面的内容:第一,物权的种类法定。即物权的种类由法律明确规定,当事人不得以协议的方式创设法律所不认可的新类型的物权。第二,物权的内容法定。即各种物权的内容由法律规定,当事人不得创设与法定物权内容不符的物权,当事人不得协议设立不移转占有的动产质权或约定设立无须登记的不动产抵押权。第三,物权变动要件法定。即物权变动的要件由法律规定而不能由当事人自由设置。违反法律规定的物权变动要件的不能产生物权变动的效果。第四,物权的公示方法法定。即由法律

[①] 参见江平主编:《中华人民共和国物权法精解》,中国政法大学出版社2007年版,第13~14页。
[②] 参见王胜明主编:《中华人民共和国物权法解读》,中国法制出版社2007年版,第5~6页。

明确规定不同的物权于变动时所采用的公示方法,非依法定公示方式所为的物权变动,不为法律所承认或不能对抗第三人。① 因此,当事人如果违反物权法定原则的要求,其行为一般不发生物权效力,但法律也可以以明文规定的形式承认其一部分的效力。

(二)坚持物权法定原则的依据

关于物权法定原则的依据或者理由,各国学者均有不同的论述。大陆法系国家的物权法采纳物权法定原则的主要原因是出于整理旧物权,建立物权体系的需要;也有学者认为物权法定原则的原因在于保障完全的合同自由,等等。总的来说,一般认为,物权法定原则的依据主要在以下两个方面:其一,物权直接反映社会所有制关系,对社会经济关系影响重大,不能允许当事人随意创设物权。物权特别是所有权制度是一定社会所有制关系在法律上的反映,与其他法律制度相比,物权制度最直接地反映了社会基本经济制度,且是直接为特定社会关系的所有制服务的。物权是社会的基本财产权,只有法律明确规定的物权类型和内容,才能在法律上确认和巩固社会经济关系并维护正常的社会秩序。其二,物权法定原则源于物权本身的内在要求。物权具有排他性,是民事权利中效力最强的权利,所以也必须是社会公认的权利而不是当事人私自认定的权利。作为对物直接支配的权利,物权直接关系第三人的利益和交易安全,因此,不能允许当事人随意创设。

我国新颁布的《物权法》第五条至第八条对物权法定原则做出了明确的规定。② 坚持物权法定原则具有现实意义,它对各类财产实行平等保护,有利于鼓励和刺激人们努力创造财富,促进社会财富的增长;通过物权法将一些权利确认为物权,有利于充分发挥公有制的优越性和巨大潜力。

(三)物权法定原则与意思自治

由于实行物权法定原则,物权法被认为主要具有强行法的属性,这与实行合同自由从而为任意法或自治法的合同法正好是相对应的。物权法定是物权的对

---

① 参见常鹏翱:《物权法的展开与反思》,法律出版社2006年版,第106~107页。
② 第五条:"物权的种类和内容,由法律规定。"第六条:"不动产物权的设立、变更、转让和消灭,应当依照法律规定登记。动产物权的设立和转让,应当依照法律规定交付。"第七条:"物权的取得和行使,应当遵守法律,尊重社会公德,不得损害公共利益和他人合法权益。"第八条:"其他相关法律对物权另有特别规定的,依照其规定。"

世性的必然要求,而意思自治是由债权的相对性决定的;物权法定决定物权种类有限,意思自治决定债权种类的无限性。

四、一物一权原则

(一)一物一权原则的内涵

关于一物一权的内涵,既存的诸学说中主要可以概括为两类:一为日本和我国台湾地区以及我国大陆部分学者的观点,他们认为一物一权是指一物上仅仅能设定一个所有权,一所有权之客体,以一物为限。① 另一为我国内地一些学者的观点,认为一物一权是指一物上仅仅能设定一个所有权而不能存在两个以上所有权,同时一物之上不能设定两个以上的内容不相容的物权。② 综上,根据我国大多数学者的观点,一物一权原则,又称物权客体特定主义,是指大陆法系国家奉行的在同一物上只能成立一个所有权,不能成立两个或两个以上的所有权的法律原则。可见,一物一权包含两个方面的含义:其一,从权利的角度来看,一方面,一物一权是指一物之上只能设定一个所有权,而不能同时设立两个以上的所有权;另一方面,也是指在一物之上不能设立两个以上在性质上相互排斥的他物权。其二,从客体的角度来看,一物一权是指一个物权的客体必须是一个独立的、特定的有体物。数个物之上应设立数个物权而非仅设一个物权。

(二)一物一权的内容

1. 一个物权的客体仅为一个物

根据一物一权原则,一个物权的客体仅为一个特定的独立物,各个物的集合原则上不能成为一个物权的客体,而只能成为多个物权的客体。如日本学者我妻荣认为:"物的一部分和物的集合物,不能作为一个物权的客体,这是一物一权主义的原则。"③一物一权原则强调物权的标的的独立性和特定性,但是构成集合物的各个部分如果能够作为一个整体存在,具有独立的经济价值,那么,集合物也能成为一个所有权的客体。例如,国有企业财产权、公司财产权等。同时,应注意到,一物的某一部分不能成立单个的所有权,物只能在整体上成立一

---

① 参见谢在全:《民法物权论》上册,中国政法大学出版社1999年版,第18~19页;[日]铃木禄弥:《物权法讲义》,创文社1994年版,第349页。
② 参见彭万林主编:《民法学》,中国政法大学出版社1994年版,第185页;王果纯、屈茂辉:《现代物权法》,湖南师范大学出版社1993年版,第5页。
③ [日]田山辉明:《物权法》(增订本),法律出版社2001年版,第12页。

个所有权,而一物的某一部分如果没有与该物完全分离,则不能成为单独所有权的客体。比如,附属于主物的从物。

2. 一物之上只能存在一个所有权

按照一物一权原则,一物之上只能有一个主人,不能同时属于两个以上的人。但并不是说一个特定物之上的所有人不能为多数,数人对一物享有所有权并不是指多重所有权,所有权仍然是一个,只是为多数主体所共同享有。如在建筑物区分所有权的情况下,专有部分的权利应为独立的所有权,而不能形成多重所有权。

3. 同一物上可以并存数个并不矛盾的物权,但同一物之上不得成立两个所有权或成立两个在内容上相互矛盾和冲突的物权

一般而言,所有权和他物权可以同时并存。在同一物上可以设定数个担保物权;用益物权与担保物权可同时存在。在实践中,因一物之上并存数个物权而发生物权冲突时,其解决原则如下:第一,如果是同一类型的物权,彼此之间发生了冲突和矛盾,在多个物权并存的情况下,先设定的物权优先于后设定的物权。第二,对一些特殊的物权冲突,法律上设定了解决物权冲突的规则的,则可以直接依据法律的规定来解决。如法定物权优先于约定物权等。

五、公示公信原则

物权是对物进行直接支配的权利,具有优先权和物上请求权的效力,基于物权固有的性质,以及稳定物权关系,降低交易成本和维护交易安全的需要,大陆法系国家普遍确认了公示公信原则。[①] 物权的公示公信原则包括公示原则和公信原则两个内容。

(一) 公示原则

公示原则是指当事人必须以公开的方式使公众知晓物权变动的事实,其中动产物权的变动要交付,不动产物权的变动要在国家主管机关办理登记;否则,物权的变动不产生法律上的效力。该原则旨在依法定的严格方式规范物权变动的过程,直接保护变动物权的当事人,间接地保护处于交易过程之中的第三人。由于物权是对世权,物权变动涉及人的范围很广,不公示无法明确物的归属,不利于保护权利人;再者,物权变动直接关系到物的归属和利用,对商品经济发展

---

① 参见徐涤宇主编:《〈物权法〉热点问题讲座》,中国法制出版社 2007 年版,第 38~41 页。

有着直接作用,不公示难以确保商品交换的安全和有效,对商品的利用极其不利。

物权的公示方法要由法律明确规定,而不能由当事人随意创设。物权公示方法原则上采用不动产登记、动产交付的原则。① 就不动产而言,以登记为公示方法。登记是指将不动产物权的状况记载于不动产登记簿,以向世人公开物的变动状态。登记的效力在于在当事人达成设定、转移物权为目的的合同后,登记可以产生物权设定和转移的效力。就动产而言,以占有为公示要件。交付仅是占有的转移。从法律的角度来看,占有虽然是一种事实状态,但具有一种权利的推定效力,即现实的占有人在无相反证据证明的情况下,可以被推定为真正的权利人。占有人在物上行使某种权利,即推定占有人享有此种权利。在物权的设定过程中,通过交付而转移占有也可以成为动产物权设定的一种公示方法。

(二) 公信原则

物权公信原则,是指当事人在物权变动时依法进行了公示,法律就应当赋予该物权变动具有完全的效力,以保护交易安全和维护交易秩序,即使物权变动的公示方法所表现的物权与真实的权利状态不符,法律仍承认其具有与真实物权存在相同的效果。具体来看,物权公信原则包含两层含义:一为登记记载的权利人,在法律上只能推定其为真正的权利人;二为任何人因为相信登记记载的权利而与权利人从事了转移该物权的交易,该项交易应当受到保护。就动产而言,动产占有人按合法方式转让动产物权,受让人不知道并且无义务知道其无处分权的,取得了标的物的占有,就取得了物权。就不动产而言,不动产经登记而转让物权的,即使登记有瑕疵,受让人对此瑕疵不知道并且无义务知道的,办理登记即取得物权。原所有人只能要求有过错的出让人或登记机关承担责任。

可见,公信原则是法律从促进社会经济发展以及在权利享有人个人的利益与社会利益之间进行均衡的结果。公信原则的作用就在于,即使公示的内容与物权的实际状态不完全相同,只要交易活动是按照公示提供的信息进行的,那么法律就按公示的内容保护该第三人。但是,公信原则也有一个例外,即公信原则不适用于恶意第三人。恶意是相对善意而言的,是指相对人在从事交易时知道或者应当知道交易的另一方当事人并不是真正的权利人。在第三人恶意的情况下,如果还要对之加以保护,就失去了公信制度的本来价值。

---

① 参见王轶:《物权法变动论》,中国人民大学出版社2001年版,第117页。

第二章 物权概论

第一节 物权的概念和特征

一、物权的概念

物权的概念起源于罗马法。罗马法曾确认了所有权、役权、永佃权、地上权、质权和抵押权等物权形式。并将拥有、取得、占有和管领物的权利分为两类：一类为对物之诉；另一类为对人之诉。罗马法学家也曾经使用过对物的权利（iura in rem）和对物之权（jus ad res）的表达。[①] 可是，物权一词，在罗马法中并未出现，而是中世纪的注释法学家在解释罗马法时所创造的。注释法学家认为罗马法的两种诉讼形式分别保护两种权利，即对物权（jus in rem）和对人权（jus in personam）。但在法律上正式使用这一概念始于1811年制定的《奥地利民法典》。该法典第307条规定："物权是属于个人的财产上的权利，可以对抗任何人。"1896年制定的《德国民法典》以"物权"作为其第三编的编名，系统地规定了所有权、地上权、用益权、地役权、抵押权、质权等物权。自此，大陆法系各国纷纷仿效《德国民法典》，在民法典中规定符合本国国情的物权制度。我国新颁布的《物权法》第二条规定："本法所称物权，是指权利人依法对特定的物享有直接支配和排他的权利，包括所有权、用益物权和担保物权。"具体而言，物权是一种重要的财产权，与债权、知识产权等其他财产权不同，物权的客体主要是动产和不动产。物权法的调整对象是物的归属关系以及对物的占有、利用而发生的财产关系。物权具有以下几层含义：

1. 物权是民事主体享有的一种财产权

财产权即体现财产利益的权利。财产权包括物权和债权，以及内容上体现财产利益的继承权和先买权。可见，物权为财产权的一种。同时，物权的主体为

[①] see Vinding Kurse, *The Right of Property*, Oxford University Press, 1953, p. 131.

民事主体而不是其他的法律关系主体。在现代民法上,民事主体包括自然人、法人和其他组织。

2. 物权是民事主体直接支配特定物的财产权

物权的本质在于民事主体必须直接支配特定物。所谓直接支配,一方面,是指物权的权利人可以依据自己的意志直接依法占有、使用其物,或采取其他的支配方式,任何人未经权利人的同意,不得侵害和干涉;另一方面,是指物权人对物可以以自己的独立意志进行支配,无须得到他人的同意。但是并非任何的能够对物所进行的控制,都称为直接支配,因为在财产管理中管理人对财产的实物控制、管理以及处分,该行为本身就不被理解为物权法上的"对物的直接支配"。此外,物权的客体是特定物。所谓特定物是相对于不特定物而言的一个概念,它是指在法律上已经能够和其他物有确定的法律区分的物。只要一物能够和其他物在法律上区分开来,即使在事实上无法区分开,也可以成为特定物。物权是典型的对物的支配性权利,只有在物被特定化以后,才能成立物权的法律关系。

3. 物权是民事主体直接支配特定物并享有利益的财产权

物权人通过对物进行直接的支配,必然享有一定的财产利益。该种财产利益主要有三种表现形式:其一,所有权人自己享有的利益,包括物的最终归属及占有、使用、收益和处分物的利益。其二,所有权人享有处分利益,而将占有、使用、收益等利益中的部分或者全部转移给用益物权人享有。用益物权人享有的是对物的使用价值或利用价值,如房屋所有权人将房屋出租给他人的行为。其三,所有权人将物提供给他人作担保,自己享有除担保物权人利益以外的利益,担保物权人享有交换价值的利益,亦即当债务人届期不清偿债务时,债权人可以依法变卖担保物,就其价金让债权得到清偿的利益。

4. 物权是民事主体直接支配特定物的排他性权利

排他性,本意为"排斥性",即某人支配某物就排除了他人对该物进行支配的可能性。[①] 物权是因民事主体对特定物进行支配而享受利益的权利,必然要求同一物上不能并存两个或两个以上同一内容的物权。物权一定是对物的直接支配权,但对物的直接支配权不一定是物权,只有兼具直接支配性和排他性的财产性权利才能称为物权。

---

① 参见尹田:《物权理论评析与思考》,中国人民大学出版社2004年版,第39页。

二、物权的特征

物权的法律特征是物权区别于其他财产权的本质体现。主要具有如下的特征：

1. 从主体上看,物权具有对世性

从主体上看,物权关系的权利主体即物权人是特定的,而其义务主体是不特定的。物权人依其享有的具体物权有为或不为一定行为的权利。除物权人外,任何人都负有不得妨碍物权人行使或实现其权利的义务。因此,物权关系主体上的特征表明,物权是特定的权利主体对不特定的义务主体的权利,具有对世性。比如所有权、土地使用权等等。

2. 从客体上看,物权的客体具有特定性

从客体上看,物权的客体是物。物权是对物进行直接支配的权利,物权关系反映的是基于人对物的支配而产生的人与人之间的财产关系,物是权利人支配的对象,离开了对物的支配,物权也就不复存在。因此,物权的客体必须为特定物,即具体指定的物;没有具体指定的物,就不能够成立物权。

3. 从内容上看,物权具有支配性

支配性是物权内容方面的特征。标的物的直接支配能够使权利人不通过他人而对标的物全面支配或有限支配,也无须任何人的中介和介入,而直接享受物的利益。

4. 从实现方式上看,物权具有绝对性

绝对性是物权实现方面的特征。物权利益的实现,不需要义务人为积极行为进行协助等,而仅有权利人合法支配行为即能实现,是一种典型的绝对权。义务人负担的是不作为的义务,即不得妨碍物权人行使或实现其物权的义务。

5. 从物权的效力来看,物权具有排他性

从物权的效力来看,物权具有显著的排他性,并具有优先效力。物权是直接支配标的物的权利,对外具有排除他人干涉而由权利人独占并享受其利益的性质和效力。根据一物一权原则,物权具有独占性,即在同一个物上不得设立两个或两个以上内容相同的物权。且物权的排他性与其优先效力具有密切的联系。当物权与债权并存时,物权优先于债权,当数个物权并存时,法定物权优先于约定物权等等。

三、物权与其他财产权的比较

(一)物权与债权

物权和债权作为大陆法系私法权利的基础,两者虽然同属财产权,但性质和特征具有极大的区别。而且,物权和债权的区别是民法理论中最基本的问题之一。在商品经济条件下,人和财产的结合表现为物权,当财产进入流通领域以后,在不同主体之间的交换则体现为债权。但两者也存在联系,主体享有物权是交换的前提和基础,交换的过程则表现为债权,交换的结果往往导致物权的让渡和移转,形成新的物权关系。因此,物权是债权的发生基础和前提,也是债权运动的目的和结果。但物权和债权毕竟是两种不同类型的财产关系,存在着明显的区别。

1. 物权是支配权,而债权是请求权

物权为支配权,债权为请求权,这是两者在权利性质上的本质区别。物权人无须借助他人的行为而仅依自身的意思和行为即可对标的物进行管领和支配并享受和实现其利益;而债权人要实现其利益,必须借助于义务人的行为,通过义务人履行义务的行为间接地实现自己的利益。

2. 物权是对世权和绝对权,而债权是对人权和相对权

物权是对世权,其权利主体是特定的,权利主体之外的全部世人都是义务主体,都负有不得非法干涉和侵害权利人所享有的物权的义务。而债权只是发生在债权人和债务人之间的关系,债权的权利主体是特定的,而且义务主体也是特定的。

物权是绝对权,物权人仅凭自己的意思和行为就可以享受所支配之物的利益,无须不特定的义务人以积极的行为给予协助,义务人承担的只是消极的容忍或者不为侵害行为的义务。而债权为相对权,债权人要实现自己的权利必须依赖于义务人的积极行为,因而又属于请求权。

3. 物权的客体为特定物而债权的客体为给付

作为物权支配权的物权,其客体是特定的、独立的、既存的有形的动产或不动产,但担保物权例外。有关债的客体,目前学术界存有争议,但是大多数学者认为债的客体是"给付",至于给付行为之对象,则可以是物、劳务、智力成果等。①

物权具有排他性而债权具有相容性。物权排他性要求在同一标的物上,性质不能两立的两种或者两种以上的物权不得同时在一物之上并存,如同一物上不能同时设立两个所有权或用益物权。而债权具有平等性,同一物上可以并存数个内容相同的债权,各个债权之间具有平等的效力,各个债权在受清偿时适用

---

① 参见刘心稳:《中国民法学研究述评》,中国政法大学出版社1990年版,第452页。

"债权人平等"原则。债权人平等,是指债权人之间的债权除具有优先受偿效力(如附有担保物权或者法律规定具有优先受偿的效力)外,不考虑其产生时间之先后、金额之多寡、债权的发生原因,以及债权人的社会地位、宗教信仰、民族等因素,债权人应当平等地接受清偿。① 此即债权相容性的体现。

4. 物权实行法定主义,而债权贯彻自由主义

物权的种类、内容、公示方法、变动要件等只能由法律加以规定,法律禁止当事人创设法律所没有确认的物权种类或者进行违反法律规定要件的物权变动。债权与物权不同,债权往往涉及的仅是当事人双方的利益,只要不违反法律的强行性规定和公序良俗,当事人完全可以依据自己的自由意志确定债权的种类、债权内容以及具体的形式,可以通过合意任意设定债权或创设新债权。

5. 物权为长久性或长期性的权利而债权为有限性的权利

物权中的所有权为无存续期限的权利,而债权均为有期限的权利。法律上不允许存在无期限的债权。一切债权,无论意定债权还是法定债权,均有存续期限,以便督促债权人与债务人及时结清彼此间的权利义务关系,促进社会财富的增长。物权中的所有权是典型的无期限的权利,只要所有物存在,所有权就存在。除所有权无期限外,物权中的他物权通常是有存续期限的。

(二)物权与知识产权

知识产权,又称智力成果权或智慧成果权,是指民事主体对其在科学技术或文学艺术等领域内的创造性智力劳动成果所享有的专有权利,主要包括著作权、专利权、商标权等等。作为财产权,物权与知识产权存在许多共同点。物权和知识产权均为静态性的财产权利,是财产支配权;都是绝对权、对世权,等等。但两者是两类不同的财产权,存在明显的区别:

1. 客体不同

物权的客体,主要是有形财产,如动产、不动产等。知识产权的客体为各种无形财产。

2. 权利内容存在差异

物权占有是权利人对标的物为直接的占有、使用、收益和处分的权利,是单纯的财产权;而在知识产权领域,除商标权不直接涉及人身权的内容外,著作权、专利权等均包括了财产权和人身权的内容。

---

① 参见郑玉波:《民商法问题研究》(三),(台北)三民书局1982年版,第31页。

3. 对客体进行支配的形式不同

物权作为对有体物的支配权,其支配物的形式通常表现为有形的占有、使用,而且,在一定的时空条件下,一物只能为一个主体所实际占有、使用;而对非物质的知识产品的支配,无从发生有形的占有,只能表现为无形的认识、控制和利用,而且其支配与利用也无时空上的限制而只有法律上的限制,在有法律授权或权利人许可的情况下,同一项智力成果可以同时为不同的主体使用。

4. 地域性限制不同

物权原则上无地域上的限制。所有权人的财产可以流通到其他国家或地区,也能得到所在国家或地区法律法规的承认和保护;知识产权具有地域性和时间性,按照一国的法律获得承认和保护的知识产权,原则上仅在该国领域内有效,在其他国家或地区并不能想当然地受到承认和保护。

5. 期限性不同

在物权体系中,所有权是无期限的,他物权虽然有期限,但期限届满的结果并不导致客体上的所有权的消灭,仅导致他物权的消灭,而且分离出去的权能可以回复。知识产权,除精神权利外,均有一定的存续期限。

第二节 物权的种类

一、物权的学理分类

在民法学理论上,根据不同的标准,可对物权作出以下分类。

(一)自物权和他物权

自物权是权利人对自己的财产享有的物权,即所有权。他物权是指对他人财产享有的物权,如地役权、抵押权等。所有权人对自己的财产享有最充分的权利,包括占有、使用、收益和处分的权利,属于完全物权;他物权的权利人对他人的财产仅享有部分权利,属于限定物权。例如,抵押权人对于设立抵押的财产,仅有在债务人不能履行债务时依法处分抵押物的权利,在抵押期间,抵押权人既不得占有,也不得使用和收益。他物权反映的是非所有权人对他人财产的利用关系,法律上确认他物权,有利于充分地发挥物的社会效用,以便满足人们对物质财产的不同层次的需求。

(二) 用益物权和担保物权

这是对他物权的进一步分类。用益物权是以物的使用收益为目的而设立的物权,建设用地使用权、宅基地使用权、地役权等均为用益物权;海域使用权、探矿权与采矿权、取水权、养殖权、捕捞权也属于用益物权。担保物权是为保障特定债权的实现而设立的物权,抵押权、质权、留置权为担保物权,让与担保也属于物权担保制度。用益物权是对财产使用价值的利用,以使用收益为内容;担保物权是对财产价值的利用,当债务人不履行到期债务时,权利人就担保财产的价值享有依法处分并优先受偿的权利。用益物权往往有明确的存续时间,一般在法律规定的范围内由当事人在订立合同中协商确定;担保物权以债权的存在为前提,担保物权实现时,该权利即归于消灭。

(三) 动产物权、不动产物权和权利物权

这是按物权的客体的不同所作的分类。以动产为客体的物权称为动产物权,包括动产所有权、动产质权、动产留置权、动产抵押权(如民用航空器抵押、船舶抵押、汽车抵押)。以不动产为客体的物权是不动产物权,包括土地所有权、房屋所有权、土地使用权、土地承包权、空间利用权、其他不动产物权等,自然资源利用权亦属于不动产物权。以特定的财产权利为客体设立的物权是权利物权,如权利质权。动产物权与不动产物权在权利的设立、变更上有明显的区别。动产除交通工具外,其物权的设立、变更以占有为公示方式,不动产物权则以登记为公示方式。权利质权的设立则分为必须登记和无须登记两大类。票据、仓单、提单、债券等质押只需交付即可成立,而股票、专利权、商标权、著作权的质押必须登记才可成立。

(四) 主物权和从物权

这是根据权利之间的特定关系来对物权进行分类的。主物权是指不以其他权利为前提而独立存在的物权,即所有权、土地使用权、土地承包权以及自然资源利用权,均为主物权。从物权是指必须依附于其他权利而存在的物权,抵押权、质权、留置权、为担保特定的债权而设立的让与担保、为需役地而设立的地役权,均为从物权。从物权以主物权的存在为前提,随主物权的变更而变更,随主物权的存在而存在。

(五)有期限物权和无期限物权

根据物权有无期限将物权区分为有期限物权和无期限物权。有期限物权是指有一定存续期限的物权,如建设用地使用权、抵押权、质权、留置权等。无期限物权是指没有存续期限而永久存续的物权,如所有权。此种区分的意义在于,有期限物权在期限届满时将当然归于消灭,而无期限物权除转让、抛弃等特定情形外,永久存续。

(六)法定物权与意定物权

根据物权的成立原因的不同进行的分类。法定物权是指因法律的直接规定而产生的物权。法定物权首先是当事人之间存在某种特定的法律事实,从而在当事人之间形成物权关系。法定物权可以基于物权法的规定而取得,也可以是基于债法的规定而取得。如我国《担保法》规定的留置权、《中华人民共和国海商法》(以下简称《海商法》)规定的船舶优先权、《中华人民共和国合同法》(以下简称《合同法》)规定的工程款优先权,直接依法律规定而成立,属于法定物权。意定物权是指依当事人的合意而设立的物权。物权法规定的物权,有些类型虽然是法定的,但是其发生仍需基于当事人的意思,学说上即将其定义为意定物权。如抵押权须依抵押合同而设立,质权须依质押合同而设立,等等。

(七)占有和本权

这是以是否具有物权的实质内容为标准所作的区分。占有是对物控制、管领的一种事实状态,相对于占有,所有权、各种用益物权和担保物权,称为本权。

二、民法上对物权的分类与我国《物权法》

(一)民法上对物权的分类

按照物权法定原则,物权的种类依法律规定,包括民法典和其他特别法的规定,主要是由民法典规定,然而各国民法关于具体物权种类的规定各有不同。《德国民法典》物权编规定的物权种类有:占有、所有权、地上权、役权(地役权、用益权、人役权)、先买权、土地负担、抵押权、土地债务、动产质权和权利质权;《日本民法典》规定的物权种类有:占有权、所有权、地上权、永佃权、地役权、留置权、先取特权、质权(动产质、不动产质、权利质)、抵押权。可见,各国民法规定的物权种类虽有不同,但一般主要包括四大类:一是所有权,是物权中最充分、最完整的物权;二是用益物权,是对他人之物在一定范围内使用收益的权利;三为担保物权,为了担保债的履行而在特定财产上设定的物权;四是占有,是指对物的控制和管领。但对于占有是一种事实状态还是一种权利,各国立法规定不同。

(二)我国《物权法》上的物权分类

随着我国市场经济的完善和深入,民法立法的速度加快,物权法的制定成为了民事立法的焦点。受全国人大法工委的委托,梁慧星教授负责的社科院法学研究所和王利明教授负责的中国人民大学民商法研究中心分别编制了《中国物权法草案建议稿》。梁慧星教授负责起草的建议稿提出物权的具体种类是:(1)所有权;(2)宅基地使用权;(3)农地使用权;(4)邻地使用权;(5)典权;(6)抵押权;(7)质权;(8)留置权;(9)让与担保;(10)占有。王利明教授负责起草的建议稿提出物权的具体种类是:(1)所有权;(2)用益物权;(3)担保物权;(4)占有。我国新颁布的《物权法》中规定的物权类型包括:所有权、用益物权和担保物权。其中用益物权包括:国有土地使用权、土地承包经营权、建设用地使用权、宅基地使用权、地役权和自然资源利用权(海域使用权、探矿权与采矿权、取水权、养殖权、捕捞权);担保物权包括:抵押权、质权和留置权。同时,该法也规定了占有制度。

第二节 物权的客体

一、物的概念和特征

(一)物的概念

客体是主体行为的作用对象。物权的客体,即物权主体所支配的对象,传统民法上称之为物,一般也直接称为物。作为物权的客体,必须是人们能够支配以满足人类需要的客观实在。

物在民事法律关系中具有十分重要的地位,是最主要的民事法律关系客体之一。罗马法中,对物的理解是广义的理解,物(res)是指除自由人以外存在于自然界的一切东西。如山川、大地、阳光、空气皆为物,外延十分广泛。罗马人有时也称物为 Bona,意指那些对人们有用而能满足人们需要的东西,包括权利、利益、权利客体等等,而这里的物的有用且能满足人们需要的特性,是以物在法律上具有金钱价值来衡量的。①《法国民法典》中物的概念,承袭了罗马法对于物的理解,其所称之物既包括有形之物,也包括无形之物。《德国民法典》则是从狭义上理解物,该法典第90条规定:"法律上所称物,仅指有体物而言。"这一定义为大多数国家所沿用,如《日本民法典》第85条的规定直接承袭了《德国民法典》的规定。我国《物权法》第二条第二款规定:"本法所称物,包括不动产和动产。法律规定权利作为物权客体的,依照其规定。"因此,作为民法上的物包括以下含义:

1. 民法上的物是指有体物

一般而言,有体物是指占有一定空间而有形存在的物体,例如,固体、气体、液体等等。但是,由于现代科学技术的发展,物的范围得到进一步的扩大,许多不具有"有形"的物,譬如电、光波、磁波等,也可以成为民事权利的客体。

2. 民法上的物是指能够满足人们需要的物

所谓满足人们需要,可以是人们生活上的需要,也可以是人们生产上的需要。那些没有任何价值或使用价值的物,可以是物理学上的物,但不是法律意义上的物,因为人们不会因为它而发生法律关系。但是,物之所以能够满足人们需要的特性,不能完全用金钱来加以衡量。例如,照片虽然没有金钱价值,但对家人之间来说极为宝贵,具有情感价值,可以成为所有权的客体。因此,具有经济价值和用途的是物,不具有经济价值但能满足人的精神需要的也是民法上的物。

3. 民法上的物必须是人力可以加以支配的物

只有那些能够为人力所支配的物,人们才能以之为客体设立各种法律关系,那些不能或者当前不能为人力支配的物体,如太阳、月亮等等,虽属于有体物,能够触摸,但不是法律上的物。但是在将来的某个时候,人们可以控制和支配它们时,它们也就可以成为物权客体的物。

人身不能成为物权法的客体,这里的人身并不以生理上的人体为限,如假牙、假肢等,它们一旦成为人体的一部分,就不能再以物视之;相反,虽然于生理上为人体的一部分,如头发、血液等,一旦与人体发生了分离,就可以视为物了。现在学界争议较大的是人的尸体能否成为物。有些学者认为人的人格不因死亡而完全消灭,死者的人格尚存于尸体之上,因此,不能把尸体看做物。但是随着现代社会概念的进步,尸体作为没有生命现象的肉体,已不是人身,但是在不违反法律和社会公共道德的前提下,尸体可以作为物,如医疗单位或科学研究单位

---

① 参见木丹、吴文翰、谢邦宇编:《罗马法》,群众出版社1983年版,第144~145页。

将尸体做成标本,然后依法对其进行占有、使用和处分。尸体及其一部分,如心脏、骨髓等,也可以成为遗赠的客体。

(二)物的特征

物作为物权的客体,具有民法上物的一般属性,它又具有不同于其他权利客体的特征,主要表现在以下三个方面:

1. 物权的客体主要是有体物。在古罗马法中,物分为有体物和无体物。有体物具有实体存在,人们可以凭触觉来认识,如土地、房屋、衣服等。无体物是法律上拟制的物,主要是指所有权以外的财产权利,如用益物权。在大陆法系国家,物权的客体是否仅限于有体物,各国的立法也各有不同。法国民法的物权的客体既包括有体物,也包括无体物;德国民法明确规定了物为有体物,但在担保物权中又规定了权利可以成为其客体。我国《民法通则》及其他民事法律未就物的概念作出规定,学者一般认为须为有体。① 至于物权的客体,从我国现有的有关立法来看,就《民法通则》第五章第一节规定的所有权、土地使用权、土地承包经营权来看,其客体均为有体物。《担保法》规定了土地使用权抵押、权利质押,亦承认某些财产权利可以成为抵押权、质权的客体。我国新颁布的《物权法》第二条第二款规定:"本法所称物,包括不动产和动产。法律规定权利作为物权客体的,依照其规定。"对我国之前关于物的客体的立法状态加以确认。

2. 物权的客体是特定物。特定物是指具有单独特征或依当事人的意思而确定的物。物权是对物直接支配的民事权利,作为其客体的物必定是特定的。如果标的物未加以特定化,权利人就无从加以支配。而且,在物权的设立与转移上,不动产物权须办理登记,动产物权须移转占有。办理登记、移转占有,均以标的物的特定化为前提,如果标的物不特定,就无法进行登记和移转占有。特定物包括具有单独特征的物和依当事人的意思而特定化的种类物。前者如某块土地、某幅字画,或者如某种特定品牌和特定款式的汽车,当购买者选定其中一辆而买下时,该辆汽车即成为特定物。

3. 物权的客体是独立物。所谓独立物,是指客观上能独立存在的物,或依社会一般观念,可以与其他物区别开来,独立存在的物。一本书、一栋房屋,客观上独立存在,是独立物。一块土地、多层建筑中的某个单元房,虽与其他物相连,但按照社会观念,也可以独立存在,也是独立物。与独立物相对的,物的部分中

---

① 参见梁慧星:《民法总论》,法律出版社1996年版,第81页。

不能独立存在的,如汽车的车轮,房屋的墙壁均为汽车或房屋的组成部分,不能独立于汽车、房屋而存在。一般而言,一个物具有物理上的独立意义,我们谓之独立物,与此同时,也可以根据交易上的观念和法律规定作为标准来确定某物是否具有独立性:其一,以交易的观念作为判断标准,是指某物即使在物理上与他物相互连接,但在交易时可以将其划分为若干部分而成为独立的交易对象,这亦可称其为独立物,可以成为物权的客体。其二,根据法律的规定作为区分标准,如通过法律规定的登记方法,将分割的数块土地公示于众,也成为了法律上的独立物。

二、物的分类

(一)动产和不动产

以物能否移动并且移动是否损害其价值为标准,可将物分为动产和不动产。这一分类是自罗马法以来,各国民法对物的基本分类。我国新颁布的《物权法》也采用了此种分类方法。

不动产是指不能移动或虽移动但移动会改变其性质、损害其价值的物。立法上一般不给不动产下定义,但往往对不动产作列举式规定,如土地、房屋和林木等。动产是能够移动并且移动后不改变其性质,不至于损害其价值的物,如各种家庭用具、牛、马等。立法上一般不给动产和不动产下定义,而采取列举和排除的方法,对不动产作列举式规定,不动产以外的物就是动产。

将物区分为动产和不动产有着十分重要的意义:一是物权变动的方式不同。不动产一般都有价值大、用途重要、对社会和当事人及关系人利害重大等特点,在其上设立的物权的变动,以向国家行政主管机关登记为要件,否则不受法律保护;而动产物权的变动,一般以物的实际交付为要件,甚至可以合同成立为要件。二是物权类型不同。建设用地使用权、土地承包经营权、地役权以不动产为限;而动产质权、留置权以动产为限。三是管辖不同。因不动产产生的纠纷,一律由不动产所在地法院管辖或由有关主管机关负责处理;而动产纠纷的管辖比较灵活。

(二)特定物和种类物

根据物是否具有独立的特征或者是否被权利人指定而特定化,可以将物区分为特定物和种类物。

特定物是指自身具有独立的特征,或者被权利人指定而特定化,不能以其他物代替的物,包括在特定条件下独一无二的物和从一类物中根据民事主体的意思指定而特定化的物。前者如名人的一幅作品,后者如从同一类书中挑选的一本等。

种类物是指具有共同特征,可以以品种、规格、牌号、数量、长度、容积、重量等为标记和抽象单位加以计算确定,不需具体指定且可以用同种类、同质量的物所代替的物。所以"种类物"在某种意义上,它和"可替代物"的概念是有交叉点,也有重叠点。因为种类物在一般情况下都是可以替代的,如"红旗"牌轿车、"雕"牌洗衣粉等。

区分种类物和特定物的法律意义:一是有些法律关系只能以特定物为客体或标的物,如所有权法律关系、租赁法律关系等;而有些法律关系的标的物既可以是特定物也可以是种类物,如买卖法律关系等。二是物意外灭失的法律后果不同。特定物在交付前意外灭失的,由于其具有不可替代的特性,因此可以免除义务人的交付义务,而只能请求损害赔偿;种类物如在交付前意外灭失的,由于其具有可替代性,因此不能免除义务人的交付义务,可责令义务人以同种类的物作为交付。三是物的转让时间的确定上不同。种类物的转让,通常以物的交付时间为所有权的转移时间;特定物的转让,可以物的交付为所有权转移的标志,也可以按照法律规定或当事人的约定,确定所有权的转移时间。

(三)可分物与不可分物

根据物能否分割,以及分割后是否损害其用途和价值,可以将物分为可分物和不可分物。可分物是指可以进行实物分割而不改变其经济用途和价值的物。例如一袋米,可按照一定的标准进行分割。不可分物是指按照物的性质不能进行实物分割,或者分割后将使该物失去其原有的用途及降低其价值的物,例如一辆汽车,无法进行实物分割。

区分可分物和不可分物,其意义在于:一、确定共有关系终止时的分割方式。对于可分物,可进行实物分割;对于不可分物,只能进行价值分割,有的共有人得到原物,其他的共有人得到金钱补偿。二、便于明确多数人之债的债权债务。数人共享一个债权或共负一个债务,标的物为可分物的,债权人可以享有按份债权,债务人可以负有按份债务;标的物为不可分物的,债权人之间是连带债权,债务人负连带债务。

(四)主物和从物

根据两个独立存在的物在用途上客观存在的主从关系,把物分为主物和从物。同属于一人所有的两个独立存在的物,结合起来才能发挥经济效益的,才构成主物和从物的关系。主物是指独立存在,与同属于一人所有的其他独立物结合使用中有主要效用的物。在两个独立物结合使用中处于附属地位、起辅助和配合作用的是从物。例如机器和附带的维修工具,机器是主物,维修工具是从物。一般认为,作为从物须具备以下条件:(1)从物须具有独立性,不为主物的部分。主物是独立的物,从物也是独立的物。例如,房屋与窗户、汽车与使用中的轮胎均为物的整体与部分的关系,不是主物和从物的关系。从物与物的部分的区分标准,一般而言如下所述:二者分离,各自不会受到破坏或使其本质发生变更者,为从物;反之,为物的成分。[1] (2)从物与主物同属于一个人所有。从物与主物之所以需要区分,在于处分主物的效力会及于从物。如果主物与从物分属于不同的人,则一人的处分行为,其效力当然不能及于他人的物。所以,同属于一人,是主物与从物关系的要件。(3)从物的使用目的须具有永久性。从物必须具有辅助主物的效用,从物的效用不以经济效用和经济目的为限;非为暂时性辅助主物经济效用的,但是暂时与主物分离的,仍为从物。从物的效用,需与主物相结合才能显现和发挥,而主物的效用因从物之所助而愈益彰显。[2]

(五)原物与孳息

根据两个物之间的产生关系区分,物分为原物和孳息。原物是指依其自然属性或法律规定产生新物的物,如产生幼畜的母畜、带来利息的银行存款等。孳息是指原物产生的物,包括天然孳息和法定孳息。天然孳息是指依照物的自然性质而产生的收益物,又称直接孳息。例如,果树结出来的果实,动物的产物如鸡蛋、牛奶等属天然孳息。但是杀牛所获牛肉,开垦的农田则属非天然孳息,利用现代技术产生的电力也非孳息。法定孳息是原物根据法律规定产生的收益物,又称间接孳息,如存款利息、股利、租金等。法定孳息必须因他人使用而发生,使用自己的金钱、房屋、衣服,虽也有利益,但此种利益是基于事实关系所享有的利益,而非基于法律关系所发生的收益,不能认定为法定孳息。法定孳息包括租金、承包金、利息及迟延支付的利息等。

孳息的法律意义在于确定孳息的收取权。在孳息的收取权问题上有原物主

---

[1] 参见王伯琦:《民法总则》,台北"国立"编译馆1979年版,第109页。
[2] 同上。

义和生产主义之分。原物主义即原物所有人收取孳息,生产主义即由产生孳息的加工人收取孳息。在我国法律实务中,如法律未明确规定或当事人未特别约定,孳息收取权由原物所有人享有;转让原物时,孳息收取权一并转移。关于孳息的收取权,天然孳息与法定孳息又有所不同。天然孳息的收取由物权法规定,法定孳息的收取由债权法规定。天然孳息未与原物分离前,不存在孳息收取问题,一旦与原物相分离,孳息归属物权法规定的权利人。法定孳息的权利人通常为债权人。

(六)可消耗物与不可消耗物

根据物的不同使用效果,将物区分为可消耗物与不可消耗物。可消耗物是指不能重复使用,一经使用就在法律上灭失(如金钱的使用)或改变其原有物理状态的物(如食品、生活用品等)。不可消耗物是指经反复使用不改变其形态、性质的物。因土地、房屋等不动产均为不可消耗物,而动产既包括可消耗物又包括不可消耗物,因而,二者的区分成为必要。

区分可消耗物和不可消耗物的意义在于:当事人取得对物的暂时使用和利用并负返还义务时,如为可消耗物,只能返还同等利益;如为不可消耗物,则应当返还原物。因此,就产生消费和使用借贷的区分,不可消耗物适用于使用借贷,而可消耗物只能适用于消费借贷。另外,转让使用权的交易一般仅限于不可消耗物,如设定用益物权、租赁合同等只能以不可消耗物为标的物;而以可消耗物为标的物的合同,即使称为借用移转的也是标的物的所有权。例如,X 与 Y 订立借款合同,自 X 将现金交付给 Y 时,货币的所有权发生转移。

(七)单一物与集合物

依据物是否可以单独地、个别地存在,将物区分为单一物和集合物。单一物是指独立成一体、能够个别地存在的物,如一头牛、一本书等。数个单一物结合为一体则为合成物,也叫合一物,如配有钻石的金项链,其各组成物能够独立成为一体且相互间无主从之分。集合物是指多个单一物或合成物集合为一体,在作为权利客体时,在法律和交易上当做一物对待的物的总体,如一企业的全部财产等。无论哪一种物,在作为物权的标的时,在法律观念上都是一个完整的物,一物之上只有一个所有权。集合物包括两种类型:一是事实上的集合物,如工厂里的机械设备;另一是法律上的集合物,这主要是指权利和物的结合,又称集合财产,包括营业财产、企业财产、破产财产、共同继承财产、合伙财产、夫妻共同财产、失踪人的财产等等。①

区分单一物和集合物的意义在于：对于单一物原则上权利应存在于物的整体，在物的组成部分上，不应存在独立的权利，但现代民法上的建筑物区分所有权是其例外。对于集合物，其整体一般不作为一个权利的客体，权利应存在于各个独立的单一物上，但特殊情况亦有之，如现代民法上的财团抵押等。

三、物权客体与权利——兼评我国《物权法》第二条第二款

我国《物权法》第二条第二款规定："本法所称物，包括不动产和动产。法律规定权利作为物权客体的，依照其规定。"

该款对我国《物权法》上的物权的客体作了明确的界定。物权法上所指的物，包括不动产和动产。不动产是指土地、房屋、林木等土地附着物；动产是指不动产以外的物，如汽车、电视机等。不动产和动产是物权法上对物的分类，之所以作这样的范围界定，主要是基于它们各自的特点。物权法上的物通常是指有体物或者有形物，即物理上的物，包括固体、液体、气体、电等。与有体物相对的是无体物或无形物，是指对有体物以外的其他权利和利益，如对股票、票据、债券、知识产品及现代商业信息等所享有的权利，它们也被称为精神产品。

这些精神产品，主要有两种：一是知识产权，具体包括：著作权、商标权、专利权等中的财产权。尽管这些知识产权都是绝对性权利，但是就其实质而言，还是与物权根本不同的。因此，知识产权受到知识产权法的专门调整。二是对股票、债券和票据等的权利，从性质上看，这些权利与物权也是不同的，例如，股权在性质上不仅仅是所有权的凭证，而且也是一种债权的凭证；对债券的权利主要是债权。因此，对股票、债券和票据等的权利受到公司法、证券法和票据法的调整。

但是上述两类精神产品由专门法调整，并不意味着绝对地排除物权法的调整和保护。我国《物权法》第二百二十三条规定，可以转让的注册商标专用权、专利权、著作权等知识产权中的财产权等财产权利可以出质作为权利质权。②在这种特定情况下，权利成为了物权的客体。因此，我国《物权法》第二条第二款作了如上规定符合我国当前的法律实际，有利于交易的进行和市场秩序的稳定。

---

① 参见王利明：《物权法论》（修订本），中国政法大学出版社2003年版，第40页。
② 我国《物权法》第二百二十三条规定："债务人或者第三人有权处分的下列权利可以出质：（一）汇票、支票、本票；（二）债券、存款单；（三）仓单、提单；（四）可以转让的基金份额、股权；（五）可以转让的注册商标专用权、专利权、著作权等知识产权中的财产权；（六）应收账款；（七）法律、行政法规规定可以出质的其他财产权利。"

第四节 物权的效力

权利的效力是指权利人所具有的法律上的功能和作用。物权的效力是指法律赋予物权的强制性作用力和特定的保障力,反映物权的权能和特性,决定物权人对标的物进行支配并排除他人干涉的程度和范围,体现物权依法成立后所产生的法律效果。从作用范围上来看,物权的效力可以分为共同效力和特有效力。前者为一般物权所共有的效力,后者为各种物权独有的效力。比如,土地使用权人对标的物有使用、收益的权利,抵押权人对标的物则有优先受偿权,而无使用、收益权,等等。关于各种物权的特有效力留待各种物权中阐述,本节主要介绍物权的共同效力。

自罗马法以来,为确保物权人直接支配标的物而享受其利益的圆满状态不受侵害,作为物权人保护其权利的具体手段,各国法律均赋予物权以某些特定的效力。物权所具有的这些特定效力的总体,民法理论上称为物权的效力。就物权制度的结构体现来看,物权的效力为罗马法以来近现代物权法一项重要问题,物权的其他问题如物权的保护、物权的设定、物权的公示公信以及物权的变动等,或者从此衍生和展开,或与此有密切联系。因此物权的效力问题在整个物权法中占有极其重要的地位。

关于物权的效力,不同的学者有不同的概括。主要有以下几种:(1)二效力说,认为物权的效力有优先效力和物上请求权两种,对于其他学者主张的追及权,认为应包含在上述两种效力之中。① (2)三效力说。此说中又有不同的归纳。有的学者概括为排他效力、优先效力和物上请求权;②有的学者概括为对物的支配力、对债权的优先力和对妨害的排除力(即物上请求权)。③ (3)四效力说,其中有的学者概括为排他效力、优先效力、追及效力和物上请求权;④有的学

---

① 参见史尚宽:《物权法论》,中国政法大学出版社 2000 年版,第 10 页。
② 参见谢在全:《物权法论》(上册),中国政法大学出版社 1999 年版,第 31~40 页。
③ 张俊浩主编:《民法学原理》,中国政法大学出版社 1991 年版,第 360 页。
④ 参见刘保玉:《物权法》,上海人民出版社 2003 年版,第 37 页,四效力说:对物的支配力、对其他物权的排他效力、对债权的优先效力和对妨害的排除效力。梁慧星:《物权法》(第二版),法律出版社 2003 年版,第 46~54 页;陈华彬:《物权法》,法律出版社 2004 年版,第 95 页,四效力说:物权的排他效力、物权的优先效力、物权的追及效力和物上请求权。

者则概括为支配效力、对其他物权的排他效力、对债权的优先效力和对妨害的排除效力(即物上请求权)。[1]

一、物权的支配效力

物权的支配效力是指物权具有的,能保障物权人直接支配标的物而享受其利益的效力。物权为支配权,物权人无须他人的意思或行为的介入即可依自己的意思支配其物,这是物权支配效力最主要的体现。支配力不同于支配。支配是指对标的物直接为一定行为,具体表现为对物的占有、使用、收益、处分等;支配力是法律强制力在物权效力上的具体表现。支配是一种事实状态,而支配力则是物权人合法支配标的物的意志和行为受到法律保护时所具有的效力。因此,物权的支配效力是一种法律上的"力",不以对物的占有为必要,抵押权人虽不直接占有抵押物,仍有无须借助于抵押人的意思或行为而对物实现其权利的法律上的"力"。

在物权法律关系中,物权的支配力具体表现为两个方面:第一,物权人依自己的意思支配标的物,而无须义务人为积极的行为与之配合。第二,排他效力,即在同一个标的物上不能同时存在两个以上同一内容或同一性质(即性质上不相容)的物权。具体而言,所有权具有完全的支配力,所有人依法对自有物享有占有、使用、收益和处分的权利,在合法的范围内,能够全然依自己的意志自由支配标的物。他物权只具有不完全支配力,他物权人只能在法律上或者合同具体规定的范围内,对他人之物享有一定的支配力。故而,所有权又称完全物权,他物权又称不完全物权。

物权的排他效力是物权其他效力的基础,并且通过物权的其他效力而得到圆满的实现。权利人如对物不具有支配效力,就不能排除他人的干涉,既不能排除他人在同一物上设立其他权利,也不能排除其他人对物的占有或其他侵害。反言之,如果物权人不能排除他人干涉,不能排除他人对物权的侵害,物权的支配效力也必将荡然无存。

二、物权的排他效力

物权的排他效力,是指物权具有的在同一标的物上不容许另一内容相抵触的物权同时存在的效力。物权的排他效力具有两层含义:第一,物权具有直接排除他人不法妨碍的效力。物权人行使权利遇有他人不法妨碍时,凭借物权便能

---

[1] 参见王泽鉴:《民法物权》(第一册),中国政法大学出版社2001年版,第60页。

够直接请求妨碍人排除妨碍或消除可能发生妨碍的因素。第二,一物之上不能同时设定两个或两个以上效力相等互不相容的物权。就所有权而言,一物之上不能有两个所有权,某人对某物享有所有权,就排除其他任何人同时对该物享有另一个所有权。而就他物权而言,一物之上不能同时有两个或两个以上互不相容的他物权。物权的排他效力"因物权之直接支配性而生"。[①] 物权为对物的直接支配的权利,物权人欲实现其对物的支配,客观上要求排除他人对其物的同一支配;如不能排除他人对其物的同一支配,其支配地位就会受到影响,甚至失去其支配地位。

物权的排他效力主要体现在以下几个方面:其一,同一标的物上,不得同时并立两个所有权。同一标的物上,已有所有权存在的,不能另有其他所有权成立。例如,同一标的物上有所有权,后来他人因时效取得或善意取得时,前一所有权便消灭。其二,物权的排他效力有强弱之分。所有权最强,同一物上绝不允许有两个或两个以上的所有权存在;以占有标的物为内容的限制物权,如土地权(基地使用权)、农用权(农地使用权)在排他效力上则较弱;不以占有标的物为内容的限制物权如抵押权,其排他效力最弱。其三,同一标的物上不得存在其他同一占有为内容的两个或两个以上的限制物权。如某块土地之上设定土地使用权使某人享有使用权以后,不得再将该土地转让给他人使用。但是,不以占有标的物为内容的限制物权如抵押权,则可以同时存在于同一标的物上。

然而,物权的排他效力并不否认在同一物上并存数个内容并不矛盾的物权。例如,所有权可以与其他任何一种物权在同一物上并存;所有权人也可以在一物之上设立数个担保物权。具体来看,同一标的物上仅可以成立一个地上权(基地使用权)或农地使用权,而不得同时成立两个或两个以上的地上权(基地使用权)或农地使用权。但是在以下情形中,数个物权可以同时存在于同一标的物上:(1)所有权与限制物权;(2)以占有为内容的限制物权与非以占有为内容的物权,如基地使用权和抵押物权可以并存于同一标的物上;(3)非以占有为内容的数个物权;(4)用益物权和担保物权可以同时存在于同一标的物之上。此外,抵押权可以复数同时存在于同一个标的物上,其效力依设定次序的先后而定。

三、物权的优先效力

物权的优先效力,又称物权的优先权,是指物权相对于其他物权或债权优先

---

① 谢在全:《民法物权论》(上册),中国政法大学出版社1999年版,第31页。

行使或实现的效力。一般包括物权相互间的优先效力和物权优先于债权的效力。但是也有学者认为物权的优先效力仅限于物权优先于债权的效力,而不应包括物权相互间的优先效力。①

(一)物权相互间的优先效力

同一标的物上存在两个或两个以上不相抵触的物权时,依以下规则确定其优先效力:

第一,他物权优先于所有权。这一规则又称"限制物权优先于所有权"规则。他物权是在他人所有之物上设立的物权,他物权虽不具备物权的全部权能,仅有物权之部分权能,但他物权之设立本身即是对所有权的限制。因此,在同一物上同时存在所有权和他物权时,他物权优先于所有权而实现。不论他物权是用益物权还是担保物权,均优先于所有权。

第二,担保物权优先于用益物权。同一标的物上存在用益物权和担保物权时,担保物权优先于用益物权而实现。例如,土地使用权人以其土地使用权抵押时,如债务人不履行主债务,抵押权人得以实现其抵押权。

第三,费用性担保物权优先于融资性担保物权。② 费用性担保物权,是指依法律规定为担保因保存或增加标的物的价值所发生的费用之债权成立的担保权,如留置权。融资性担保物权,是指为担保融资所生之债权而设立的担保物权,如为银行贷款或一般债务设立的抵押权、质权。由于费用性担保物权与标的物有更为密切的关系,其所担保的债权因保存或增加标的物的价值而发生,因此,法律特别予以保护,赋予其优先效力。如最高人民法院《关于适用〈中华人民共和国担保法〉若干问题的解释》第七十九条第二款规定:"同一财产抵押权与留置权并存时,留置权人优先于抵押权人受偿。"又如我国《海商法》第二十五条规定"船舶抵押权后于船舶留置权受偿",即赋予船舶留置权优先于船舶抵押权而实现的效力。

依权利设立的先后顺序确定其优先效力,即先设立的物权优先于后设立的物权而实现。这一规则也称为"时间在先,权利在先"规则。该原则本质上是对现实的、既得的物之支配地位的保护。当两个物权不能同时存在时,后发生的物

---

① 参见史尚宽:《物权法论》,中国政法大学出版社 1999 年版,第 10 页注;张俊浩主编:《民法学原理》,中国政法大学出版社 1991 年版,第 362~363 页。
② 参见谢在全:《民法物权论》(上册),中国政法大学出版社 1999 年版,第 33~34 页。

权当然不能成立,在此情形下,不存在物权之间的优先效力。但是,如果两个物权可以并存,则后发生的物权仅于不妨碍先发生的物权范围内得以成立,即后发生的物权不得不让先发生的物权居于优先地位。我国《担保法》第五十四条规定,同一财产向两个以上债权人抵押的……按照抵押物登记的先后顺序清偿;顺序相同的,按照债权比例清偿。最高人民法院《关于适用〈中华人民共和国担保法〉若干问题的解释》第七十七条进而规定:"同一财产向两个以上债权人抵押的,顺序在先的抵押权与该财产的所有权归属一人时,该财产的所有权人可以以其抵押权对抗顺序在后的抵押权。"此外,最高人民法院《关于适用〈中华人民共和国担保法〉若干问题的解释》第七十九条第一款规定:"同一财产法定登记的抵押权与质权并存时,抵押权人优先于质权人受偿。"

(二)物权优先于债权的效力

同一标的物上,同时存在物权和债权时,物权无论成立于债权之前或之后,均有优先于债权实现的效力。主要有以下几种情形:

第一,出现一物二买时,已取得标的物所有权的买方之权利优先于另一买方所享有之债权,仅享有债权的买者不得以其债权请求已取得标的物所有权的买方交付标的物。即使取得标的物所有权的是后买者,先买者也不得以其买卖合同订立在先而主张后买者返还标的物。在一物二卖时,由于存在两个买卖关系但标的物只有一个,因此当卖方履行其中一个买卖合同,向其中一个买主交付标的物时,亦即意味着他无法履行另一个买卖合同之义务,对另一买受人构成违约,该买受人可以依合同之约定或者法律之规定追究其违约责任。

第二,某特定物已成为债权之标的物,但该物上如有用益物权存在,该用益物权优先于债权行使。例如,某甲将房屋借给某乙使用,乙享有借用权,借用权属于债权;之后,甲又将该房屋抵押给丙,丙享有抵押权,抵押权为物权。此时,同一房屋上存在乙之债权与丙之抵押权,依物权优先于债权而实现的原则,丙的抵押权应优先受偿,乙的借用权即告终止。

第三,债务人之财产设立担保时,对于担保物,担保物权优先于一般债权而受清偿。即使债务人被宣告破产或其财产被强制执行,担保物权人的优先受偿权也不受影响。

物权具有优先于债权的效力是由两种民事权利的不同法律特性决定的。物权是支配权,物权人可以依自己的意志直接支配标的物,无须他人之积极行为即可实现其权利;债权则不同,债权为请求权,债权人须借助于债务人交付标的物之行为才能实现其权利,否则无法直接支配标的物。因而,当同一标的物上既存在物权又存在债权时,物权人依其直接支配标的物的法律地位,即可先于债权人实现对标的物的权利。

物权优先于债权,这是一般的原则,也存在三种例外情形:

第一,"买卖不破租赁"。即先设立的承租人的租赁权优先于租赁物受让人的所有权。我国《合同法》第二百二十九条规定:"租赁物在租赁期间发生所有权变动时,不影响租赁合同的效力。"在租赁期间,如出租人将租赁物的所有权移转给受让人,受让人不得依其所有权主张租赁合同终止,要求承租人交回租赁物。此时,承租人的承租权法律上虽属债权,但具有可对抗受让人之所有权的效力。

第二,纳入预告登记的债权优先于其后成立的债权。例如,商品房预售合同尤其是期房预售合同中,购房者将其买受人的请求权在有关部门进行了预告登记,则其具有了物权的排他效力,预售者任何违背预告登记内容的处分行为,均无效。

第三,物权不能优先于被法律特别赋予优先受偿效力的债权。主要是基于公益或社会政策的理由,发生在后的某些物权有优先于发生在前的某些物权的效力。譬如,我国《海商法》中规定的海难救助费用请求权等船舶优先权,优先于标的物上的抵押权。[1]

四、物权的追及效力

物权的追及效力,即物权的标的物不管辗转到何人之手,其所有人均可追及至物之所在,依法主张权利,向物的占有人要求返还。物权的追及效力是物权作为绝对性权利之体现,在将追及性作为物权的一项独立效力后,真正物权人的权利便可因此而获得充分的保障。物权的追及效力主要体现在以下方面:

第一,当标的物被无权处分人转让给第三人时,物权人有权向第三人请求返还。物权的追及效力必须通过物上请求权才能实现,但并不意味着它就应当包括在返还原物的物上请求权中,因为物上请求权并不能完全概括物权的追及效力。具体来看,物上请求权由物权的追及效力所决定,追及效力是物上请求权中返还原物请求权产生的基础,且追及权只能由物权人所享有;而物上请求权中的返还原物请求权,不仅可由物权人享有并行使,而且也可由占有人来行使。因

---

[1] 参见刘保玉:《物权法》,上海人民出版社 2003 年版,第 47 页。

此,追及效力是一项独立的物权的效力,不能将它与物上请求权相等同。

第二,当抵押人擅自转让抵押物给第三人时,抵押权人可追及至抵押物之所在行使抵押权。在抵押担保中,抵押人虽然将财产作了抵押,但并未因此而丧失其财产所有权,仍能以出卖等方式处分其抵押财产。当抵押人的处分自由与抵押权人优先受偿的利益发生冲突时,法律一般赋予抵押权人对抵押物的追及效力。根据这一原则,无论抵押物辗转至何人之手,抵押权人均可追及至抵押物之所在,从而对该抵押物实现其优先受偿权。

但是,物的追及效力并非适用于一切场合,其受到一定的限制。当取得财产的第三人为善意取得时,物权的追及效力则被中断,第三人取得该物的所有权,原所有人丧失所有权,其所受损害可以通过其他方式得到救济。

五、物权的妨害排除效力

物权的妨害排除效力,又称为"物权请求权"、"物上请求权"、"排除妨害请求权",它是指物权具有的、排除他人妨害、恢复权利人对物的正常支配的效力。具体而言,是指当物权人对物的支配受到他人的妨害时或有妨害之可能性时,为回复其对物的圆满支配状态而产生的请求权。就其实质而言,这是物权的支配力在一定条件下的特殊作用,是一种法律保护力。只要有妨害物权圆满状态的事实存在,物权人便可依照物权请求权予以救济。关于物权请求权,笔者将在第四章物权的保护中,专节进行讨论。

第三章 物权的变动

第一节 物权变动概述

一、物权变动的概念和形态

(一)物权变动的概念

物权变动,从物权本身来讲,即指物权之发生、变更及消灭。对物权权利人而言,乃物权之取得、变更与丧失,学界一般称其为物权的得丧变更。究其实质而言,物权变动乃主体之间对于物的支配和归属关系的法律关系的变动。

物权变动是物权法中最重要的问题之一。我国传统民法学术著作中,一般均认为物权乃静态的财产权,因此,物权法也就是规范静态财产关系的法律。这种理解只见其一,事实上,在现实生活中,物权经常处于变动状态中,某一特定物上物权的发生或设立、物权的转让、物权内容的变化以及物权因某种原因的出现而消灭,都是常见的现象。为此,法律必须加以规制,以维护物的归属秩序和促进交易的发展。

(二)物权变动的形态

物权的变动包括物权的取得、变更与消灭三种形态。

1. 物权的取得

物权的取得,又称为物权的产生,是指主体取得对客体物的某种物权。包括所有权、用益物权、担保物权或者法律规定的其他类型物权的取得。物权的取得,分为原始取得和继受取得。

原始取得,又称最初取得,是一种不以他人已有的物权为根据而直接依据法律规定初次取得物权的方式。物权的原始取得一般基于事实行为而发生,它的本质是物权的初次发生而非物权的移转。原始取得一旦完成,此前客体上的一切负担均归于消灭。原始取得,一般包括三种情形:(1)一物之上原不存在任何人的所有权,现有主体第一次或最初取得该物的所有权。一般表现在以生产或扩大生产的方式实现,另外,还有先占、收取孳息等等。(2)物上原存在他人的所有权,但法律上不予承认,而是依靠法律或国家权力而强制取得。如时效取得所有权、通过国有化措施或刑罚手段而没收他人的财产等等。(3)法律上承认原物上的权利,但新物权人不依据原权利人的意志而是依法取得新的物权。如财产添附、国家征收等等。

继受取得,又称传来取得,是以他人已有的物权为根据,通过法律行为而取得物权。继受取得一般是基于买卖、赠与、互易等法律行为而取得的物权,但不限于依法律行为而取得。根据继受取得的方式不同,可以分为创设的继受取得和移转的继受取得。创设的继受取得,是指在他人的物上通过合同设定用益物权或者担保物权,如在自己物上设定抵押权,抵押权人取得抵押权。移转的继受取得,是指就他人物权,依其原状移转而取得,本质上是物权的移转,其形式包括买卖、借贷、互易、受赠、继承等等。根据继受取得的范围或形态不同,可分为特定继受取得与概括继受取得。特定继受取得,指对特定标的物之物权的继受取得。不仅某一特定物上的所有权可以继受取得,他物权也可以继受取得。概括继受取得,指就他人的权利义务(不限于特定物之物权)予以全部继受而取得物权,其中最为典型的是因继承而取得被继承人的权利义务。

2. 物权的变更

物权的变更,有广狭两义说。广义的变更,包括物权主体的变更、客体的变更和内容的变更;狭义的变更,则仅指物权客体和内容的变更。在物权法上一般采用狭义说,仅指物权的客体、内容等的部分改变。物权客体的变更,又称物权的量的变更,指物权标的物在量上有所增减。例如,所有权的客体因附合而增加,抵押权的客体因部分毁损而减少。物权内容的变更,称为质的变更,即物权发生内容上的扩张或缩减、期限上的延长或缩短等变化。

3. 物权的消灭

物权的消灭,就物权主体方面而言,为物权的终止或丧失,即物权与其主体分离。物权的消灭,分为绝对消灭与相对消灭两种。前者指权利人的物权消灭,且他人也不能取得该物的物权。例如,物权标的物的灭失,从而导致物权绝对消灭,任何人均不能再享有该物权。后者指物权虽与原主体分离,但又与另一新主体相结合。例如,物权的转让,从原权利人的角度来说,为其物权的消灭;而从权利取得人的角度来说,则为物权的继受取得。故而,物权的继受取得与物权的相对消灭,实质为同一问题的两个不同的层面。

二、物权变动的原因

物权关系作为一种民事法律关系,因一定的法律事实而发生、变更或消灭,引起物权关系发生、变更或消灭的法律事实,即物权变动的原因。物权变动的原因,概括而言,有三类:(1)民事法律行为。包括单方民事法律行为与双方民事法律行为。前者如物权的抛弃、遗赠等;后者如设定、变更及转让物权的契约行为。(2)法律行为以外的事实行为与事件。其中的事实行为,如遗失物的拾得和埋藏物之发现、先占、添附、混同等。事件,如法定期间的届满、物权人的死亡及继承的发生等等。(3)公法上的行政行为或司法行为。如因公用征收或没收、法院的判决等而导致物权发生变动等。从各国的法律规定具体来看,物权变动的原因主要包括以下几种:

1. 法律行为。法律行为是物权变动的主要原因。例如,权利人因买卖、赠与、遗赠而取得标的物的所有权,因财产设立担保而取得抵押权、质权,因土地使用权出让合同而取得土地使用权,因抛弃标的物而使所有权归于消灭,等等,都是基于法律行为而发生的。

2. 时间的经过。在大陆法系国家的民法中,占有时效是物权取得的原因之一。如《德国民法典》第937条规定:"自主占有动产经过十年的人,取得其所有权。"该法第900条规定:"未取得土地所有权而作为土地所有权人登记入土地簿的人,如果登记已经过三十年,并且此人在此期间自主占有该土地时,即取得该土地的所有权。"我国《民法通则》未规定时效取得制度。

3. 继承。被继承人死亡,其生前遗留的财产依继承法规定由其继承人继承,继承人取得被继承人遗产的所有权及其他物权。

4. 主权利的消灭。具有从权利性质的他物权,因主权利的消灭而消灭。例如,在债的关系中,主债务因清偿、免除等而归于消灭,担保物权也归于消灭;在地役权关系中,需役地灭失,供役地上之地役权归于消灭。

5. 添附。属于不同所有权人的物因加工、附合、混合成为新物时,原物的所有权归于消灭,新物的所有权依法律规定由新所有权人取得。

6. 先占。先占取得是大陆法系国家动产所有权取得的方式之一。自主占有无主动产者,因占有取得该动产所有权。我国民法未规定无主物先占取得制度。

7. 遗失物之拾得,埋藏物之发现。《日本民法典》第240条、第241条规定,遗失物、埋藏物经依法公告的六个月内无人认领的,拾得人、发现者取得其所有权;在他人物内发现埋藏物的,发现人与该物所有人折半取得其所有权。①

8. 划拨。通过行政划拨的方式设立国有土地使用权,是我国国家机关、国有企业事业单位取得国有土地使用权的基本方式。

9. 没收。没收是依据法律的规定,强制将违法人员的财产收归国有的一种措施。没收财产是刑法规定的刑事责任和行政法规定的行政法律责任。没收的财产归国家所有,由国家取得所有权。

10. 混同。混同是引起民事权利消灭的法律事实之一。物权的混同是指同一标的物上存在的不同物权因同归于一人的客观事实,物权发生混同引起物权的消灭。所有权与同一物上存在的他物权混同时,他物权归于消灭。

11. 标的物灭失。物权乃支配权,标的物灭失,物权绝对地消灭。

第二节 不动产的登记

一、不动产登记的概念、效力及功能

(一)不动产登记的概念

登记,是指把有关事项写在特备的表册上。② 在现代社会中,登记是非常普遍的现象,如我们熟悉的婚姻登记、出生登记、企业登记等。作为物权公示方式的登记,我们称其为物权登记,是经权利人申请国家登记部门将有关申请人的物权事项记载于登记簿的事实。换言之,物权登记是指登记申请人对物权的设定、转移、变更、消灭在专门的登记机关依据法定的程序进行登记。不动产登记,是指登记机构根据当事人的申请并经审查,对不动产物权的设定、变更、移转等事项记载于特定的簿册的事实。不动产登记是不动产物权变动的法定公示手段,在市场经济发达的今天,起着极为重要的作用,正如我妻荣先生所言:"登记制度——无论停止在公示原则还是进展到公信原则——都是根据近现代的物权交易法理想而构想出来之优秀制度。"③

关于登记的性质,历来有国家行为说、司法管理行为说和程序性司法行为说。相应地,在我国学术界,对于不动产登记的行为性质,也众说纷纭。目前主

---

① 参见柳经纬:《物权法》,厦门大学出版社 2000 年版,第 39 页。
② 参见《现代汉语词典》,商务印书馆 1987 年版,第 226 页。
③ [日]我妻荣:《日本物权法》,由泉享修订,李宜芬校订,台北五南图书出版公司 1984 年版,第 44 页。

要有五种观点：第一种观点认为，登记行为属于民事行为或私法行为。第二种观点认为，抵押登记属于公法上的行为即登记行为。① 第三种观点认为，登记行为既有民事行为的一面又有登记行为的一面，不能一概而论。第四种观点认为，对于登记行为的性质，应当区分当事人进行登记的申请行为与登记机关审查登记行为，前者是当事人设定物权这一物权行为的组成部分，应当属于民事法律行为的范畴；而后者是属于登记行为。② 第五种观点认为，不动产登记在本质上是国家证明行为，而不是批准行为。③ 笔者比较赞同屈茂辉先生的观点，他认为，将登记视为不能再分解的行为单元是不妥当的。作为物权变动公示方式的登记，是一个完整的过程，需要有登记当事人的行为和登记机关的行为，没有登记申请人的申请行为，登记机关不得主动地进行登记。所以，从整个登记过程来分析，作为物权公示方式的登记至少包含四个要素：（1）登记机关。即指对有关事项为一定目的而进行记载的人或机构。（2）登记对象。即作为物权客体的物，主要为不动产，动产和财产权利也可能成为登记对象。（3）以书面记载的方式实现。口头的方式一般不能成立登记。（4）具有特定的目的。④

（二）不动产登记的效力

关于登记的效力，大陆法系国家主要有两种不同的观点，即登记要件说和登记对抗说，我国立法过去一向主张不动产物权的取得、变更和消灭，未经过登记，不能产生法律效力。⑤ 我国新颁布的《物权法》第九条第一款规定："不动产权的设立、变更、转让和消灭，经依法登记，发生效力；未经登记，不发生效力，但法律另有规定的除外。"可见，不动产登记是不动产物权变动的生效要件。

在厘清不动产登记效力意义的基础上，我们必须将登记与交易本身区别开来。登记是针对民事权利的变动而设定的，它与物权的变动紧密联系，是一种物权变动的公示方法。登记并不是针对合同行为。在登记之前，当事人就不动

---

① 参见王泽鉴：《民法物权》（第一册），自行出版社1997年版，第76页；王利明：《物权法论》（修订本），中国政法大学出版社2003年版，第136页。
② 参见程啸：《中国抵押权制度的理论与实践》，法律出版社2002年版，第214页。当然，程啸先生在其著作中探讨的仅为抵押权登记的性质，但是，抵押权登记为物权登记之一，笔者将其视为一种代表观点。
③ 参见梁慧星：《社会主义市场经济管理法律制度研究》，中国政法大学出版社1993年版，第111页。
④ 参见屈茂辉：《物权法·总则》，中国法制出版社2005年版，第356～357页。
⑤ 参见佟柔主编：《中国民法》，法律出版社1990年版，第248页。

的转移已经达成了合意,合同关系就已经成立,是否办理登记原则上不应影响到合同本身的效力,而只能导致权利的移转因缺少公示要件无法生效,但是合同本身已经生效并且对当事人已经发生了拘束力。物权法采纳登记与交易分开的观点,有利于充分地鼓励交易。如果当事人之间对物权的设立和移转达成合意,只要此种合意不违反法律的强行性规定和公序良俗,即便未完成登记手续,也不会影响合意的完成,当事人可以随时补办登记手续,从而使交易更加便捷,也提高了交易的效率。

(三)不动产登记的功能

登记制度的建立体现了不动产交易关系的干预,不动产登记的目的主要在于公示,通过登记将不动产物权的设立、移转、变更的情况向公众予以公开,使公众了解某项不动产上所形成的物权状态。不动产登记的功能主要表现在以下几个方面:

1. 由于公权力的介入,登记的公示力强

登记制度是国家实现对不动产交易的宏观调节和监控的手段。无论登记是由法院还是由行政机关完成,登记过程均依赖于公共权力的介入。一方面,登记机关对物权状态进行记载并制作表明权属和客体状况的证书,是对财产归属关系事实的社会确认,更明确地记载权利人享有的物权类型,比占有更容易表征标的物上的物权,更加有利于确定物权归属,解决物权的冲突。另一方面,公共权力的介入,使得登记具有一定的公共性和较强的权威性,世人基于对公共权力机构权力来源可靠性的认同及对于公共权力本身的信赖,很自觉地认同登记的公共效力和权威。对登记记载内容的信赖,更好地保障交易的安全和迅捷。

2. 登记具有较严格的程序要求,可信度高

登记有一套相对比较严格的审查机制。登记要经过申请、受理、审查、记载等几个环节,有着程序要求和程序性规则。一般而言,登记所记载的事项与实际的事项比较吻合,具有公开性,可信赖性强。交易当事人基于对登记内容的信赖发生的交易,其利益可以受到充分的法律保护。特别是当前,市场经济高度发达,交易名目繁多,交易频率甚高,导致交易双方信息的不对称现象极为严重。受让人往往可以不必考虑因为登记错误而对他所获得的预期交易的可能影响,他完全可以绝对信赖登记簿的记载而放心地进行交易,即使其购买的财产是出让人无权处分的财产,仍然能免受真正权利人的追索,从而取得合法的财产权。[①] 特别是我

[①] 参见许明月:《财产登记法律制度研究》,中国社会科学出版社2002年版,第28页。

国新颁布的《物权法》对不动产善意取得制度的确认,进一步为登记制度的可信性的发挥奠定了基础。

3. 登记记载的内容具有稳定性,便于公众查阅

根据世界各国的登记实践,只要不动产存在,不动产的登记簿就会存在,不得由任何机关销毁。有的国家的不动产登记簿保存的资料已经有数百年的历史。这种长期保存的资料,对不动产交易的安全提供了切实的保障。[①] 可见,登记的资料在不动产交易中具有极为重要的作用。登记是有专门的登记机关、登记官员、登记簿等,登记一经记载,非经法定的程序和符合法定的要求就不得轻易更改,如果要变更就必须办理变更登记。如此,登记的信息具有较强的稳定性,人们可以非常便捷地查阅了解某一标的物上物权变动的情况,从而大大地促进不动产的交易。

4. 减少交易费用,提高交易效率

在现代社会,社会财产流动性不断增强,欲获得为进行财产交易的必需信息的成本大大增加。登记制度使信息完全公开化,不仅为交易当事人提供了极大的方便,而且因为公信制度的设立使当事人能够充分信赖登记记载的内容,因此,在进行交易之前,交易当事人不必投入过多的精力和费用去现身调查、了解对方当事人是否对转让的财产享有合法的物权,或者被转让的标的物之上是否设有负担等物权的情况,从而大大减少了交易的费用,提高了交易的效率,有利于社会财富的增加。

二、不动产登记的机构与登记的程序

我国新颁布的《物权法》第二章第一节专门规定了不动产登记的机构与登记的程序。

(一)不动产登记机构

在不同的国家,登记机构的设置各有不同,有的是法院或者其他司法机关;有的是房地产行政管理部门或者专门设立的机构。在我国,不动产登记机关经历了不断发展的过程。在旧民法制定之时,曾经规定由地方法院作为统一的登记机关,后又改为由独立的地政局负责土地登记,我国旧的土地登记规则曾规定土地登记由土地所在地的市县地政机关办理。并且由统一的地政机关办理不动

---

① 参见孙宪忠:《中国物权法总论》,法律出版社2003年版,第224页。

产登记,至今仍为台湾地区沿用。我国的《担保法》和《城市房地产管理法》都有对不动产登记机关的规定。根据《担保法》和《城市房地产管理法》的规定,土地管理部门、房产管理部门、林业主管部门、运输工具登记部门、工商行政管理部门和公证部门都可以成为不动产登记机关。据不完全统计,不同财产的登记机关达到二十几个。这种"多部门登记"、"多头登记"的现象严重地违背了不动产交易的常理和秩序,造成登记职责的交叉、重合,登记成本居高、浪费,进而导致登记物权变动公示作用的减低。所以,有学者认为,根据法理和国际经验,应当以县级法院作为统一的不动产登记机关,从而维护不动产登记地籍资料的统一性。[1] 鉴于以上情况,我国新颁布的《物权法》第十条规定:"不动产登记,由不动产所在地的登记机构办理。国家对不动产实行统一登记制度。统一登记的范围、登记机构和登记办法,由法律、行政法规规定。"尽管如此,我国还是应加紧《不动产登记法》的制定,改善我国不动产登记的现状。

(二)不动产登记的一般程序

一般而言,进行不动产登记应当经过以下程序:

1. 由当事人向不动产所在地的专门登记机构提出书面登记申请,同时按法律规定的要求提交必要的证件、文书,如房屋建造批准文件、转让合同、原权属证书等。

2. 由有登记管辖权的登记机构受理当事人的申请,并收取法定的登记费等费用。

3. 审验有关证件、文书等是否真实、合法、齐全,有问题的应告知当事人予以补正,不能补正或发现有虚假的,不予登记;必要时,登记机构还应派人实地调查,核实有关不动产的情况,并了解有无产权争议等关键性问题。

4. 登记机构经过审查,认为资料齐全、合法,情况属实的,依法将物权变动的事项登载于特定的登记簿册上,并向当事人颁发权属证书或相关记载有物权变动事项的证件,并加盖印章。至此,登记程序完毕。

关于登记的生效,关键在于登记机关的登记行为是否具备生效要件。从登记机关的登记行为的法律属性来看,登记的生效应包含以下要素:(1)主体合法。即登记机关是依照登记法的明文规定在自己的权限范围内进行登记的登记

---

[1] 参见梁慧星:《中国物权法草案建议稿——条文、说明、理由与参考立法例》,社会科学文献出版社 2000 年版,第 142~143 页。

机关。(2)内容合法。亦称实体合法,是指登记的内容符合法律规定、法律原则和社会公共利益。(3)程序合法。即登记必须符合法律规定的步骤、方式、时限和顺序。经过以上程序,并且符合上述条件,不动产物权登记便开始生效。

三、不动产登记簿和权属证书

(一)不动产登记簿

所谓登记簿,是指用于记载不动产、动产现状以及与之相关的权利关系的簿册。世界各国都有对于登记簿的不同规定。在法国,对于法律行为的公示,事实上存在四种不同的登记簿:登录登记簿、公告登记簿、扣押登记簿和登录申请登记簿。德国有专门的《德国不动产登记实行法》,详细规定了不动产登记的相关事项。日本的不动产登记簿分为土地登记簿和建筑物登记簿。

不动产登记簿,是登记主管机构专门登载记录不动产物权变动事项的特定簿册,是证明不动产权利人及其物权内容的有效根据。不动产物权的设立、变更、转让和消灭,应当登记的,自不动产登记簿记载之时生效。[①] 不动产登记簿册由登记机构保存并管理,允许当事人及利害关系人查阅、复制。在我国,由于土地与房屋作为各自独立的两项不动产而分别由两个部门负责登记,因此,不动产登记簿包括建设部下属的房地产管理系统建立的房屋权属登记簿和国土资源部下属的土地管理系统建立的土地登记簿。关于登记簿的编制,有以标的物的所有者为标准编制的"人的编成主义"和以标的物为标准编制的"物的编成主义"。基于登记的公示功能,我国不动产登记法应当采取"物的编成主义"登记簿编成方式。

(二)不动产权属证书

不动产权属证书,是在当事人依法办理不动产登记手续后,由登记机构制作并颁发给权利人作为其享有权利的证明文件。由于不动产权属证书是依据不动产登记簿的登记内容制作的,因此应与登记簿记载的内容一致。权属证书主要在不动产物权交易中作为证据加以使用,不动产物权的最强有力的根据乃不动产登记簿。[②] 因此,除了法律有特殊规定的情形外,权属证书占有的移转,并不

[①] 参见王胜明主编:《〈物权法〉学习问答》,中国民主法制出版社2007年版,第25~26页。
[②] 参见黄松有主编:《〈中华人民共和国物权法〉条文理解与适用》,人民法院出版社2007年版,第95页。

意味着物权变动的发生;当权属证书的内容与登记簿中的记载出现不一致的情况时,应以不动产登记簿的记载为准。这主要是基于登记的公定力和确定力。公定力要求登记行为一经作出,即对任何人都具有被推定为合法、有效而予以尊重的法律效力;确定力要求登记行为一旦生效,未经法定机关基于法定因素并依照法定程序,不得任意变更、撤销、废止登记权属证书的记载。

四、不动产登记的分类

关于不动产登记的分类,可以从学理和立法两个层面来讨论。

(一)不动产登记的学理分类

1. 实体权利登记与程序权利登记

这是依据登记对象的不同所做的划分。所谓实体权利登记,是指对当事人所享有的实体权利的登记,如所有权登记、地上权登记等。所谓程序权利登记,在不动产法上是指顺位登记,此类权利的权利人能否全部实现其权利,完全取决于他们的权利所处的登记顺位。程序权利登记不仅表现为抵押权的顺位登记,也包括除所有权外的全部应该登记的不动产物权的顺位登记。我国未有程序权利登记的内容。

2. 权利登记和表彰登记

这是以登记的内容为标准所作的划分,所谓权利登记,是指对所有权及他物权的设立、移转、变更、消灭等事项所进行的登记。这种登记是不动产物权的直接公示手段,不仅公示不动产物权的现状,也公示其变动情况。所谓表彰登记,又称标示登记,是指对土地、建筑物以及其他地上附着物的物理现状如面积、用途、种类、构造等进行登记。表彰登记并不直接反映物权的归属和变动,也不直接负载物权变动的公示功能,但对于确定物权的权利内容和单位意义重大。表彰登记与权利登记是不可分割的,权利登记以表彰登记为基础。

3. 设权登记与宣示登记

这是以登记的作用为标准所进行的划分,且该划分仅在形式主义的物权变动模式下才具有价值。因为在意思主义物权变动模式下,所有的登记均不具有创设权利的效力。所谓设权登记是指具有创设(包括移转)物权效力的登记。所谓宣示登记,是指将已经完成的物权变动昭示于外的登记。宣示登记不具有创设物权的效力。

4. 本登记与预备登记

这是以登记完成时间和效力为标准所作的划分。本登记亦称终局登记,是指直接使当事人所期待的不动产无变动发生效力的登记。它是在当事人所具备的实质要件即有关当事人实体权利义务关系的要件和形式要件即不动产登记机关所要求的申请程序条件都已具备时,登记机关按当事人意愿进行的登记。所谓预备登记,是一种与本登记相对应的制度,是对不动产的非终局性登记,其目的是在登记要求的实质要件和程序要件尚不充分时保全当事人的登记请求权。

(二)不动产登记的立法分类

从世界各国的立法情况来看,不动产登记可作以下分类:

1. 初始登记与变更登记

初始登记又称总登记、第一次登记,从原本意义上来讲,是指不动产的所有权人依法在规定的时间内对其权利进行的第一次登记。初始登记的原因可能是因为新的不动产登记法实施之时需要对全部的不动产所有权进行清理性登记,也可能是对新发生的不动产如新建成的建筑物的所有权或新出现的土地的所有权的登记。比如房屋建成后明确房屋的权属的登记,即为初始登记。

变更登记,又称变动登记,是指登记机关就不动产物权变动所进行的记载。当初始登记作成后,某一不动产物权因买卖、赠与、权利设定等发生变动时,不动产上的权利就与初始登记的一部或全部发生不一致,此时,就得进行变更登记,以确保登记始终地反映不动产权利的真实状态。如房屋转让的过户登记、房屋抵押登记等,均属于变更登记。

2. 正式登记与预告登记

我们一般意义上所说的不动产登记,即是特指对现实的不动产物权所进行的正式登记。而预告登记,是在当事人所期待的不动产物权变动所需要的条件缺乏或者尚未成熟时,亦即权利取得人只对未来取得物权享有请求权时,法律为保护这一请求权而为其进行的登记。我国新颁布的《物权法》第二十条明确规定了预告登记制度。关于预告登记我们将在下一节着重介绍。

3. 异议登记与更正登记

我国新颁布的《物权法》第十九条对异议登记与更正登记作了规定。所谓异议登记,是指权利人、利害关系人认为不动产登记簿记载错误,但是不具备申请更正登记的条件,向登记机构提出申请而进行的登记。登记机构根据当事人的异议申请进行异议登记,该登记的直接法律效力是:暂时中止现实登记的权利人按照登记权利内容行使权利,或阻止第三人依登记的公信力而受让不动产物权。异议登记的有效期一般不得超过十五日,即自异议登记之日起十五日内不起诉或者未能申请更正登记的,该异议登记失效。异议登记不当,造成权利人损害的,权利人可以向异议登记申请人请求损害赔偿。

所谓更正登记,是指权利人、利害关系人认为不动产登记簿记载有错误时申请更正,或者登记机构发现登记确有错误时依职权所进行的登记更正。与异议登记不同的是,更正登记是彻底地终止现实登记权利的正确性推定效力,是对既有的登记内容的改变。因此,更正登记必须在查明属实的前提下才能依法进行。更正登记的具体行使方式,可以是在权利人、利害关系人提出确有根据的更正登记申请时,由登记机构审查核实后办理;也可以是在登记机构自行发现登记确有错误时依职权予以更正。此外,法院的判决也是进行更正登记的依据。登记更正后,原权利人在异议登记期间处分该不动产,登记更正后的权利人未追认的,该处分行为无效。我国新颁布的《物权法》第十九条第一款规定:"权利人、利害关系人认为不动产登记簿记载的事项是错误的,可以申请更正登记。不动产登记簿记载的权利人书面同意更正或者有证据证明登记确有错误的,登记机构应当予以更正。"

五、预告登记制度

(一)预告登记的含义

预告登记是德国中世纪民法创立的制度,德国、瑞士、日本等国均规定了预告登记制度。在我国,预告登记又称为预先登记、暂先登记、预登记和假登记。我国《物权法》采用了预告登记。具体而言,预告登记是指在本登记前,通过限制登记权利人的处分权,以保全关于物权变动的请求权或其顺位的暂时性登记。亦即为保全关于不动产物权的请求权而将以此权利为对象的登记。[1] 预告登记的本质特征就在于使被登记的请求权具有物权效力,从而排斥后来发生的与该项请求权内容冲突的不动产物权的处分行为,以保证将来只能发生请求权所期待的法律结果。预告登记主要适用于商品房的预售买卖中(期房买卖或称楼花买卖),是为保护预购人的权利、防止预售人再行出售房屋而设立的一项行之有效的措施。

---

[1] 参见孙宪忠:《物权法》,社会科学文献出版社2005年版,第116页。

(二)预告登记的效力

预告登记的目的在于保全请求权,因此,预告登记不仅可以对抗不动产的所有权人和他物权人,也可以对抗任意第三人。预告登记的效力具体表现在以下方面:

1. 保全效力

预告登记的保全效力,即保全请求权发生所指定的效果的效力,排斥后来的与该请求权内容相冲突的其他物权变动的效力。关于预告登记的保全效力,主要存在两种立法例:一为,禁止其后的登记、禁止登记名义人再为处分;二为,采取相对无效主义。[①] 从世界各国的立法情况来看,现代各国、各地区一般不采取禁止处分或禁止登记主义,而奉行处分相对无效之原则,即在预告登记后,义务人仍可处分不动产权利,不过在预告登记权利人与第三人之间,在妨害预告登记权利人请求权的范围内,义务人的处分行为无效。因此,在一项不动产物权变动的原因发生之后和物权变动之前,虽然不动产现时物权人已经承担了未来发生物权变动的义务,但合同相对人享有的债权没有对抗第三人的效力,一旦不动产的物权人将物出卖给第三人,相对人将来获得物权的目的不一定实现。换言之,此种请求权被预告登记后,后来的违背该预告登记的不动产物权变动无效,使得请求权将来产生不动产物权变动的目的得到保全。

2. 顺位保全效力

预告登记在保全请求权的同时,还给该请求权实现所产生的不动产物权提供了有利的实现顺序,使得其请求权具有排斥后序登记权利的效力。可见,预告登记的效力不仅在于保全请求权这种实体权利,还体现为保全该请求权的顺位。《德国民法典》第883条第3款规定:"以转让某项权利为请求权的标的时,该项权利的顺位按预告登记日期加以确定。"故而,预告登记的本质就是借助于顺位制度来实现所保全的请求权的优先地位。

除了以上两种主要的效力外,预告登记还具有预警效力和破产保护效力。前者意指,第三人应通过预告登记认识到预告登记权利人日后为本登记的可能性,从而不为妨害预告登记所保全的权利的行为,且第三人也不得以不知道预告登记为由为善意之抗辩。而破产保护效力,即在相对人陷入破产时,对抗其他债

[①] 参见刘生国:《预告登记制度及其在我国的创设》,载《华中师范大学学报(人文社科版)》2001年专辑。

权人,从而使预告登记所保全的请求权得以实现的效力。德国的《破产法》有类似规定。

(三)我国《物权法》中的预告登记

我国《物权法》第二十条规定:"当事人签订买卖房屋或者其他不动产物权的协议,为保障将来实现物权,按照约定可以向登记机构申请预告登记。预告登记后,未经预告登记的权利人同意,处分该不动产的,不发生物权效力。""预告登记后,债权消灭或者自能够进行不动产登记之日起三个月内未申请登记的,预告登记失效。"我国《物权法》遵循了各国、各地区的立法通例,在该条第一款前半段规定了当事人向登记机构申请预告登记的前提条件是签订了房屋买卖或者其他不动产物权转让的协议,其中申请预告登记的目的是为了保障物权的实现;后半段明确规定了预告登记的效力,即未经预告登记的权利人同意,处分该不动产的,不发生物权效力。比如,在商品房买卖中,如果买受人与出卖人只是签订了买卖合同,而没有进行房屋所有权过户登记,此时买受人只享有合同上的请求权,而不具有排他的效力,他只能以对方违约为由要求损害赔偿,而无法取得所欲购买的房屋。假若买受人将他的这一请求权纳入预告登记之中,因预告登记具有物权排他的效力,因此,出卖人一方任何违背预告登记内容的处分行为都属于无效,从而保证买受人将来能够获得指定的房屋。本条第二款规定了预告登记的期限限制。预告登记后,申请预告登记人必须在法律规定的期限内进行终局登记,否则该预告登记失效。该期间,法律规定为自债权消灭或自能够进行不动产登记之日起3个月内。这一规定既能促进预告登记申请人积极行使权利,也能保证预告登记发挥其应有的作用,对于稳定物权关系和促进物权交易意义重大。[1]

六、不动产登记瑕疵的救济与责任承担

(一)不动产登记瑕疵

登记瑕疵,即登记的内容与真实权利之间存在差异。根据内容的不同,登记瑕疵可以分为登记错误和登记遗漏。所谓登记错误,即虽然登记簿上有记载,但所记载的内容与不动产的真实状态不一致。[2] 而登记遗漏,是指因消极的行为

---

[1] 参见杨立新主编:《大众物权法》,北京大学出版社2007年版,第24页。
[2] 参见常鹏翱:《物权法的展开与反思》,法律出版社2006年版,第258~259页。

而使记载与不动产的现实内容发生抵触,即应该登记的内容而未予以登记。根据登记瑕疵产生的原因不同,不动产登记瑕疵又可以分为初始的登记瑕疵和后发的登记瑕疵。初始的登记瑕疵主要是基于以下原因:登记人员的过失而导致错误或遗漏、当事人申请过程中的过失、登记人员或者当事人的故意所致以及不动产物权变动的法律行为欠缺。后发的登记瑕疵,是指在法律物权登记之初,是与事实物权相一致的,但因为登记簿登记以外的原因使事实物权发生了变化,从而导致法律物权与事实物权不一致。我国《物权法》采用了登记错误的概念。

(二)不动产登记瑕疵的救济及其责任承担

由于登记的内容要产生公示的效果,并具有公信力,所以登记的正确与否不仅影响到交易的安全和秩序,影响到交易当事人的利益,而且也会给真正的权利人或交易人造成损失。因此,对于因登记瑕疵遭受损害的权利人应当予以救济。从理论上而言,对因登记瑕疵遭受损害的权利人予以救济的制度设计主要有两种:一是赋予受害人以异议权,主要是赋予登记当事人的登记订正请求权和登记更正申请权,一般是建立异议抗辩登记和更正登记制度;二是赋予受害人以损害赔偿请求权,如《瑞士民法典》规定,受害人可以依不当得利的规定要求返还不当得利、依债务不履行的规定请求损害赔偿。并且各国、各地区的立法例都对登记机关的赔偿义务作有规定,比如德国设有专门的赔偿基金。

我国《物权法》对登记瑕疵也规定了责任承担。我国《物权法》第二十一条规定:"当事人提供虚假材料申请登记,给他人造成损害的,应当承担赔偿责任。""因登记错误,给他人造成损害的,登记机构应当承担赔偿责任。登记机构赔偿后,可以向造成登记错误的人追偿。"我国法律实践中的登记瑕疵主要是登记错误。一般而言,发生登记错误的原因有两个:一是登记机构工作人员因疏忽、过失等原因造成错误;二是登记申请人等采取欺骗手段或者与登记机关的人员恶意串通造成错误。具体而言,主要是当事人提供虚假材料申请登记和登记机构登记错误的情形。因此,作为赔偿义务人的是当事人和登记机构。作为当事人承担赔偿义务的条件有二:一是提供虚假材料申请登记;二是给他人造成损害。作为国家登记机构承担赔偿义务的条件为:登记错误与给他人造成损害。从登记实践情况来看,导致登记机构承担赔偿义务的登记错误的情形有四种:(1)因登记机关的重大过失造成登记错误;(2)登记机关无正当理由拖延登记时间;(3)登记机关无故拒绝有关当事人的正当的查询登记请求;(4)登记机关的工作人员故意与他人勾结、恶意串通,造成交易当事人损害。我国对登记机关的错误登记的规定较为实际可行,从而充分保障真正权利人的合法权益。并且登记机关在承担赔偿责任的同时,享有追偿权,即可以向造成登记错误的工作人员追偿。可见,我国《物权法》所规定的登记机构因登记错误而承担的责任是无过错责任。

第三节　动产交付

一、动产交付的概念、效力及意义

(一)交付的概念

何谓交付？我国大陆民法学者给出了它的一般定义,认为"交付即移转占有",[①]"标的物占有的现实移转"。[②] 交付有动产交付和不动产交付之分,动产交付是交付的通常情形,不动产交付在现代法上不具有物权公示的意义,因此,我们一般所指交付是特指动产交付。笔者认为,所谓动产交付是指一方民事权利主体将自己占有的物移转给另一方占有的事实。交付一般具有以下几个特点:(1)交付的实质在于将动产物权设立、移转、变更等情况向社会公众公布,使人们能够从动产占有的变动情况知道该动产的物权现状;(2)交付的内容在于将动产的占有由一方移转给另一方;(3)交付的对象仅限于动产。

在物权法中,要成立交付必须具备以下条件:

第一,交付必须是将占有移转给物权的受让人,即物权受让人获得对物的最终支配权意义上的占有。

第二,交付必须是明确可见的占有移转。按照公示原则,物权法中所要求的交付必须具备可以从客观认定法律事实的特征。

第三,交付必须是一次性的、全部的占有移转。根据物权变动的确定性要求,物权法上的交付必须明确,不能分期分批。如果债务人履行义务是分期分批的,每一次履行,只能表示一次物权变动,而不能表示整个物权的变动。

(二)动产交付的效力及意义

在物权法中,动产交付的基本意义在于作为动产物权变动的公示方式,体现

---

① 魏振瀛:《民法》,北京大学出版社、高等教育出版社2000年版,第223页;孙宪忠:《中国物权法总论》,法律出版社2003年版,第251页。
② 刘保玉:《物权法》,上海人民出版社2003年版,第103页。

了当事人有意发生物权变动结果的意思表示。换言之,作为动产物权变动的公示方式的交付,动产交付是当事人之间为设定动产物权、移转动产物权的确定意思表示的表现方式。

按照公示原则的要求,动产物权的变动应当交付,动产物权的设立和转让,自交付时发生效力(但法律另有规定的除外)。占有交付在动产物权的变动中,发挥着决定物权的变动生效、权利正确性推定和善意保护等作用。具体表现在两方面:

其一,动产的占有人在法律上推定其为真正的物权人。该效力具有两个层面的含义。一方面,如果当事人通过合同约定设定某种物权,但当事人未进行交付,即没有完成公示的要求,公众便可以相信此种物权并没有发生。比如,甲向乙购买一台电脑,该电脑在乙的占有下,且甲知道该电脑之上并未设置质权,则甲可以相信乙为合法占有人而与乙交易,并有理由相信在其购买该电脑后不会受到第三人的追索。另一方面,如果某种物权虽然已经发生了变动,但没有进行交付予以公示,公众也没有理由相信此种物权已经发生变动。换言之,由于没有移转动产占有,不能对抗第三人。例如,甲与乙订立合同,甲将其一套经典书籍转让给乙,但是在履行期到来后,甲并未将书籍交付给乙,因此,可以认为在法律上物权并没有发生变动。

其二,对于信赖占有彰显的物权存在并已从事了物权交易的人,法律仍然承认其具有与真实的物权相同的法律效果。一般情况下,由占有彰显的权利人与实际权利人是相一致的,但在某些情况下,例如,恶意的无权源占有,也可能会出现不一致的现象。对第三人来说,他只能相信占有的事实而不能相信其他。交付对第三人来讲都是正确的,这就是所谓的权利的正确性推定规则。[1]

二、动产交付的具体形态

(一)动产交付具体形态的概述

交付具有不同的类型。较多的学者将其分为现实交付和观念交付,而观念交付又分为简易交付、占有改定和指示交付。[2] 依民法学界的一般看法,现实交付,即一方将对于动产的直接管领力现实地移转与另一方,亦称直接占有的移

---

[1] 参见孙宪忠:《德国当代物权法》,法律出版社1997年版,第84页。
[2] 参见谢在全:《民法物权论》(上册),中国政法大学出版社1999年版,第99～105页;史尚宽:《物权法论》,中国政法大学出版社2000年版,第38～40页。

转,这是交付的一般形态。我们通常意义上的交付都是指现实交付而言,即标的物的现实移转。观念交付,是指法律允许当事人通过特别的约定,并不现实地交付动产,而采用一种变通的交付办法来代替现实交付,这是交付的变通形态。观念交付包括简易交付、指示交付和占有改定。我国《物权法》明确规定了上述三种观念交付形态。

(二)简易交付

简易交付是指动产物权设立和转让前,动产的受让人已依法占有动产的,在形成物权变动的合意时,立刻发生物权变动的效果,交付视为已完成。例如,某甲因租赁合同关系或者借用合同关系已占有某乙的某动产,后双方就该租赁物或者借用物的所有权移转形成合意,或者就在其上设定质权达成合意,此时即无须进行现实的交付,在所有权移转或设定质权的合意形成时,在观念上,交付视为已完成。易言之,简易交付是双方当事人以动产物权变动的合意来代替对动产的现实交付。

(三)指示交付

指示交付也称"返还请求权之让与"或者"返还请求权的代位"。即指动产物权设立和转移之前,如让与人的动产由第三人依法占有时,让与人可以将其对该第三人返还原物请求权让与受让人,以替代交付。物被第三人占有,但该物的权利必须发生变动的情形在社会生活实践中经常发生。通常情况下,指示交付的构成要件包括:(1)适用动产物权的设立和转让;(2)该动产被第三人依法占有。符合这两个要件的,出让人即可以请求第三人返还原物的权利代替交付。比如,所有人甲将其存放在乙仓库保管的动产出卖给丙时,可以只将对于保管人乙的返还请求权转让给买受人丙,并将买卖之情事告知保管人乙即可视为交付。

(四)占有改定

占有改定起源于罗马法中的"constitutum possessorium"制度。占有改定是指出让人在让与动产物权后仍须占有标的物时,出让人可以与受让人订立合同,使出让人继续占有标的物,而受让人则成为间接占有人,物权变动自该合同生效时发生效力。例如,甲虽向乙出售某动产,但仍然想继续使用该动产一段时间,那么,他可以在与乙达成所有权移转合意的同时,与乙再订立一个租赁合同,从而以承租人的身份继续占有该标的物,而乙则取得标的物的所有权,并成为标的物的间接占有人,以确定所有权的真实变动情况。

第四节 物权的消灭

物权的消灭,为物权变动的一种形态。引起物权消灭的原因很多,既有物权的共同消灭原因,也有个别物权的特别消灭原因,本节主要介绍物权的共同消灭原因。

一、标的物灭失

标的物的灭失分为自然灭失与人为灭失两类。由于物权是对特定物的支配权,标的物的灭失也就意味着物权随之消灭。在因人为原因导致标的物灭失时,虽然可能发生责任人的赔偿责任,但权利人的物权仍然归于消灭而转化为债权性的赔偿请求权。但是,担保物权有例外。因为担保物权具有物上代位性,在担保标的物灭失而取得损害赔偿金或保险赔偿金时,该赔偿金即为物之代替物。抵押权、质权等担保物权的效力及于该代替物,此时担保物权并未消灭,该赔偿金具有物权的效力。

二、抛 弃

抛弃是指依权利人的意思表示,使物权归于消灭的单方行为。物权为财产权,权利人原则上可以自由地抛弃其物权,这是其行使处分权的表现之一。但物权的抛弃如果有害于公共利益或者他人利益时,则不得为之,否则,抛弃应属于无效。抛弃物权应依一定的方式进行,才发生抛弃的效力。在抛弃动产所有权时,一须有抛弃的意思表示,二须抛弃对该物的占有。在抛弃其他动产物权,如留置权、质权时,则须向因抛弃而直接受益者为抛弃的意思表示并返还该动产的,才发生抛弃的效力。在抛弃不动产物权时,如抛弃不动产所有权,在采用登记要件主义的立法体例下,通常须向登记机关为抛弃的意思表示,并申请注销登记,于注销登记完毕时,才发生所有权消灭的效力。如果是抛弃其他不动产物权,则须向因抛弃而受益者为抛弃的意思表示,并向登记机关注销登记的申请,并于注销登记完毕时,发生抛弃的效力。

三、混 同

混同是指两个无并存必要的物权同归于一人的事实。关于物权的混同,是否导致或当然导致某一物权的消灭,立法上有不同的立法体例。一种是采用不消灭主义,如《德国民法典》第889条规定,于他人土地上设定的权利,不因土地所有人取得此项权利,或权利人取得土地所有权而消灭。但大多数国家和地区民法是采用折中主义,即两物权混同时,原则上一物权消灭,例外的情况下则不消灭。[①] 依此种立法例,一般来说,当所有权与其他物权因某种原因归属于一人时,其他物权原则上因混同而消灭。例如,甲将自己的房屋抵押给乙,甲对该房屋享有所有权,乙对该房屋享有抵押权。后甲乙两法人合并,则乙的抵押权因甲、乙的混同而消灭。由于因混同而消灭物权,产生的是终局性物权消灭的效果,如无嗣后的某种原因,均不发生已经消灭的物权再度回复的效力。

四、其他原因

除以上的原因以外,物权还有一些其他消灭的原因,主要有:

1. 约定的存续期间届满。他物权中的用益物权原则上都有其法定的或约定的存续期间,该存续期间届满,他物权终止。

2. 法定期间的经过。主要是指担保物权有其行使的法定期间,该期间届满仍未行使担保物权的,该权利消灭。

3. 因法定原因而撤销。如出现土地使用权人拖欠出让金、擅自改变土地的用途等原因时,土地所有权人可以依法撤销其土地使用权。

4. 取得时效的完成。他人因取得时效期间届满而取得物权的,原物权归于消灭。

5. 被担保债权的消灭。担保物权具有附随性,因所担保的债权消灭而消灭。

6. 征收或没收。物权可因标的物被依法征收或没收而消灭。

7. 添附的发生。动产因添附于他人的不动产或动产而由他人依法取得添附物的所有权的,原权利人的所有权归于消灭。

---

① 参见姚瑞光:《民法物权论》,台北海宁文化事业有限公司1995年版,第35页。

第四章 物权的保护

第一节 物权的保护概述

一、物权的保护的概念和意义

所谓物权的保护,是指在物权受到侵害的情况下,依照法律规定的方式恢复物权的完满状态,或者说是使物权人用以行使的权利恢复至完满状态。

没有法律保护的权利就不能称其为权利。物权的保护是维持物权权利人正常享有和行使其物权的基本保障。[①] 从宏观上来看,这种保护是全方位的和整体性的,不仅宪法提倡私有财产与国有财产的平等地位,而且我国《物权法》明确规定私人财产、集体财产和国家财产受到法律的平等保护;不仅刑法对侵占他人财产的行为规定了刑罚,权利人也可根据民法排除他人侵害自己的物权。可见,物权的保护不仅有公法上的保护,也有私法上的保护;不仅有公力救济,也有私力救济。它们共同发挥作用保护物权的正确、全面的行使。

二、物权的保护的法律归类

(一)物权的保护方法和债权保护方法

物权的保护方法,是指各种物上请求权和要求确认所有权和其他物权的诉讼的保护方法。债权保护方法主要是指损害赔偿的方法。二者具有显著的区别:

第一,适用范围不同。物权的保护方法只适用于对物权的侵害,且不论侵害是否造成实际损失,权利人均可采取此种方法;而债权保护方法既适用于对物权的侵害,又适用于对债权的侵害,且一般适用于对物权已经造成实际损失的情形。

[①] 参见杨立新主编:《大众物权法》,北京大学出版社2007年版,第34~35页。

第二，法律根据不同。物权的保护方法以物权的存在为前提，适用民法关于物权的规定和《物权法》中关于物权的规定；债权保护方法则以债权的存在为前提，它适用于民法关于债的规定。

第三，实现目的的不同。物权的保护方法，意在恢复物权人对物权的客体享有完整的、排他的支配权利，从而使物权的内容得到实现；而债权保护方法旨在补偿受害人因遭到不法侵害所受的财产损失。

比较上述两种物权的保护方法，一般而言，物权的保护方法更能充分地保护物权人所享有的所有权和其他物权，只有在物权的保护方法不能适用时，才适用债权的保护方法。但是，这两种保护方法是互为补充的，当物权受到侵害时，权利人可以采取任何一种方法，也可以采取多种方法来维护其物权。

（二）物权的自我保护和诉讼保护

当物权受到侵害时，根据权利人是否通过诉讼程序而将物权的保护方法区分为物权的自我保护和诉讼保护。物权的自我保护，是指物权权利人在其物权受到侵害后，直接请求侵害人为一定行为或不为一定行为。比如，物权权利人直接请求侵害人停止侵害、排除妨害等。物权人采取此种方法须以法律规定的请求权为前提，且物权权利人在行使物权的自我保护时，不得滥用权利，须以正当的、法律许可的方式行使。物权的诉讼保护，是指物权人在其物权受到侵害时，依法提起诉讼，请求人民法院确认其物权，责令侵害人承担相应的民事责任。当物权权利人采取自我保护方式不能保护其权利时，也需要依法提起诉讼，请求法院责令不法侵害人停止侵害、排除妨害、恢复原状等等。

三、物权的保护的争议解决方式

我国《物权法》第三十二条规定："物权受到侵害的，权利人可以通过和解、调解、仲裁、诉讼等途径解决。"该条明确规定，当物权受到侵害时，当事人解决物权争议的方式包括和解、调解、仲裁、诉讼等途径，从而进一步完善了物权争议解决方式。

和解，亦称协商，是指物权纠纷发生后，由当事人就物权争议的问题进行协商，双方都作出一定的让步，在彼此都认为可以接受的情况下，在互相理解和谅解的基础上自愿解决物权纠纷的一种方式。和解一般只在当事人之间进行，没有外界参与，有一定的灵活性，气氛较友好，比较有利于各方当事人的物权争议的解决。且在所有解决物权争议的方式中，一般来讲，和解的成本也最低。

调解,是指当事人自愿将物权争议提交给第三方,由第三方主持,在互相理解和谅解的基础上进行协商解决争议的方式。调解和和解都是在友好的气氛中进行。二者的主要区别在于调解由第三方主持,而和解则由当事人双方直接进行。

仲裁,亦称公断,是指根据有关法律的规定或当事人的协议,当事人将物权争议提交给仲裁机构并由仲裁机构做出裁决的方式。根据《中华人民共和国仲裁法》的有关规定,申请仲裁必须有仲裁协议,即通过协议中订立的仲裁条款和以其他书面方式达成的请求仲裁的协议。物权争议当事人可以在物权争议发生前也可以在物权争议发生后订立仲裁协议,表示愿意将可能(已经)发生的物权争议提交仲裁机构解决。

诉讼,是指当事人为了解决物权纠纷而依法向法院提出请求的诉讼行为。关于诉讼保护在上一小节已经介绍,在此不赘述。

以上四种解决物权争议的方式各有其特点,当事人可以根据实际情况选择其中一种或几种,但是如果当事人一旦选择了仲裁的方式,就不能再向法院起诉。

第二节 物权请求权

一、物权请求权的概念和特征

(一)物权请求权的概念

所谓物权请求权,是指物权人在自己的物权受到妨害或者妨害之虞时,请求有义务者为一定行为或者不为一定行为的权利。物权请求权为罗马法以来近现代大陆法系民法上的一个重要的概念,是物权法的重要组成部分之一。近现代各国民法,如德国民法、瑞士民法及1958年的韩国民法等,均建立了明文的物权请求权。物权是对物的直接支配权,物权人对其权利的实现,无须他人行为的介入。如果出现他人干涉的情形,使物权人的权利受到妨害或有妨害之可能时,为回复其对物的圆满支配状态,法律必然赋予物权人请求除去妨害的权利。由此可见,物权请求权是物权基于其绝对权、对世性的特征,可以对抗任何第三人的性质而发生的法律效力。

关于物权请求权的性质,学术界有各种不同的观点。(1)物权作用说,认为物权请求权是物权的作用,而非独立的权利;(2)纯债权说,认为物权请求权系请求特定人为特定行为之权利,是行为请求权,故是纯粹的债权;(3)准债权说,主张物权请求权不同于债权但类似于债权,即为一种准债权的特殊请求权;(4)物权效力所生请求权说,主张物权请求权乃物权效力上所生之请求权;(5)准物权说,认为物权请求权是类似于债权的一种独立的请求权,但从属于基础物权并与之共命运。[①] 上述第(1)说完全否认物权请求权的独立性;第(2)、(3)说着重于物权请求权准用债权的规定;第(4)说从物权请求权附属于物权予以考察问题。综上所述,物权请求权的性质,我们可以从以下几个方面把握:

首先,物权请求权属于请求权。所谓请求权,是指权利人要求他人为或者不为一定行为的权利,主要包括相对权的请求权和绝对权的请求权。前者仅指传统民法上的债权请求权,后者包括物权请求权、人身权请求权、知识产权请求权等。作为请求权,物权请求权有与债权相类似的性质,因而在不与物权相抵触的范围内,可以适用债权的有关规定,如给付迟延等。

其次,物权请求权基于物权而产生但不属于物权的内容。物权本质在于其支配性,而物权请求权的本质在于请求权性。它不以对物权标的物的支配为内容,因此,不是物权的本体,而是独立于物权的一种请求权。

最后,物权请求权在物权受到妨害时发生,因而是一种基于物权而发生的、保护物权的请求权。

(二)物权请求权的特征

从物权请求权的性质出发,物权请求权与其他如债权请求权等请求权相比,具有自己的特点。

第一,物权请求权是基于物权而产生的请求权。物权请求权基于物权而产生,享有物权是行使物权请求权的前提。物权请求权来自于物权的支配内容。当合法享有物权的人,无论是自物权人或他物权人,当其支配权受到他人侵害时,为回复权利人对客体的圆满支配状态,物权人即可行使此项请求权。可见,物权请求权是一种基于物权而产生的、保护物权的请求权。

第二,物权请求权是附属于物权而又区别于物权的权利。物权请求权是一种典型的附属性权利,是从物权的排他性、绝对性衍生而来的防护性请求权,不可脱离所附属的物权而独立存在。只有在物权的完满状态受到妨害或者可能受到妨害时,为恢复物权的完满目的才提出的请求权。物权附属性这一特点决定

---

① 参见谢在全:《民法物权论》,中国政法大学出版社1999年版,第38页。

了物权请求权不能转让的特性。① 换言之,物权请求权与物权共命运,物权请求权随物权的产生而产生,随物权的转移而转移,随物权的消灭而消灭,物权请求权不可单独转让。

第三,物权请求权的效力优先于债权请求权。在物权受到侵害时,首先应当采用物权的请求权对物权进行保护。当物权请求权与债权请求权发生冲突时,因物权请求权基于物权而产生,为回复物权圆满状态而设,其效力源于物权的支配效力,是物权效力的必然要求,相应地,该优先效力延伸于物权请求权,使物权请求权具有优先于债权请求权的效力。

关于物权请求权的类型,学界尚有争议。通说认为,物权请求权包括返还原物请求权、妨害除去请求权和妨害停止请求权三种。② 有学者认为,物权请求权还应包括恢复原状请求权。③ 我们认为,物权请求权的类型应包括:确认物权的请求权、返还原物请求权、排除妨害请求权、消除危险请求权和恢复原状请求权。

二、确认物权的请求权

确认物权的请求权,即物权人要求国家专门机关确认其物权的请求权。例如,相邻双方对土地使用权的边界发生争议,一方起诉到法院请求确认权利界限。确认物权请求权是民法保护物权的一种独立方法。在某些情况下,确认物权是给物权以其他法律保护的前提。当物权归属不明或对物权是否存在发生争议时,利害关系人可以向法院提起诉讼或者向其他有权确认物权的国家机关提出确认物权的请求。原因在于,当数人就一项财产的所有权或他物权发生争执时,就会使真正的物权人的物权处于不稳定状态,影响正常的物权的行使,只有通过法院或者其他确权机关才能正常行使物权。

物权人行使确认物权请求权常常发生在以下两种情形:(1)就某人是否对某物享有物权发生争议,一方认为其无权,而另一方则认为其有权。此种争议既可是对所有权发生的争议也可是就他物权发生的争议。如甲就某块手表主张享有所有权,而乙主张其才是该块手表的所有权人,甲、乙就此产生一个确权争议,于是向法院提起诉讼。(2)就物权的支配范围发生争议,即对权利人之间的权

---

① 参见孙宪忠:《中国物权法总论》,法律出版社2003年版,第317页。
② 参见史尚宽:《物权法论》,中国政法大学出版社1999年版,第37~38页;梁慧星主编:《中国物权法研究》(上册),法律出版社1998年版,第92页;[日]田山辉明:《物权法》(增订本),陆庆胜译,法律出版社2001年版,第20~21页。
③ 参见王利明:《物权法论》,中国政法大学出版社1998年版,第172~173页。

利界限发生争议,同样地,这些争议既可能发生在所有权人、土地使用权人等权利人之间,也可能发生在其他物权人之间。因此,物权确认请求权一般包括两方面的内容:请求确认所有权和请求确认他物权。前者发生在物的真正所有人与非所有人之间;后者通常发生在他物权与所有人或他物权人与其他人之间。

在我国,由于对土地、房屋等不动产设有专门的行政主管部门,因此,有关不动产物权的争议也可先申请行政主管部门解决,如对行政主管部门的处理不服,再向法院起诉。

三、返还原物请求权

早在罗马法时期就规定有物权人的返还原物请求权,此后,各国、各地区的法律均相继规定了此种请求权。返还请求权,是指合法占有物的权利人,向占有其物的任何人提出要求其返还占有的物的权利。世界公认的返还的一般原则是原物返还。所谓返还原物请求权,是指物权人要求物权占有人返还其占有的物的请求权。原物返还的本意即指以原物本来的样态返还的意思,所以现时占有人向物权人返还原物时,应恢复物的原有状态。物权请求返还原物的前提是原物依然存在,如果原物已经灭失,返还原物客观上已经不可能,物权人就丧失了原物返还请求权。

占有是众多物权中的一项基本权能,也是实现众多物权目的的必要前提条件。在我国目前的物权立法体系中,除抵押权不以占有作为其首要权能外,大部分物权如所有权、土地承包经营权、质权、留置权等均以占有作为其首要权能。如果失去占有,这些物权的目的就无法顺利实现。

所有物的返还请求权的主体应为对物占有的所有人。易言之,请求权人必须是所有人,不管是单独的所有人还是共有人;且所有人行使该项请求权的前提必须是其所有的物被他人非法侵占,并且实际上丧失了对物的占有;返还原物的义务人或者说相对人可以是直接占有人也可以是间接占有人,但必须是占有人,具体是指无权占有不动产或动产的任何人。我国新颁布的《物权法》第三十四条规定:"无权占有不动产或者动产的,权利人可以请求返还原物。"所谓无权占有,是指没有法律依据、没有合法原因的占有。换言之,物权人不能要求合法占有人返还原物,否则合法占有人可以依据占有权拒绝返还的请求。所谓占有的合法或非法,应根据物权人提出请求时占有人是否有权占有来决定。如果无权占有人占有原物以后,又将该物转让给他人占有,则物权人既可以请求无权占有人,也可以请求现在的占有人返还原物。

物权人行使返还原物请求权,可以采取直接向无权占有人提出返还要求的方式,也可以向司法机关提出依国家的强制力实现返还目的的方式。但是这一请求权要受到善意取得制度的限制。

四、排除妨害请求权

所谓排除妨害请求权,指物权人、占有人对他人虽没有剥夺其占有,但却妨害其权利的正常行使或者顺利占有的一次性的侵害行为,可以请求予以排除的请求权。排除妨害请求权适用的情形是占有妨害,占有妨害是剥夺占有之外的另一种侵害物权和侵害占有的行为。这种妨害主要有两种表现方式:一为一次性进行的妨害;二为持续不断进行的妨害。这种妨害通常表现为有害噪音、灰尘、烟雾、污水等对权利人正常生活或经营的妨害,也表现为对他人住宅的地基、墙壁的侵害以及对他人工作设施、生产经营设施等各种权利人拥有的设备的侵害等等。当妨害已经发生时,物权人既可以请求妨害人排除妨害,也可以请求法院责令妨害人排除妨害。[①] 一般而言,排除妨害的请求不仅是直接占有物的所有人可以提出,直接占有物的用益物权人也可以提出。妨害排除请求权的行使必须符合如下条件:(1)妨害必须能够追溯到人的行为,或者人所建造的设施。如果妨害纯粹是自然原因所致,那么不能提起排除妨害的请求权,而只能以不可抗力处理之。但是,如果有人的过失在先,比如设施的所有权人对物缺乏修理维护导致其造成侵害的危险,并且在外力的作用下造成侵害时,设施的所有权人不得免除责任。(2)侵害具有非法性。即妨害属于非法行为。此种非法包括自始非法和嗣后非法。自始非法是指行为实施时即为非法;嗣后非法是指行为在开始合法而嗣后转变为非法的状态。在此种非法侵害的情形下,权利人自然没有容忍的义务。

关于排除妨害的费用负担,我国《物权法》尚未有规定。但是,根据归责原则原理,如果妨害的发生是由于妨害人方面的原因,则排除妨害的责任在妨害人,排除妨害的费用自然应该由妨害人负担。

五、消除危险请求权

从我国新颁布的《物权法》第三十五条的规定:"妨害物权或者可能妨害物权的,权利人可以请求排除妨害或者消除危险"来看,我国《物权法》不仅确认了

[①] 参见本书编写组编:《〈中国物权法〉辅导读本》,中国民主法制出版社2007年版,第99页。

权利人的排除妨害请求权,也确认了消除危险请求权。所谓消除危险请求权,即物权人对有可能损害自己占有物的设施的物权人或占有人,要求其消除对自己物之危险的请求权。消除危险请求权的前提条件是对占有构成的危险,必须是现实存在的危险,即这种危险如果不消除,肯定会发生妨害,如某物权人发现相邻人的房屋墙壁因根基损坏而倾斜,如其倾斜,必将砸坏自己的房屋,此时,相邻人的倾斜的墙壁就是对物权人占有妨害的危险。

消除危险的请求权,实际上就是指对占有妨害危险的消除请求权,其基本前提仍然是占有妨害的构成及其基本要点。因此,可以参见排除妨害请求权的相关内容。

关于消除危险的费用负担,因造成危险的责任在于危险设施的物权人和占有人,因此消除危险的费用应由其承担,如果因消除危险而给责任人自己的生产经营或生活造成损失的,其后果由自己负担。

六、恢复原状请求权

所谓恢复原状是指行为人导致他人之物损害后,对之进行修补,使其恢复原有的状态。因此,恢复原状请求权,即指物权人请求造成其物损害者恢复物的原状的权利。我国《物权法》第三十六条规定:"造成不动产或者动产毁损的,权利人可以请求修理、重作、更换或者恢复原状。"此条规定的意义在于,占有人占有他人的财产并造成他人财产的损害时,如果能够修理、重作、更换或者恢复原状,则物权人有权首先要求加害人通过修理、重作、更换或者恢复原状来恢复财产的原来状态。如果占有人造成物的损害后,不能修理、重作、更换或者恢复原状,物权人有权请求法院责令加害人进行赔偿。所谓修理、重作、更换或者恢复原状,是指修理、重作、更换有可能损害物的价值,或者使物的价值不能得到恢复,或者在经济上不合理,或者某物是特定物,不能找到替代物。可见,相较于损害赔偿请求权,恢复原状请求权的存在具有其合理性,具体表现在以下三个方面:

第一,加害人赔偿物的全部价值以后在法律上取得该物,而受害人事实上是不愿放弃该物的,这在二者之间产生了矛盾,与受害人的愿望不符;且如果受害人需要该物而加害人不需要该物,则加害人在赔偿后获得该物无法发挥其应有的效用。

第二,如果物遭受毁损后可以修补,且加害人有足够的能力予以修补,或者受害人也有能力修补该物,则采用修补的方式,无论是对加害人还是对双方在经济上都是节省的。

第三,如果允许受害人可以请求恢复原状,则受害人可以基于自身利益的考量,在请求损害赔偿和恢复原状之间做出理智的选择。

七、损害赔偿请求权

所谓损害赔偿请求权,在物权法上,即指在无法恢复物的原状的情况下,由物权人、占有人向侵害人所提出的以货币的方式赔偿尚不能弥补损害的请求权。损害赔偿,一般理解是金钱赔偿,通常被认为是债法上的救济措施。但是,为了达到恢复物权的完满状态的目的,在物权的物权利益遭受到侵害而依据上述的物权保护方式无法得到保护时,损害赔偿请求权的赋予可以使其整体利益得到公平的补偿。

考虑的首要问题是损害赔偿请求权的适用范围问题。物权人赔偿损失的请求可以单独提出,也可以在行使物权请求权时同时提出。具体而言,当侵害人的行为致使物权标的物毁损灭失,使物权人采用排除妨害、返还原物等方法仍然无法挽回其所受损失的情形下,其可以在行使物权请求权的同时,请求侵害人赔偿其余的损失。而且,损害赔偿请求权既可以由物的所有人提出,也可以由物的合法占有人提出。当物的损害赔偿由物的合法占有人提出时,其所受赔偿金在扣除自己应得部分后,其余部分应作为不当得利返还物的所有人。例如,承运人在得到加害人对其货物所遭受的损害的全部赔偿后,他应在扣除运费后,将其余额返还货物的所有人。

综上,当物权人因他人侵害物权的行为而造成损失时,物权人可以直接请求侵害人赔偿损失,也可以请求法院责令侵害人赔偿损失,只是,不管采用何种方式,损害赔偿请求权的提出都必须具备侵权行为的构成要件。

八、物权请求权的竞合

物权请求权的竞合主要是物权请求权与其他相关请求权的竞合。请求权的竞合又称请求权的并存,是指一个法律事实由于同时具备两个以上的请求权的要件,从而在相同的当事人之间形成同一目的的两个以上请求权并存的情形。当事人对于同时并存的数个请求权,有选择的权利。当事人如果通过行使其中一个请求权而达到目的,则其他请求权归于消灭。如其中一个请求权因目的以外的原因而消灭的,不影响其他请求权的存续,当事人仍可行使其他的请求权。物权请求权与其他相关请求权竞合的情形有以下三种:

(一)物权请求权与合同请求权的竞合

以移转物的占有为内容的合同(比如借用合同、租赁合同),在合同届满时,占有人依合同约定负有返还标的物的义务,此项义务为合同义务。占有人不履行返还义务时,所有人既可以依据合同义务请求占有人返还,也可以依据其对标的物的所有权请求占有人返还。依据合同义务请求返还为合同的请求权,依据所有权请求返还则为物权请求权,此时即发生物权请求权与合同请求权竞合的现象。在上述请求权竞合的情况下,权利人对两个请求权有选择的权利。如果其中一个请求权因消灭时效届满而消灭,当事人仍可依据另一个请求权寻求救济。

(二)物权请求权与不当得利请求权的竞合

不当得利是指无法律上的原因获得利益使他人遭受损失的法律事实。得利的一方有返还所得利益的义务,受损失方则有请求返还不当得利的权利,此项权利为不当得利请求权。但如果应返还的利益是受损失的物,则受损失方依据其对物的所有权亦有请求占有人返还该物的权利,此项权利则为物权请求权。此时,即发生物权请求权与不当得利请求权竞合的现象。在发生物权请求权与不当得利请求权竞合的场合,当事人可以选择其一行使。在不当得利请求权不能实现时,可行使物权请求权寻求救济。

(三)物权请求权与侵权行为请求权的竞合

侵权行为是不法侵害他人财产权或人身权的行为。按照传统民法理论,只有行为人主观有过错时,才构成侵权行为;如果没有主观过错,则不构成侵权行为。因此,在财产被不法侵害时,如行为人并无主观过错(例如占有人善意且无过失的情形),权利人仅能依据其所有权请求返还,而不得主张侵权返还。此时,不发生请求权竞合问题。但是,如果占有人主观上有故意或过失,则权利人既可依据所有权主张返还,亦可依据侵权主张返还。此时,则发生物权请求权与侵权行为请求权的竞合。在此种竞合的场合,物权人亦有选择权,即依其所有权主张返还财产,或依侵权行为法的规定主张返还财产。

第二编 所有权

第五章 一般规定

第一节 所有权的概述

一、所有权的理论

所有权概念在早期没有正式形成,自古罗马法至《法国民法典》,所有权这一概念主要是从利益归属的角度进行定义的,并没有具体的对物的支配的含义。即所有权并不体现为一种物权,而只是对利益拥有的描述。对罗马人而言,财产只有"我的"、"你的"之分,至于享有的对象是什么并不重要。这样,罗马人的财产既表现为物,也表现为权利。罗马人是从直观的实体化思维角度来看待财产的,整个财产体系可以认为只有一项真正的权利——所有权,其他的有形物和抽象权利都属于"物"的范畴。在这种情形下,所有权并不局限于对有形物的拥有,而是作为整个利益形式的拥有,所以罗马法上的所有权并不是物权意义上的所有权,而是一种"拥有"的表达。因此,"所有权结果被表达为可以合法地使用(usare)、获取孳息(tarre frutti)、拥有(avere)和占有(possedere),但这不是一个科学的定义"。[1] 在罗马法里仍未有近代意义上的清晰表述,权能分离理论也未萌芽。但他物权的出现,事实上不可避免地限制了所有人权利的充分行使。如对用益物权而言,所有人将使用收益权转让给他人,仅保留处分权,盖尤斯在《法学阶梯》里称此时所有权为赤裸所有权(nuda propritas)。[2] 用益权在理论上

---

[1] [意]桑德罗·斯巴尼奇:《物与物权》,范怀俊译,中国政法大学出版社1993年版,第2页。
[2] 参见[古罗马]盖尤斯:《法学阶梯》,黄风译,中国政法大学出版社1996年版,第86页。

未上升到与所有权的平等地位,但客观上法律却将用益权人与所有权人的关系在双方平等的基础上予以界定,双方均为独立的物权享有人,互负不侵害对方利益的义务。对于役权的保护,曾确认了两种方式,即"役权确认诉"和"准役权确认诉",以充分对抗所有人。[1] 这说明罗马法上的"所有"与"占有"是关于物的归属和利用两套平行的制度,只是理论上尚未形成成熟的所有权和占有权制度,因而不能简单地认为役权只是所有权派生出来的权利,并完全附属于所有权。至《法国民法典》颁布之时,"物权"概念仍未被提出,该法典也是直接沿袭罗马法广义的物的概念,所有权、债权和物权仍未明确区分开来。直到《德国民法典》,所有权才具有目前学理上公认的意义,独立的物权体系才得以完整建立。德国民法上物权概念的确立是与"物"的界定浑然不可分割的。德国立法将物限于"有体物",而将罗马法和法国法上的"无形物"(各种权利)完全剔除出去,使物权成为一种纯粹的对有形物的支配权。因为只有将"物"限于"有体物",所有权才成为一种现代意义上的完全物权,以往作为"无形物"的他物权和债权才真正在理论上成为具体的权利。

所有权的权源即存在根据问题,存在各种不同的学说。有的认为所有权系神所授予(神授说);有的认为所有权的起源及其存续的理由是对无主物的先占(先占说);有的认为劳力是所有权存在的基础(劳力说);有的认为所有权乃是法律的产物(法定说);有的认为所有权由祖宗先占,传之子孙,为保安和世代相互约束或社会个人约束而保持(契约说或社会契约说);有的认为所有权乃天赋人权(自然权说或天赋说);有的认为所有权附有条件限制,权利为个人取得且为社会公益行使(社会说);有的认为所有权基于社会连带关系为增进人类的共同需要所赋予(社会连带关系说)。

以上各说在所有权演进的历史过程中相互影响,促成了近现代所有权观念与制度的形成。其中影响深远的首推自然权说(天赋说),为法国大革命导因之一,亦引起美国独立运动。1789 年法国《人权宣言》第 17 条"私有财产是神圣不可侵犯的权利,任何人的这种权利都不得剥夺。"明确规定了所有权神圣不可侵犯,即所有权绝对性,成为近代民法的三大基本原则之一。[2] 1804 年《法国民法典》第 544 条规定:"所有权是对于物有绝对无限制地使用、收益及处分的权利,

---

[1] 参见周枏:《罗马法原论》,商务印书馆 1996 年版,第 379 页。
[2] 参见谢在全:《民法物权论》,中国政法大学出版社 1999 年版,第 115~116 页。

但法令所禁止的使用不在此限。"①绝对的所有制度，在反对封建财产制度的同时，为近代各国社会经济的繁荣昌盛奠定了财产法的基石，成为19世纪自由资本主义发展的原动力。

随着财富集中，贫富分化、劳资对立等社会问题愈演愈烈。19世纪末期，个人主义的绝对所有权观念日渐式微，所有权由绝对性演变成为附有条件而受限制的权利，即所有权的社会化趋势。20世纪德国著名民法学者耶林（Rudolph von Jhering，1818～1892）在其《法律的目的》一书中首倡社会主义所有权思想。基尔克（Otto Fridrich Gierke，1841～1921）继承耶林思想，以日耳曼的传统精神为立论基础，力倡社会主义的所有权思想。② 1919年德国《魏玛宪法》第153条规定，"所有权负有义务，其行使应同时有益于公共福利"，首次以成文法的形式确立了所有权的社会化观念。此后，1948年《意大利共和国宪法》以及战后的《日本宪法》相继随之。这些都是所有权社会化理论的具体表现，所有权因此具有公共性与义务性。

新中国成立前，我国曾长期处于封建专制主义的统治下，国民人格萎缩，权利意识淡薄。其中最重要的原因，就是"传统文化中完全没有个人财产权的观念，也不存在充分的私有制"，并且"个人财产权的严重缺乏，使我国社会始终不能在重重的人身依附中打开一个缺口，开出一条从身份到契约，在近代的十字路口加入世界潮流的通路"。③ 新中国成立后，我国建立了社会主义的公有制经济制度，但由于诸多因素的交互作用，我国公民的个人所有权事实上在相当程度上为公有制所否定或限制，④加之我国在民主法制建设上曾走过一段弯路，片面强调国家利益和社会利益，否定个人利益和权利，使我国现今权利及其保护观念，不甚发达。⑤ 正因为如此，我国此次制定物权法充分考虑到我国个人财产权利状况，没有盲目服从近现代欧陆学者极力倡导的所有权社会化，限制个人财产权利，而是确立个人利益和社会利益相协调的所有权制度，以权利本位为中心并兼顾社会公共利益。

---

① 王利明：《民法学》，复旦大学出版社2004年版，第285页。
② 参见梁慧星：《中国物权法研究》，法律出版社，第249～250页。
③ 李静冰编：《民法的体系与发展》，中国政法大学教材《民法原理》参考读物，1991年11月印制，第350页。
④ 参见徐国栋：《市民社会与市民法》，载《法学研究》1999年第4期。
⑤ 参见梁慧星：《中国物权法研究》，法律出版社，第257～258页。

二、所有权的概念与特征

(一)所有权的概念

所有权是最为典型的物权,是物权的原型和产生其他物权的基础。在物权中,所有权又是权能最充分的权利,它具有占有、使用、收益和处分的全部权能,因此又称为完全物权。但如何表达所有权的概念,学者的意见与各国立法上的规定并不完全一样。从立法例上来看,对所有权的定义方式主要有以下两种:

1. 具体列举式

通过列举所有权的具体权能或效用来明确所有权的概念。如《法国民法典》第544条规定:"所有权是对于物有绝对无限制地使用、收益及处分的权利,但法令所禁止的使用不在此限。"《日本民法典》第206条规定:所有权为"所有人于法令限制内,有自由使用、收益及处分其所有物的权利"。可见,在列举式的立法例中,所有权被认为是占有、使用、收益及处分的集合或各种作用的综合。[1]

2. 抽象概括式

不具体列举所有权的内容,而是通过规定所有权的抽象权能或作用而确定所有权的概念。罗马法中即采取抽象的概括主义,将所有权定义为"对物最一般的实际主宰或潜在主宰"。德国、瑞士等国民法亦通过这种方式确定所有权的概念。如《德国民法典》第902条规定:"物的所有人,只要不违反法律或损害第三人利益,可以根据自己的意愿处分其物并排除他人的任何干涉。"德国学者总结出所有权的概念为:所有权是一个特定的人(所有人)对一个特定的物的支配关系,根据该法律关系,所有权人对该物可以随意的处分,并排斥他人的干涉。[2]

两种立法例各有其优缺点,具体列举式定义明确了所有权的权能,便于理解掌握,但很难概括所有权的全部权能;而抽象概括式的定义能反映出所有权为支配权的根本属性,但比较抽象,不利于理解掌握。我国《物权法》第三十九条规定:"所有权人对自己的不动产或者动产,依法享有占有、使用、收益和处分的权利。"采取的是列举式定义方式。

---

[1] 参见王利明主编:《民法新论》(下册),中国政法大学出版社1988年版,第32页。
[2] 参见孙宪忠:《德国当代物权法》,法律出版社1997年版,第173~174页。

(二)所有权的特征

所有权除具有物权的一般特征,即客体的特定性、内容的支配性、效力的绝对性与排他性外,还具有以下显著特征:

1. 全面性

所有人在法律限制的范围内,对标的物可为全面、概括的占有、使用、收益及处分。只要不违反法律的限制性规定,所有人可任意选择,行使上述权能中的一项或几项。所有权之所以是完全物权,就在于所有人享有物权全部权能的任意选择权,全面性即任意性,它表现的是权利人全面支配所有物的意志实现自由。其所能支配的物之价值,既包括使用价值,也包括交换价值。与所有权不同,定限物权则仅限于对标的物的使用价值或交换价值为支配,而不能为全面的支配。支配使用价值的为用益物权;支配交换价值的为担保物权。

2. 整体性

所有权不是占有、使用、收益、处分等各种权能在量上的总和,而是一个整体的权利。① 所有权是各项权能质的集合,并非量的集合,如在所有权上设定他物权后,其使用、收益、处分等权能或尽归他人享有,或受限制,使所有权呈现"虚有化",但所有权仍为所有权,其所有权的本性丝毫不受影响。

所有权的整体性特征决定了所有权本身不得在内容或时间上加以分割。② 在所有物上设定用益物权或担保物权,是在创设一个新的、独立的物权,并非让与所有权的一部分;在所有权保留买卖中,双方约定价款全部清偿前,出卖人仍保留所有权时,标的物的所有权并不随每期价款的支付而移转,买受人纵然已支付99%的价款,标的物所有权仍属于出卖人,买受人仅取得对于标的物所有权的期待权。

3. 弹力性

所有权既然具有整体性,则其内容即可自由伸缩。所有人可在所有物上设定各种定限物权,如设定地上权、典权等用益物权,或者抵押权、质权等担保物权,使所有权受到该定限物权的限制,致其全面支配所有物的权能大减缩,但只要没有使所有权消灭的法律事实(如抛弃、标的物灭失),所有人仍旧保持对其所有物的支配权,所有权并不消灭。当该定限物权消灭,所有权的负担除去时,

---

① 参见王泽鉴:《民法物权(通则·所有权)》,中国政法大学出版社2001年版,第150页。
② 参见梁慧星:《中国物权法研究》,法律出版社1998年版,第231页。

所有权即立即回复其全面支配的圆满状态。

4. 永久性

所有权的永久性又称为恒久性、无期性,是指所有权因标的物的存在而永久存续,不因诉讼时效届满而消灭,当事人也不得预定其存续期间。因此,所有权是无期限的物权。所有权的永久性并非指所有权永不消灭或不可消灭,标的物灭失、抛弃、取得时效等原因都可导致所有权的消灭。当事人不得依合同限制所有权的存续期间,有关禁止所有物处分的特别约定亦属无效。不妨碍以所有权的处分为目的的法律行为可以附条件或者附期限。

第二节 所有权的种类

一、物权平等保护原则的体现

物权法属于民法,民法的一项重要原则就是对权利人的权利实行平等保护。我国宪法规定:"国家实行社会主义市场经济。"在社会主义市场经济条件下,各种所有制经济形成的市场主体都在统一的市场上运作并发生相互关系,各种市场主体都处于平等地位,享有相同权利,遵守相同规则,承担相同责任。即使不进入市场交易的财产,宪法也明确规定:"公民的合法的私有财产不受侵犯。""国家依照法律规定保护公民的私有财产权和继承权。"在财产归属依法确定的前提下,作为物权主体,不论是国家、集体,还是私人,对他们的物权都应当给予平等保护。平等保护不是说不同所有制经济在国民经济中的地位和作用是相同的。对关系国家安全和国民经济命脉的重要行业和关键领域,必须确保国有经济的控制力,而这些是由经济法、行政法规定的。

我国《物权法》规定:"国家、集体、私人的物权和其他权利人的物权受法律保护,任何单位和个人不得侵犯。"这就是平等保护原则的具体体现。之所以要实行平等保护,是因为:一方面,按照《宪法》第六条的规定,我国目前处于社会主义初级阶段,在所有制形态上实行公有制为主体、多种所有制经济共同发展的基本经济制度。既然要实行多种经济成分的共同发展,就需要对公有经济和非公有经济实行同等保护。另一方面,我国实行社会主义市场经济体制,这就需要保障所有市场主体的平等的法律地位和发展权利。市场经济天然要求平等,因为交易本身就是以当事人享有平等的法律地位为前提和基础的。

我国物权法颁布以前,因《民法通则》第七十三条第二款明文规定"国家财产神圣不可侵犯",使公民私有财产不能获得平等保护,当对公民私有财产的保护与对国家财产的保护发生冲突时,必然要牺牲公民私人的财产权益而确保国家的财产权益。当公民私人财产受到来自一般人的侵犯时,这一法律保护制度尚可发挥保护受害公民、制裁加害人的作用;当公民私有财产受到国家机关、地方政府滥用行政权力的侵害,甚至受到国有企业的侵害时,法律保护的天平往往向国家机关、地方政府和国有企业一方倾斜,公民私有财产不可能获得平等的法律保护。经过 20 多年的改革,我国社会经济状况已经发生根本性的变革,其基本特征是公有制经济与非公有制经济的并存。是在公有制经济和非公有制经济的基础上实行社会主义市场经济,非公有制经济和公有制经济,在法律地位上应当是平等的,不应有高低贵贱之分,应当获得平等的法律保护。因此,要求完善保护私有财产的法律制度,特别要抛弃因所有制不同而区别对待的陈旧观念,仅着重于财产之取得是否合法,公民合法取得的财产应当受到与对国家财产和集体财产同等的法律保护。同时,随着社会主义市场经济的发展,广大人民群众的财产状况也有重大变化。广大人民群众私有财产的保护问题,与实现党和国家提出的全面建设小康社会的目标有关。而小康社会的实现,要靠广大人民群众自身的劳动积极性和创造性的进一步发挥。怎样才能进一步激发广大人民群众的生产积极性和创造性? 必要条件是,广大人民群众积累的财产能够受到切实的保护。特别值得注意的是,物权法不仅明文规定对公民私有财产的平等保护,明文规定公民合法私有财产不受侵犯,而且针对历史和现实中严重侵犯公民私有财产的违法行为,创设了各种法律对策。如关于征收制度的规定,将商业目的用地排除于国家征收之外,企业取得商业用地须按照合同法的规定与土地使用权人(农户、居民)谈判签约,彻底解决"强制拆迁"、"圈地运动"等问题;关于土地承包经营权的规定,可以解决任意撕毁承包合同及强行摊派等侵害农民合法权益的问题;关于物权效力的规定,可以划分行为违法与合法财产的界限,行为违法但财产可能并不违法,因此,物权法可以解决切实保障公民的人身安全和财产安全等问题。

二、国家所有权——强化对国有财产的保护

当前在企业改制、合并分立、关联交易等过程中存在国有资产流失的现象。物权法针对当前国有财产流失的实际情况,从五个方面强化了对国有财产的保护:一是物权法第四十六至五十二条明确规定了哪些财产属于国有财产,防止因归属不明确而造成国有财产流失。二是物权法第四十一条规定:"法律规定专

属于国家所有的不动产和动产,任何单位和个人不能取得所有权。"三是物权法第五十六条规定:"国家所有的财产受法律保护,禁止任何单位和个人侵占、哄抢、私分、截留、破坏。"四是针对国有企业财产流失的问题,物权法第五十七条第二款规定:"违反国有财产管理规定,在企业改制、合并分立、关联交易等过程中,低价转让、合谋私分、擅自担保或者以其他方式造成国有财产损失的,应当依法承担法律责任。"五是针对国有财产监管中存在的问题,物权法第五十七条第一款规定:"履行国有财产管理监督职责的机构及其工作人员,滥用职权,玩忽职守,造成国有财产损失的,应当依法承担法律责任。"物权法的这些规定体现了宪法关于加强对社会主义公共财产保护的精神,具有重要的现实意义。

三、集体所有权——主体问题

由于我国发展历史的特殊性,在产权安排方面有很多问题尚不清楚。在20世纪50年代末我国实现全部国有化,私有制一度被消灭了。虽然从50年代到改革开放之间仍然存在一定的私有财产,但作为一项经济制度,私有制是不存在的。在观念上形成了强大的公有制概念。改革开放之后,开始允许私有经济的存在,鼓励私有经济的发展,确认私有经济是公有经济的重要补充,直至修改宪法将私有经济作为社会主义经济的重要组成部分。但几十年的公有制遗留下了很多制度上和观念上的问题。比如农村集体土地的所有权人主体虚位的问题,即所有权存在,但是所有权人不存在。农村的生产方式发生了变化,由原来的集体生产变成了包产到户的个体生产方式。农村不存在真正的集体经济,也就是集体组织利用生产工具进行生产经营活动的公社制经济方式不存在了。当时设计这个集体制度的时候,根本就没有考虑要在法律上建立一个相应的所有权。所有制问题纯粹是一个经济学的问题。当我们说所有制的时候,我们说的是生产资料归谁所有这样一个抽象的制度;而民法意义上的所有权一定是一个具体的权利,特定的民事主体对特定的财产享有的具体的权利。在民法制度里面,不存在所谓抽象的所有制。主体和权利所指向的对象一定是特定的。所有制这样一种抽象的制度在物权法体系中根本没有办法去表示。

集体所有权主体的确定,与集体所有权的行使是联系在一起的。无论如何确定集体所有权的主体,都很难有一个满意的答案。但反过来,如果能够有效规范成员的行为和利益归属,那么集体所有权主体的问题或许不是太重要。理论界一直倾向于将集体与国家相比照,建立规则。国家是可以确定地充当独立的另类主体,在主体家族中占有一席之地,而集体本身却没有这样的待遇。由此导致的是，抽象的国家所有权虽然没有太大操作性，仍有特定意义，而集体财产如果也像国家所有权一样，主体虚化，则其财产就真正处于归属不明的境地了。同样，虽然我们确立了集体所有权的主体是谁，但却不知道实际利益的归属地。反过来，如果规定了集体成员的行为规则，则所有权属谁这一问题反而不太重要。正如法人制度产生了几百年，法人的内部规则确立了，法人所有权问题便不太重要一样。因此我国物权法第五十九条在原则上规定了农民集体所有的不动产和动产，属于本集体成员集体所有。同时通过物权法第五十九、六十、六十二、六十三条规定了集体所有权的行使方式。根据私人自治原则，农民集体成员对属于农民集体所有的不动产或者动产，可以进行法律上的处分。农民集体成员议决处分集体财产，属于法律行为，应当适用《民法通则》关于法律行为的一般规定，同时参照适用《合同法》相关规定。第六十二条规定了集体财产状况公布义务。第六十三条规定了集体财产受法律保护和集体成员撤销权。值得注意的是，集体成员撤销权的构成要件有两项：其一，集体经济组织、村民委员会或者其负责人作出决定。其二，侵害集体成员合法权益。而集体成员撤销权的权利人须为合法权益受到侵害的集体成员，同时撤销权的行使方式是由权利人以诉讼的方式向人民法院提出。集体成员撤销权的性质，因被撤销的决定根据撤销人单方意思表示而无效，因此应当解释为形成权。

四、私人所有权——完善私有财产法律保护

我国物权法根据宪法"国家依照法律规定保护公民的私有财产权和继承权"对私有财产的范围和归属作了规定，以完善保护私有财产的法律制度。物权法对公民的私有财产权的规定主要是：公民不仅对生活资料，而且对"生产工具、原材料"等生产资料也享有所有权。公民合法的储蓄、投资及其收益，受法律保护。公民继承权的问题，在继承法中有规定，物权法作了衔接性的规定。公民的合法财产受法律保护，禁止任何单位和个人侵占、哄抢、破坏。

现实生活中因征收集体土地和居民房屋侵害群众利益的事件时有发生。物权法对征收和补偿的问题的规定主要有四个方面：一是明确规定国家对耕地实行特殊保护，严格限制农用地转为建设用地，控制建设用地总量。不得违反法律规定的权限和程序征收集体所有的土地。二是规定了征收的条件。为了公共利益的需要，依照法律规定的权限和程序可以征收集体所有的土地和单位、个人的房屋及其他不动产。三是规定了补偿的原则和内容。征收集体所有的土地，应当依法足额支付土地补偿费、安置补助费、地上附着物和青苗的补偿费等费用，

安排被征地农民的社会保障费用,保障被征地农民的生活,维护被征地农民的合法权益。"安排被征地农民的社会保障费用",这一点非常重要,也是物权法的亮点之一,对于被征用土地的农民来说,他们失去了生产资料,必将开始寻求新的生产方式,这时保障他们的社会保障问题必须解决。由谁来解决?国家、社会显然无法全面独自解决这一问题。在征用土地的同时,规定征用者这一法定义务是必要的。征收单位、个人的房屋及其他不动产,应当依法给予拆迁补偿,维护被征收人的合法权益;征收个人住宅的,还应当保障被征收人的居住条件。具体的补偿标准和补偿办法,由土地管理法等有关法律依照物权法根据不同情况作出规定。四是针对现实生活中征收补偿不到位和侵占补偿费用的行为,物权法明确规定:"任何单位和个人不得贪污、挪用、私分、截留、拖欠征收补偿费等费用。"违反规定的,要依法承担法律责任。

第三节 所有权的社会作用

所有权制度为调整人类社会生活中有关物之归属与支配关系的重要法律制度。就一个国家和社会而言,财产尤其是土地等不动产的归属关系如何,不仅直接决定一个国家的基本经济制度,同时也间接决定一个国家的基本政治制度;就个人而言,将一定财产据为己有,供作生产和生活消费之用,是个人生存与发展的前提。

一、所有权制度:国家基本经济制度之基石

生产资料所有制是一定社会生产关系的基础,所有权是生产资料所有制在法律上的表现形式,所有权与所有制有着密切的联系。在阶级社会,生产资料所有制的性质决定着所有权制度的社会属性,有什么样的生产资料所有制就有与之相对应的所有权法律制度。在私有制社会,社会财产的主要法律形式是私有财产所有权;而在公有制社会,社会财产的主要法律形式则是公共财产所有权。同时一定社会的生产资料所有制又是通过法定的所有权制度得以确认、巩固和发展的,所以所有权制度是维护和巩固生产资料所有制的主要法律手段。

二、所有权制度:产权的法律形式

交易进行的前提是参加交易的主体对所交易的财产拥有所有权。交易的结

果是不同财产的所有权的交易,从而满足主体的不同需求。这一点,从古至今,无论是对个人,还是对团体、法人乃至国家之间,均是不变之法则。没有必要的财产,交易无法进行;没有充足的财物,交易不能繁荣;没有法律的规则,交易难以有序;没有自由、可靠、繁荣、有序的交易,就没有市场经济。产权本是经济学上之概念,但经济的发展须有法律制度的规制和保障,所有权制度正是法律对经济的映射,所有权是民事权利的基础,也就是产权制度的根源。

三、所有权:最重要的民事权利

所有权是最基础的民事权利。建设用地使用权、土地承包经营权、宅基地使用权、抵押权、质权等他物权,都是基于财产所有权而设立的。所有权不仅为近现代社会经济结构与社会秩序的基石、市场经济发展的前提,而且,社会成员的个人人格的自我实现与健全发展,也必须有其可以支配的物质资料。所有权为个人自主独立的前提,任何法律人格的建立无不奠基于所有权之上。无所有权也就无所谓真正的人格。所有权制度旨在保障人们对社会财富的拥有,激发人们对财富的追求,促进社会财富总量的增长。"所有权乃万权之源"。

第四节 所有权的内容

所有权的内容即所有权的权能,是指所有人为利用所有物实现其对所有物的独占利益,在法律规定的范围内可以采取的各种措施与手段。[1]"一方面,这些权能向所有者提供了一个控制属于他所有之物的可靠的权能,这种权能是通过所有者可以针对属于他所有的物为一定行为来行使的;另一方面,所有权中的权能不能被第三者所行使,这也是所有权中包含的主要特征,目的在于使所有权能够禁止第三者为这些行为。"[2]一般认为,所有权的权能包括积极权能和消极权能,占有、使用和处分为所有权的积极权能;排除他人干涉则为所有权的消极权能。[3]

理论上一般认为,所有权的权能与所有权可以分离,用益物权是所有权权能

---

[1] 参见彭万林:《民法学》,中国政法大学出版社1994年版,第219页。
[2] 王利明:《物权法论》,中国政法大学出版社1998年版,第253~254页。
[3] 参见王泽鉴:《民法物权(通则·所有权)》,中国政法大学出版社2001年版,第154~155页。

分离的结果。王利明先生、周林彬教授持此种观点。但也有学者指出,从所有权及所有权权能的实质来看,所有权的权能与所有权是不能分离的,用益物权不是所有权权能分离的结果,而是具有自己的权能。① 我们认为,所有权具有整体性,不能在内容或时间上加以分割。基于所有权的整体性特征,其权能分离是不可思议的。所有权的权能与所有物的功能即其使用价值不同,随着所有物上设定用益物权,所有物的功能也随所有物的移转而发生转移,但其所有权权能却并不随之移转,仍归属于所有人享有。所有权的权能分离说混淆了所有权的权能与所有物的功能之间的界限。

一、积极权能

(一) 占有权能

占有权能,是指所有权人对于标的物的实际控制和管领的权能。占有权能与民法中的占有制度不同,后者指对标的物事实上的管领力。占有某物,不一定享有所有权,如盗贼对盗赃物的占有等。所有权的占有权能,包括事实占有和法律上的占有,在自主占有的情形,二者通常表现一致。所谓所有权占有权能的分离,仅指事实占有的分离,即所有物自所有人移转给非所有人,使所有人由自主占有变为他主占有。事实占有的分离,不一定导致所有权的丧失,但法律上占有的丧失,意味着所有权的消灭。

(二) 使用权能

使用权能,是指依物的性质和用途加以利用,从而实现权利人利益的权能。② 所有权的使用权能根基于所有物具有使用价值,行使使用权能,是实现物之使用价值的手段。德国民法明确区分了所有权的两种行使方式:一种方式是将物自己使用或自己处分,即直接通过自己对物的利用或变卖而获得物质经济上的利益;另一种方式是权利可以依法定或者约定的方式授权给他人,由他人对自己的物享有使用和变价处分的权利,而自己间接地获得物的经济上的利益。③

(三) 收益权能

收益权能,是指利用所有物以取得一定经济利益的权能。我国台湾一些学

---

① 参见房绍坤:《用益物权与所有权关系辨析》,载《法学论坛》2003年第4期。
② 参见张俊浩:《民法学原理》,中国政法大学出版社2000年版,第426页。
③ 参见孙宪忠:《德国当代物权法》,法律出版社1998年版,第177页。

者论著中将所有权的收益权能直接表达为收取所有物的天然孳息或法定孳息。① 物将具有一定的使用价值,便作为静态的财产归属关系的反映,所有权只有在使用的动态过程中,才能实现其收益权能。收益权能与收益不是同一概念。收益是指收取物的经济利益,而收益权能指的是收取物的经济利益的可能性,收益可以是财产的经营者、管理者为所有人而收益,也可以是经营者和所有者共同收益。

(四)处分权能

处分权能,是指依法对物进行处置,从而决定物的命运的权能。② 处分分为事实上的处分和法律上的处分。前者指就标的物为物质的变形、改造或毁损等物理上的事实行为,后者指就标的物的所有权为移转、限制或消灭等使所有权发生变动的法律行为。

二、消极权能

所有权的消极权能,民法理论又称为排除他人干涉的权能。所谓干涉,指对所有权的不法侵夺、干扰或妨害。所有权消极权能的根据,在于所有权的绝对性,其排除方法主要是所有人依照法律规定享有的物上请求权,可以向加害人请求排除妨害或赔偿损失。由于此项权能,须于受他人不法之干扰、妨害或侵夺时,始能显现,否则仅隐而不彰,故称为消极权能。③

三、所有权之限制

所有权的限制,是指法律对所有权内容的限定和制约。所有权是一项重要的财产权利,凡权利皆应受限制,无不受限制的权利。④ 罗马法上有"凡行使权利者,无论对于何人,皆非不法"的法谚,所有权带有强烈的个人主义色彩,具有绝对性、排他性和永续性特征,但这并不意味着财产所有人可以为所欲为,恣意行使所有权。从《十二表法》开始至帝政以后,罗马法对所有权的限制始终存在。⑤

---

① 参见史尚宽:《物权法论》,中国政法大学出版社2000年版,第63页。
② 参见彭万林:《民法学》,中国政法大学出版社1994年版,第223页。
③ 参见梁慧星、陈华彬:《物权法》,法律出版社1997年版,第116页。
④ 参见王泽鉴:《民法总则》,中国政法大学出版社2001年版,第548页。
⑤ 参见周枬:《罗马法原论》,商务印书馆1994年版,第325~328页。

(一)私法上的限制

私法上对所有权的限制,主要指民法为保障个人利益而对所有权进行的限制,主要包括以下方面:

1. 对权利滥用的限制

权利人行使权利,不得违反公共利益,或者故意损害他人利益。

2. 诚实信用原则的限制

权利人行使权利,应当遵循诚实信用的原则,兼顾他方利益。

3. 自卫行为的限制

关于正当防卫、紧急避险、自助行为等的规定,也属对所有权的限制。

4. 受第三人权利的限制

所有物上设定他物权即用益物权或担保物权时,所有权受到当然的限制。

5. 合同或交易制度中的限制

所有人因订立合同就物的使用、收益、处分而受限制的。另外,由于交易是所有权行使的结果,因此,合同法中对交易的限制,虽然不是直接针对所有权的,但却达到了限制所有权滥用的效果。

(二)公法上的限制

公法对所有权的限制,旨在保护社会公共利益,分为宪法上的限制和行政法上的限制。

1. 宪法上的限制

宪法上的限制除了禁止权利滥用、权利行使不得危害社会或国家利益等原则性规定外,主要是对征用和对取得不动产主体资格的限制。

2. 行政法上的限制

行政法上的限制是针对所有权如何行使的具体规范。主要包括:区域规划法和建筑法上的限制;街道或居住区容貌限制;森林法、渔业法上的限制。此外,还包括公共卫生法限制、公共道路立法限制、电业、通讯、航空法限制、历史文物保护法上的限制以及治安法、消防法、国家安全法上的限制,等等。实际上整个行政法,一方面规范行政行为和行政程序以保护公民的权利;另一方面就是对公民的私法行为予以限制,以维护社会整体利益。

第六章 不动产所有权

第一节 土地所有权

一、土地所有权的概念和特征

土地所有权,是指以土地为权利客体的不动产物权。土地有广狭两义。广义上的土地,包括各种各样的陆地,可以是耕地、山地、沙漠、草原、水面等等。土地与其他财物一样,同属物的范畴。但在经济性质上,土地有其独特之处:其一,土地为单纯的自然物,且为一切生物和财富的源泉;其二,土地具有连绵不断的整体性、总量的固定性、稀缺性与不可再生性;其三,土地所处的位置具有不可移动性,并由此决定土地品级的差异性等。近代以来,土地所有权表现出以下特征:

(一)土地所有权的利益性与公益性

土地所有权所蕴含的利益,不仅为个人而存在,还为社会全体人民利益而存在。土地的私益性,不仅是指以土地作为确保生活或生存的"生存性利益",还包括土地所有人将土地作为资产加以保有或利用的"财产性利益"。[1] 我国个人不能拥有土地所有权,因而土地所有权的私益性只能以个人对公有土地的使用权表现。同时土地为稀缺资源,还具有社会的、公共的性格。土地所有权的行使,还须不违反公共利益,甚至须有利于增进公共利益,此即土地所有权的公益性。

(二)土地所有权优位向土地用益权优位的转变

随着世界范围内市场经济的发展,土地用益权制度发展很快。当土地用益

---

[1] 参见梁慧星、陈华彬:《物权法》,法律出版社1997年版,第132页。

权遭遇具有"优越性"、"强大性"、"绝对性"的土地所有权时,弱势的土地利用人很容易被土地所有人欺压。20世纪开始,各国土地立法纷纷对土地所有权的绝对性加以限制,提高土地利用人的地位,出现了土地所有权向土地用益权让步的现象。

二、土地所有权的范围

土地所有权的范围,是指土地所有权的效力及其行使所及的界限。土地所有权范围可从"横"、"纵"两个方面理解。现代各国民法对土地所有权的纵向范围作了必要限制。如《德国民法典》第905条规定:"土地所有权的权利扩及于地面上的空间和地面下的地层,但如所有人对排斥他人空中或地下的干涉并无利益时,则不排斥此种干涉。"《日本民法典》第202条规定:"土地所有权,于法令限制内,及于土地的上下。"我国台湾地区"民法"第773条规定:"土地所有权,除法令有限制外,于其行使有利益之范围内及于土地的上下。如他之干涉无碍其所有权之行使者,不得排除之。"可见,土地所有权纵向范围上,大体有如下限制:其一,所有权行使的限制。所有权的行使及其所产生的利益,有一定的限制,此限制可视作为发展现代产业如空中运送和地下交通提供法律依据。[①] 至于他人的干涉或限制与土地所有人的利益之判断,应依损害的状态、土地的位置并参考社会一般观念而为衡量。其二,法律的限制。这是所有权社会化的具体表现之一,如法律关于土地相邻关系的规定,以及出于国防、电信、交通、自然资源、环境、名胜古迹保护等方面公共需要而为的限制。

三、空间权理论的产生与发展

传统的土地制度系以地表为中心,土地所有人和利用人对其所有或利用的土地,以地表为中心而有上下垂直的支配力,此即学说所谓土地之"垂直所有、利用形态"。调整此种土地所有和利用关系的法律,称为"土地法"。[②] 随着19世纪工业化革命完成,社会生产力极大发展,各国的都市化程度迅速提高,城市土地资源更是日显稀缺和珍贵,从而形成对土地的"水平的所有、利用形态"。而现代建筑技术的提高和法律上对土地所有权范围的限制,为土地利用的立体化发展和空间权的产生奠定了坚实的基础。所谓空间权,是指以土地地表之上

[①] 参见孙宪忠:《德国当代物权法》,法律出版社1997年版,第191页。
[②] 参见梁慧星、陈华彬:《物权法》,法律出版社1997年版,第139页。

的一定空间或地表之下的一定地身范围为客体而成立的一种不动产权利。调整土地立体化利用形态的法律,称为"空间法"。

依据空间权的理论,空间权可依不同的标准作多种分类。如根据客体的位置不同,可分为地上空间权(即空中权)与地下空间权(即地中权);依存续期间不同,可分为有期限性空间权与无期限性空间权;依空间权的性质与内容不同,可分为空间所有权与空间利用权等形态。在法德等多数大陆法系国家及英美法国家,空间权已受到普遍的重视,并有相关的立法。我国当前对土地的立体利用方式也日益增多。

四、我国的土地所有权制度

(一)我国土地所有权的特征

我国实行土地的社会主义公有制。土地公有制,即土地属国家所有和劳动群众集体所有。我国的土地所有权具有以下特征:

1. 主体的限定性。根据宪法及法律的规定,我国土地所有权主体只能是国家或农村集体经济组织。

2. 交易的禁止性。在我国,承担土地流转功能的是土地使用权,严禁土地所有权的自由交易,包括不得买卖、抵押、互易及以土地所有权进行投资。我国土地所有权变动方式,只有行政区划变更、新增土地的权属确认及国家征收。

3. 实现手段的特殊性。土地归国家或集体所有,但其行使则通过实行土地使用权制度和土地承包经营权制度来实现。

4. 用途管制的严格性。依据《土地管理法》的规定,国家实行土地用途管制制度。使用土地的单位和个人必须按照土地利用总体规划确定的用途使用土地。

(二)国家土地所有权的特征

1. 国家土地所有权的主体具有唯一性

只有代表全体人民意志和利益的国家才能作为土地国家所有权的主体,并且只有法律授权的国家土地行政管理机关,才有权管理国有土地。但土地使用权可以划拨、出让或者转让,其他单位或个人可依法获得国有土地的使用权。

2. 国家土地所有权客体具有确定性和广泛性

《物权法》第四十七条规定:"城市的土地,属于国家所有。法律规定属于国家所有的农村和城市郊区的土地,属于国家所有。"该法第四十八条规定:"森林、山岭、草原、荒地、滩涂等自然资源,属于国家所有,但法律规定属于集体所有的除外。"随着我国城市化进程的加快,城镇国有土地的范围在不断地扩大。

3. 国家土地所有权的行使具有特殊性

国家只能将国有土地交由国家机关、全民所有制企事业单位和其他组织及个人使用、经营,通过在国有土地上设定使用权来实现国有土地所有权,发挥国家土地的效用。

(三)集体土地所有权的特征

1. 集体土地所有权的主体具有多元性。集体土地所有权的主体为农村集体经济组织,主要包括三种,即农村集体、农村集体经济组织、乡(镇)农民集体。可见,并没有一个全国范围内的统一主体。我国《物权法》第六十条规定:"集体所有的土地和森林、山岭、草原、荒地、滩涂等,依照下列规定行使所有权:(一)属于村农民集体所有的,由村集体经济组织或者村民委员会代表集体行使所有权;(二)分别属于村内两个以上农民集体所有的,由村内各该集体经济组织或者村民小组代表集体行使所有权;(三)属于乡镇农民集体所有的,由乡镇集体经济组织代表集体行使所有权。"

2. 集体土地所有权的客体也具有相当的广泛性。我国《物权法》第四十八条、第五十八条列举规定法律规定属于集体所有的土地,除此之外,宅基地、自留地、自留山,也属于农村集体所有。

3. 集体土地所有权也不得进行交易。其利用可以由集体统一使用,也可以由农民承包经营;某些宅基地、自留地(山)可无偿由农民个人使用。集体土地还可以被国家行政征收转化为国家土地后再由国家有偿出让其使用权。

五、我国土地征收制度

(一)征收的概念

征收是国家为了公共利益的目的,利用公权力强制、有偿取得或限制所有权人或者他物权人的权利的行为。有学者称之为国家征收。[①] 土地征收,是国家基于社会公共利益的目的,依照法律规定的程序,强制取得他人土地所有权的行为。美国法学上称土地征收为"最高土地权"之行使;英国称为"强制收买"或

---

① 参见屈茂辉:《我国国家所有权的征收取得制度探讨》,载中国民商法律网站 http://www.civillaw.com.cn。

"强制取得",法国、德国及我国台湾地区称为"土地征收",日本称为"土地征用"或"土地收买",香港特别行政区称为"官地收回"。① 我国修正后的《宪法》第十条,严格区分土地征收与征用。土地征收为国家根据公共利益需要而行使公权力,以补偿为条件,强制取得他人的土地所有权,他人的土地所有权因国家的征收而消灭;而土地征用,则是国家因公共事业的需要,以给予补偿为条件,对他人土地所有权以外的土地他项权利为利用,待选定公共事业目的完成时,仍将土地归还原土地所有人。他人的土地所有权并不因国家的征用行为而消灭。②

(二)我国现行的土地征收制度

我国实行社会主义公有制,在土地问题上采土地的国家所有和集体所有的二元结构,使得我国的土地法律制度具有自身的特点。作为土地所有权发生根据的土地征收法律制度亦如此。一般意义上的土地征收,为国家对个人土地所有权的征收。因此我国的土地征收,实质上即集体土地征收。③ 物权法颁布之前,土地征收制度存在着以下问题:第一,征收目的界定不清,需要明确界定公共利益的范围,禁止商业目的的土地征收。第二,征地补偿偏低,应实现土地市场化,提高补偿标准。

《物权法》第四十二条第一款规定:"为了公共利益的需要,依照法律规定的权限和程序可以征收集体所有的土地和单位、个人的房屋及其他不动产。"第二款明确规定:"征收集体所有的土地,应当依法足额支付土地补偿费、安置补助费、地上附着物和青苗的补偿费等费用,安排被征地农民的社会保障费用,保障被征地农民的生活,维护被征地农民的合法权益。"此次物权法的进步之处除了明确土地征收补偿的标准之外,更引人注目的是用法律保障被征地农民的社会保障费用。在维护被征地农民的经济利益方面更进一步。

第二节 房屋所有权

一、房屋所有权的概念

房屋所有权,是指房屋所有人对自己的房屋依法享有的独占性支配的权利。

---

① 梁慧星:《中国物权法研究》,法律出版社 1998 年版,第 330 页。
② 参见龙翼飞、杨一介:《土地征收初论》,摘自中国民商法律网。
③ 同上。

即房屋所有人在法律规定的范围内可以对其房屋实施占有、使用、收益和处分，并可排除他人的干涉。根据房屋所处位置的不同，我国房屋所有权可分为城镇房屋所有权和农村房屋所有权。我国对城镇房屋的管理制度较农村房屋要完善一些，如城镇房屋已普遍实行了产权登记制，而农村房屋则还未完全建立房屋产权登记制。根据房屋所有权主体不同，我国房屋所有权还可分为国家房屋所有权、法人房屋所有权及个人房屋所有权。

二、房屋和土地的关系

房屋等建筑物属于土地上的定着物，与土地有着极为密切的关系，法律上也通常将两者统称为不动产或房地产。从自然属性上讲，建筑物是不可脱离土地而存在的。但在法律上，对土地和建筑物的权利是否可以分开，是否可将其作为相互独立的两项不动产，存在着两种不同的立法例：一种是结合主义，即将房屋与土地结合作为一个不动产，房屋为土地的一部分，不构成独立的不动产。主要为罗马法及受其影响的德国法所采用，依"土地吸收地上物"的原则，土地所有权人拥有房屋所有权，但在房屋所有权人与土地所有人相异时，房屋所有人可依地上权保有其房屋所有权。[1] 另一种是分离主义，即房屋与土地各为独立不动产，但两者基于密切关系而有一定联系，如日本《不动产登记法》规定，房屋与土地须分开登记，房屋是独立的所有权客体，任何情况下都不被土地吸收。

我国土地所有权归国家或集体所有，且不得进行交易，因此房屋与土地的关系主要体现为房屋所有权与土地使用权的关系。至于我国法律上对房屋与土地使用权的关系采用的是何种规则，学界见解不一。一般认为：一方面，土地使用权与房屋所有权是两种不同的权利（或财产），其归属、转让及抵押应在不同的登记部门分别进行登记。房地产抵押设定后，土地上新增房屋也不属于抵押物的范围，虽可一并拍卖（物权法规定应一并拍卖），抵押权人对新增房屋部分的拍卖所得无优先受偿的权利。就此来看，采行的是分别主义，即土地使用权与房屋所有权各为独立的不动产。另一方面，法律上又实行房屋产权与房屋占有土地的使用权的"权利人一致原则"和"共同流转原则"、"同时抵押原则"，此即人们通常所谓的"房随地走"、"地随房走"原则，此规则又与结合主义有相同之处。

---

[1] 参见孙宪忠：《德国当代物权法》，法律出版社1997年版，第12~13页。

第三节 建筑物区分所有权

一、建筑物区分所有权的概念和特征

(一)建筑物区分所有权的概念

现代社会,随着经济发展和城市化进程的加快,城市人口急剧膨胀,也依赖于建筑技术的进步,土地利用开始向立体化方向发展,许多人不得不集中居住在一座高楼内而各有其一部分,并就共有部分及附属设施彼此发生关系,这就是建筑物的区分所有。关于"建筑物区分所有权"一词的表达,各国立法不尽相同,法国法称之为"住宅分屋所有权";德国、奥地利称之为"住宅所有权";美国称之为"公寓所有权",日本及我国台湾地区则称之为"建筑物区分所有权"。比较而言日本立法所采用的"建筑物区分所有权"较为科学。根据日本法,所谓建筑物区分所有权是指对建筑物的与其他部分区别开来的某一特定部分所享有的所有权,它既包括纵割式住宅所有权,也包括横割式与混合式住宅所有权,其可囊括一切类型的区分所有建筑物的权利形态,且不致产生歧义并易于为人们所理解和接受。[1] 建筑物区分所有权已有悠久历史,但因各国基于不同的政治、经济及法律理念,对其意义的界定却并不相同,形成了各种学说。

1. 一元论说

一元论说又称"单一要素说"、"狭义区分所有权说"。它又可分为"专有权说"和"共有权说"。

专有权说认为,建筑物区分所有权是指区分所有人对建筑物的专有部分所享有的所有权,不包括共有部分。此说最早为法国学者在解释 1804 年的《法国民法典》第 664 条时所提出,[2]后为日本学者进一步阐发,如玉田弘毅认为"称区分所有者,谓在建筑物专有部分上成立之所有权"。[3] 我国台湾地区学者史尚宽认为,"数人区分一建筑物而各有其一部分者,谓之区分所有权。其区分之各部分,为独立之权利客体,于其部分成立单独所有权"。[4]

共有权说则认为,建筑物区分所有权是指区分所有人对建筑物的持份共有

---

[1] 参见陈华彬:《现代建筑物区分所有权制度研究》,法律出版社 1995 年版,第 65 页。
[2] 参见上书,第 66 页。
[3] 玉田弘毅:《公寓之法律纷争》,有斐阁昭和 59 年,第 3 页。
[4] 史尚宽:《物权法论》,中国政法大学出版社 2000 年版,第 120 页。

权。此说最早为法国学者普鲁东与拉贝于解释民法第664条时,针对上述法国学者主张之专有权而提出的对立学说。该说以集团性、共同性为立论精神,将区分所有建筑物整体视为全体区分所有人之共有。[1] 此说在法国未能为立法所接受,但在日本却获得发展,为日本学者采纳,如星野英一等指出,所谓区分享有,实际上是将区分所有人个人享有之单独所有权予以集合,使之成为整体建筑物而由区分所有权人之组织享有,单个构成员享有相应持份的权利。[2] 加藤一郎等也持相同观点。

2. 二元论说

该说又称"复合要素说"、"广义区分所有权说"。该说认为建筑物区分所有权是指区分所有人对建筑物的专有部分和共有部分所享有的专有权和共有权的结合。我国台湾地区学者王泽鉴指出:"区分所有之建筑,由专有部分及共有部分构成之。区分所有人在其专有部分行使所有权,对共有部分的使用、收益、管理时,相互间必会发生各种权利义务关系,有待规范。"[3]郑玉波指出:"区分所有,不论其区分之为纵为横,其所有权之行使,仅能及于所有之部分,而不能达于全部,此点与独有同,而与共有异。但区分所有不无共同部分,例如楼梯、墙壁、走廊、厕所等在法律上推定其为共有(亦称互有),从而与共有各区分所有等在法律上推定为共有(亦称互有),从而与共有各区分所有人权利义务之所及,此点与独有异,而与共有同。可见区分所有,其所有权之范围,实与一般之情形有所差异也。"[4]我国台湾地区"民法"即采纳了此说,其第799条规定:"数人区分一建筑物而专有其一部分,该建筑物及其附属物之共同部分,推定为各所有人之共有。其修缮费及其他负担,由各共有人按其所有部分之价值分担之。"我国内地大多数学者认为区分所有是由共有和单独所有构成的。如有学者认为,所谓建筑物区分所有权,系指根据使用功能,将一栋建筑物于结构上区分为由各个所有人独自使用的专用部分和由多个所有人共同使用的共同部分的共有权的结合。[5] 二元说为法国1938年《有关区分各阶层不动产共有之法律》及法国1965年制定的现行《分屋住宅所有权法》所肯定。

---

[1] 参见陈华彬:《现代建筑物区分所有权制度研究》,法律出版社1995年版,第67页。
[2] 参见[日]星野英一等:《区分所有建筑物的管理与立法的课题(1~9)》,昭和55年,第38页。
[3] 王泽鉴:《民法物权:通则·所有权》,台湾笔者印行1992年版,第194页。
[4] 郑玉波:《民法物权》,中国政法大学出版社1999年版,第76~77页。
[5] 参见陈甦:《论建筑物区分所有权》,载《法学研究》1990年第5期。

3. 三元论说

三元论说又称"三要素说"、"最广义区分所有权说"。该说为德国著名学者贝尔曼先生所倡导。他认为：建筑物区分所有权是指区分所有人对建筑物的专有部分和共有部分所享有的专有权和共有权，以及基于建筑物的管理、维护和修缮等共同事务而产生的成员权所构成。其中专有部分所有权（专有权）又称特别所有权（Sondereigentum），共有部分持份权又称共有权（Miteigentum），因共同关系所生之构成员权又称社员权（Mitgliedschaftsrecht）。此三者形成不可分离而具有物权法性（Sachenrechtlich）及人法性（Personrechtlich）之特别权利——"共同的空间所有权"（Gemeines Raumeigentum）。此说得到我国台湾地区学者戴东雄先生及日本著名学者丸山英气教授的积极支持。如戴东雄先生认为，欲有效处理区分所有权人间之复杂关系，只有将建筑物区分所有权之意义界定为专有所有权、共有所有权及构成员权，始能竟其功。① 我国学者陈华彬在考察了各国区分所有制度以后，亦积极倡导此观点，认为建筑物区分所有权是指多个区分所有权人共同拥有一栋区分所有建筑物时，各区分所有权人对建筑物专有部分所享有的专有所有权，与对建筑物共用部分所享有的共用部分持份权，以及因区分所有权人之间的共同关系所生的成员权之总称。② 三元论说为德国现行《住宅所有权法》所全盘采纳。③

由于当代居住形态土地利用立体化、邻里距离紧凑化、团体色彩之强化等这些特征，使得立法由最初强调调整区分所有权人就区分建筑物专有部分所有权的保护，转而对建筑物区分所有权人个人权利进行制约，并重视对建筑物区分所有权人全体利益的保护。④ 以法国为例，《法国民法典》将所有权视为个人最基本的财产关系，故"团体性"对之是例外的、不寻常的。就《法国民法典》的观念，当所有权的团体性"无法回避"时，就让它的持续时间尽可能短，使之容易回复到"正常状态"即个人所有权。⑤ 正是因为这样的观念占据上风，因此，《法国民

---

① 参见陈华彬：《现代建筑物区分所有权制度研究》，法律出版社1995年版，第75页。
② 参见上书，第81页。
③ 依德国法，区分所有权系由三部分构成：供居住或供其他用途（尤其供营业或办公用途）之建筑物空间上所设立的专有所有权部分、专有所有权人共用建筑物（尤其基地、建筑物之主结构、各层楼板、主隔墙等）上所成立的持份共有所有权部分及基于专有部分与共用部分不可分离所产生的共同所有人的成员权。
④ 参见薛源：《区分所有物自治管理组织制度研究》，对外经贸大学2005年博士论文，第4页。
⑤ 参见尹田：《法国物权法》，法律出版社1998年版，第262~263页。

法典》上尽管有关于建筑物区分所有的规定(第664条),但实际应用非常之少。再者,拿破仑时代的法国城市用地充足,建设成本低廉,当时的居住形态下建筑物区分所有权的问题并不突出,因此该条规定也就名存实亡了。事易时移,待至1938年专门的建筑物区分所有权进行立法,到1965年再度立法,1967年补充以行政命令,整个过程之中团体色彩不断加强。1965年的法律中不但扩大了区分所有权人协会的权利,并同时赋予区分所有权人协会法人资格。

我国《物权法》第七十条规定:"业主对建筑物内的住宅、经营性用房等专有部分享有所有权,对专有部分以外的共有部分享有共有和共同管理的权利。"从法条规定来看,我国物权法是将业主的建筑物区分所有权分为专有权、共有权和成员权三部分,基本采取三元论的立场。

(二)建筑物区分所有权的特征

1. 复合性。建筑物区分所有权是由专有权、持份权(共有所有权)和成员权三个要素构成的特殊所有权,任何一个要素都不可缺少;而一般不动产所有权和一般共有的构成要素都是单一的。

2. 一体性。构成区分所有权的三个要素是不可分离的。在区分建筑物转让、抵押、继承时,专有权、持份权和成员权三者应视为一体,任何分割三者的处分行为均不得为之。

3. 专有权的主导性。在构成建筑物区分所有权的三个要素中,专有权具有主导作用。其一,区分所有权人取得专有权,即取得共有部分的持份权和成员权;丧失专有权,也意味着丧失了其他两个要素的权利。其二,一般而言,专有权的大小决定其共有部分持份权和成员权(如表决权)的大小。其三,在区分所有权登记上,只登记专有权,而不单独登记其他要素的权利。

4. 权利主体身份的多重性。建筑物区分所有权人对于专有部分有资格成为专有权人,对于共有部分有资格成为共有权人,对于区分建筑物的共同关系形成的管理权有资格成为成员权人;而一般所有权和一般共有权的权利主体的身份只能是单一的,不具备同时兼有多重身份的资格。

二、业主个人财产的专有权

(一)专有权的性质、客体和要件

1. 专有权的性质

专有权又称"专有所有权"或"特别所有权",是指区分所有人在法律限制的范围内,对建筑物特定区分部分得以自由占有、使用、收益和处分的终极支配权。

关于专有权的性质,有学者认为其为一种空间所有权。德国学者贝尔曼先生指出,专有所有权是关于"供居住或其他用途(尤其公共业或办公用途)之建筑物空间上所成立的空间所有权"。① 我国台湾地区学者刘德宽等人认为,在建筑物区分所有权的情况下,各个分别所有人所直接支配的不是有体物,而是由建筑材料所组成的空间。所有权的客体以被区分空间为主,"区分所有权乃存在于各个被区分空间上"②。我国内地学者陈华彬也认为专有权在性质上为空间所有权。

然而探讨专有所有权的性质,必须以其客体的范围为视角加以考察,建筑物区分所有人的专有部分并非单纯的由墙壁所形成的空间,它是一个在物理上具有独立性的物,是由顶盖、梁柱、四壁、地板、天花板及建筑物空间等所组成。将专有所有权的性质理解为空间所有权,在外延上缩小了专有所有权客体的范围。

2. 专有权的客体及要件

作为专有权的客体应符合两个标准:一是构造上的独立性,二是使用上的独立性。德国法规定专有部分需具备完全独立性。判断标准是:该建筑物部分于构造上是否有独立出入的楼梯间或走廊通到户外,于机能上是否有独立的经济使用价值或效用。作为专有部分所有权客体的建筑物部分,应具备构造上和使用上的独立性。专有权的客体即专有部分,关于专有部分的范围主要有四种观点:空间说、壁心说、墙面说和厚度中心线与粉刷表面结合说。空间说认为,专有部分系由墙壁、地板、天花板所围成的空间,而墙壁、天花板与地板则属于共有部分。这与普通所有不同,它不是对有体物加以管领支配,而是对由建筑材料所组成的空间加以管领支配。对专有权的标的物,各国建筑物区分所有权立法一般都规定了范围。《瑞士民法典》规定得较为详细,该法第712条之2的第(1)规定:"特别权利(专有权)标的物,可为单独的楼层,亦可为楼层内隔开的具有出入口的用于居住、办公或其他目的的单元;单元可包括隔开的房间。"从各国立法来看,作为专有权标的物的专用部分——建筑空间,必须能够与外界隔离而又能独立使用。壁心说认为,专有部分达到墙壁、天化板或地板等边界部分厚度的中心线。墙面说则认为,专有部分包括墙壁、天花板、地板等境界表层所粉刷部分。厚度中心线与粉刷表面结合说则认为,在区分所有人相互间对建筑物维护

---

① [德]贝尔曼:《德国住宅所有权法》,戴东雄译,《法学论丛》第13卷第1期,第166页。
② 刘德宽:《民法诸问题与新展望》,台湾中亨有限公司1980年版,第27页。

管理关系上,专有部分仅包括墙壁、天花板、地板境界部分表层所粉刷之部分;在外部关系如买卖、保险税金等关系上,专有部分达到厚度中心线。

王利明教授认为,以上四种观点的主要分歧在于,究竟应将墙壁视为专有部分还是共有部分。他认为,应当将共用墙壁既作为共有财产,又作为专有财产来对待。①

我国学者在一定程度上强调公示的作用,认为专有部分有三要件:(1)构造上的独立性。(2)使用上的独立性。(3)通过登记予以公示并表现出法律上的独立性。② 但上述表述并没有本质区别,只要确定区分所有人的支配空间,其他争论没有太大意义。

(二)我国物权法的规定

1. 对专有部分的占有、使用、收益及处分权

《物权法》第七十条规定,业主对建筑物内的住宅、经营性用房等专有部分享有所有权。本条对这一所有权的具体权能作出规定,即业主对其建筑物专有部分享有占有、使用、收益和处分的权利。按照这一规定,业主对建筑物内属于自己所有的住宅、经营性用房等专有部分可以直接占有、使用,实现居住或者营业的目的;可以依法出租,获取收益;可以出借,解决亲朋好友居住之难,加深亲朋好友间的亲情与友情;也可以在自己的专有部分上依法设定负担,例如为保证债务的履行将自己所有的住宅或者经营性用房抵押给债权人,或者抵押给金融机构以取得贷款等;还可以将住宅、经营性用房等专有部分出售给他人,对专有部分予以处分。国外也有相关之规定,如瑞士《民法典》第712条a第一款第(一)规定,建筑物区分所有人对建筑物的特定部分享有独占使用和内部改造的特别权利。法国1965年《建筑物区分所有权法》第9条规定,区分所有权对建筑物中的专有部分享有自由使用的权利。

专有所有权系以区分所有建筑物之专有部分为客体而成立的单独所有权。③ 与一般所有权人所享有的权利一样,建筑物区分所有权在法律限制的范围内,可以自由占有、使用、收益和处分其专有部分,并排除他人的不法干涉。但须注意的是,由于专有部分的所有权具有主导性,故其处分的效力及于共有部

---

① 参见王利明:《物权法教程》,中国人民大学出版社2003年版,第201页。
② 同上。
③ 参见陈华彬:《现代建筑物区分所有权制度研究》,法律出版社1995年版,第109页。

分,处分专有权也就同时处分了共有权及对建筑物的管理、维护、修缮与重建等权利。一般认为:区分所有人在行使权利时以共同墙壁的表层为其专有部分,自由粉刷,悬挂物品;区分所有人在出售时,以共有墙壁的壁心为专有部分独立处分,而不必作为共有而征求其他权利人的同意。依各国法的一般规定,对专有所有权的处分,同一栋建筑物上的其他区分所有权人不得享有先买权,但如规约有此项规定时,则属例外。如《瑞士民法典》第712条第(3)款规定:"对于取得应有部分的第三人,依照法律,建筑物区分所有人无先买权;但在设定建筑物区分所有权时或依事后的合意,亦可设定先买权并在不动产登记簿上登记。"

2. 改变专有部分的用途之限制

我国《物权法》第七十七条规定:"业主不得违反法律、法规以及管理规约,将住宅改变为经营性用房。业主将住宅改变为经营性用房的,除遵守法律、法规以及管理规约外,应当经有利害关系的业主同意。"

目前许多小区的业主擅自将原本用于居住的住宅改变为商业用房,开歌厅、餐厅等,造成小区秩序混乱,影响其他业主的正常生活。对这一问题,国家没有法律、法规等规范性文件的规定,造成业主之间矛盾大,物业公司也缺乏管理的法律依据。作为规范业主建筑物区分所有权的物权法,本条明确规定,业主不得违反法律、法规以及管理规约,将住宅改变为经营性用房。据此不得随意改变住宅的居住用途,是业主应当遵守的最基本准则,也是业主必须遵守的一项基本义务。如果业主确实因生活需要,将住宅改变为经营性用房,必须遵守法律、法规以及管理规约的规定。例如要办理相应的审批手续,要符合国家卫生、环境保护要求等。在遵守法律、法规以及管理规约的前提下,还必须征得有利害关系的业主同意。这两个条件必须同时具备,才可以将住宅改变为经营性用房,二者缺一不可。何为有利害关系的业主?因改变住宅为经营性用房的用途不同,影响的范围、程序不同,要具体情况具体分析。总之,不论是否为隔壁的业主,还是相邻或者不相邻的业主,凡是因住宅改变为经营性用房受到影响的业主,均是本条所说的有利害关系的业主。随着这方面实践经验的不断积累和完善,国家有关部门还将对这一问题作出具体的规定。另外,作为业主自我管理、自我约束、自我规范的建筑区规划内有关建筑物及其附属设施的管理规约也可以依法对此问题作出规定。

3. 相邻关系

各个专有部分之间必须存在建筑构造上的相互关联,使用上形成密切的相邻关系。

我国《物权法》第七十一条规定:"业主对其建筑物专有部分享有占有、使用、收益和处分的权利。业主行使权利不得危及建筑物的安全,不得损害其他业主的合法权益。"所谓相邻使用权,系指区分所有权人为保存其专有部分或共用部分,或于改良之必要范围内,可以请求使用其他区分所有权人之专有部分或不属于自己所有之共用部分。[1] 当然,使用他人专有部分以维护和修缮、改良自己的专有部分,应限于必要的范围内,而且若因此而致其他区分所有权人受到损害的,应负恢复原状或支付赔偿金的义务。

业主的专有部分是建筑物的重要组成部分,但与共有部分不可分离。例如没有电梯、楼道、走廊,业主不可能出入自己的居室、经营性用房等专有部分;没有水箱、水、电等管线,业主无法使用自己的居室、经营性用房等专有部分。因此建筑物的专有部分与共有部分具有一体性、不可分离性,故业主对专有部分行使所有权应受到一定限制。例如,业主对专有部分装修时,不得拆除房屋内的承重墙,不得在专有部分内储藏、存放易燃易爆等危险物品,危及整个建筑物的安全,损害其他业主的合法权益。外国立法例在这方面也有很多规定,例如日本《建筑物区分所有法》第6条第(1)项规定:"区分所有人不得实施有害建筑物保存的行为及其他就建筑物管理、使用而害及区分所有人共同利益的行为。"区分所有权人若有违反共同利益而为有害于建筑物之适当管理或正常使用行为,纵然形式上系行使其专有部分所有权权能范围内之行为,亦不容许。[2]《德国住宅所有权法》第13条(一)项规定,各住宅所有权人于不违反法律或第三人权利的范围内,得自由处理区别所有权内的建筑物部分,如予以居住、使用、租赁或以其他方式予以利用,并排除他人之干涉。专有所有权的行使须受以下限制:(1)建筑物的使用目的;(2)保护建筑物的基础、结构、牢固及安全;(3)保护建筑物外观上的美观;(4)保护其他住宅所有权人的安全、安静及住宅环境秩序;(5)维护善良风俗、习惯及住宅居民的作息和名誉。《瑞士民法典》第712条a第二款第(二)项规定,区分所有权人有自由管理、利用并装饰自己房间的权利,但不得妨碍其他区分所有人行使相同的权利,并不得以任何方式破坏建筑物的公用设施,或影响其使用及外观。《美国联邦公寓所有权法》第8条规定,公寓所有人不得为有危及整体财产安全及存在的行为,或未经全体公寓所有人同意,而为有减少

---

[1] 参见陈华彬:《现代建筑物区分所有权制度研究》,法律出版社1995年版,第110页。
[2] 参见[日]铃木禄弥:《物权法讲义》,创文社昭和50年版,第22页。转引自王效贤、刘海亮编著:《物权法总则与所有权制度》,知识产权出版社2005年版,第292页。

财产价值或不动产权利之行为。区分所有人有维护整体建筑物存在的义务。

三、业主共有财产

(一)共有部分的概念和特征

共有部分,是指区分所有人拥有的专有部分以外的区分建筑物部分。对共有部分享有的占有、使用、收益和处分的权利,形成共有权。区分所有权人享有的共有权具有以下法律特征:共有所有权的权利义务较为广泛;区分所有人享有的共有权依附于专有权;区分共有权依不同标准可分为法定共有权和约定共有权、全体共有权和部分共有权、对建筑物的共有权和对附属建筑物的共有权。一般共有权可分为按份共有和共同共有,而区分共有的情形较为复杂。

(二)区分所有人共有性质

区分所有人的共有属于是共同共有还是按份共有,人们在学术上一直争论不止。有学者认为应根据具体使用情况来确定性质:如果各区分所有人共同使用的财产,不能具体将哪一部分的财产确定为何人使用,也不能按照一定份额确定使用范围,则应认为该财产为共同共有的财产,如楼梯、走廊、自来水管、消防设施、大门等。反之则应确定为按份共有的财产,如基本使用权。对共同共有的财产各区分所有人应不分份额地共同合理使用,而对按份共有的财产各区分所有人应按确定的份额使用收益。不过无论是对按份共有还是对共同共有的财产,各区分所有人均应按其所拥有的专有部分财产在整个建筑物中所占的比例来承担修缮义务。[①]

(三)我国物权法的规定

1. 对共有部分的共有权及管理权

《物权法》第七十二条规定:"业主对建筑物专有部分以外的共有部分,享有权利,承担义务;不得以放弃权利不履行义务。业主转让建筑物内的住宅、经营性用房,其对共有部分享有的共有和共同管理的权利一并转让。"本条明确规定业主对专有部分以外的共有部分既享有权利,又承担义务。这一权利义务包括两部分内容:一是业主对专有部分以外的共有部分享有共有权;二是业主对专有部分以外的共有部分享有共同管理的权利。

---

① 参见白非:《物权法例论》,法律出版社 2005 年版,第 177 页。

(1) 共有权。业主对专有部分以外的共有部分享有共有权,即每个业主在法律对所有权未作特殊规定情形下,对专有部分以外的走廊、楼梯、过道、电梯、外墙面、水箱、水电气管线等共有部分,对道路、绿地、公用设施、物业管理用房以及其他公共场所等共有部分享有占有、使用、收益或者处分的权利。但是,如何行使占有、使用、收益或者处分的权利,还要依据物权法及相关法律、法规和建筑区划管理规约的规定。例如,《物权法》第八十条规定,建筑物共有部分的费用分摊、收益分配等事项,有约定的,按照约定;没有约定或者约定不明确的,按照业主专有部分占建筑物总面积的比例确定。

同样,业主对共有部分如何承担义务,也要依据物权法及相关法律、法规以及管理规约的规定。例如,依据《物权法》第八十三条的规定,业主对共有部分承担的义务有,不得在共有部分任意弃置垃圾、违章搭建,不得随意侵占通道等。又如,《物业管理条例》第五十五条规定,利用物业共用部位、共用设施进行经营的,应当在征得相关业主、业主大会、物业管理企业的同意后,按照规定办理有关手续。

(2) 管理权。业主对专有部分以外的共有部分不仅享有共有的权利,还享有共同管理的权利,有权对共用部分与共用设备设施的使用、收益、维护等事项行使管理的权利,同时对共有部分的管理也负有相应的义务。值得注意的是,共用部分所生孳息的收益权。所谓收益权,是指各区分所有权人可依规约或其共有部分,获得因共有部分所生的天然孳息和法定孳息的权利。对全体共有部分使用收益比例的约定属于特别事项的约定,应当采用"特别多数同意的决议方式"决议,属于部分区分所有人共有的建筑物部分,如部分人共有的楼梯、阳台、天井等,可以由该部分共有人约定使用收益的比例,但不得损害其他区分所有权人的利益。通过约定放弃其对建筑物共有部分的一部或全部使用收益权的区分所有权人,可以要求为此而受益的一方予以补偿。在没有约定的情况下,各区分所有权人应按比例享有共有所有权。[①] 而对共用部分的单纯的修缮改良权须具备两项要件:第一,获得由区分所有权人及表决权各 3/4 以上多数集会决议的准许;第二,修缮改良无需过多费用。

由于业主对专有部分以外的共有部分既享有权利,又负有义务,有的业主就可能以放弃权利为由,不履行义务。对此,本条明确规定,业主不得以放弃权利

---

① 参见寇彦江:《建筑物区分所有权制度的架构:兼评立法草案部分条文》,载《比较法研究》2002 年第 3 期。

为由不履行义务。例如,业主不得以不使用电梯为由,不缴纳电梯维修费用;在集中供暖的情况下,不得以冬季不在此住宅居住为由,不缴纳暖气费用。

(3)共有权的处分。业主的建筑物区分所有权是一个集合权,包括对专有部分享有的所有权、对建筑区划内的共有部分享有的共有权和共同管理的权利,这三种权利具有不可分离性。在这三种权利中,业主对专有部分的所有权占主导地位,是业主对专有部分以外的共有部分享有共有权以及对共有部分享有共同管理权的前提与基础。没有业主对专有部分的所有权,就无法产生业主对专有部分以外共有部分的共有权,以及对共有部分的共同管理的权利。因此物权法规定,业主转让建筑物内的住宅、经营性用房,其对共有部分享有的共有和共同管理的权利一并转让。

2. 小区道路及公用设施的归属问题

《物权法》第七十三条规定:"建筑区划内的道路,属于业主共有,但属于城镇公共道路的除外。建筑区划内的绿地,属于业主共有,但属于城镇公共绿地或者明示属于个人的除外。建筑区划内的其他公共场所、公用设施和物业服务用房,属于业主共有。"

以前,建筑区划内的道路、绿地、公用设施、物业服务用房和其他公共场所的所有权归属不明,导致业主与开发商、业主与物业公司纠纷多,矛盾大。物权法出台之前,大家认为物权法应当对建筑区划内的道路、绿地、公用设施、物业服务用房和其他公共场所归属作出明确规定,但在物权法中如何规定,存在着不同意见。有的认为,道路是市政设施,应当属于国家所有,业主享有使用权。有的认为,绿地是土地的一种使用功能,其实质就是土地,城市土地属于国家所有,业主只有使用权,没有所有权。有的认为,城市的土地是国有的,无论是道路还是绿地,所有权只能归国家。有的认为,现实中,业主购房通常不支付物业管理用房的价款,对物业管理用房没有权利。有的认为,业主购房后对所购房屋拥有的所有权包括两部分,一部分是对建筑物内住宅、经营性用房等专有部分享有的专有权,独立的所有权,另一部分是对专有部分以外的道路、绿地、公用设施、物业服务用房和其他公共场所所有权的归属,应当本着谁投资归谁所有的原则确定。

道路、绿地、物业服务用房归属的现实情况是,建筑区划内的绿地基本归业主所有。道路有的归业主所有,有的归市政所有。例如,有的地方规定,建筑区划内宽四米以下的道路归业主,宽四米以上的道路归市政。物业管理用房的归属问题,根据《物业管理条例》第三十八条规定,物业管理用房的所有权依法属于业主,未经业主大会同意,物业管理企业不得改变物业管理用房的用途。

从物权法相关规定看出，道路、绿地、公用设施、物业服务用房和其他公共场所作为建筑物的附属设施原则归业主共有，但属于城镇公共道路的除外。建筑区划内的绿地，属于业主共有，但属于城镇公共绿地或者明示属于个人的除外。建筑区划内的其他公共场所、公用设施和物业服务用房，属于业主共有。需要说明的是，《物权法》第七十三条规定的绿地、道路归业主所有，不是说绿地、道路的土地所有权归业主所有，而是说绿地、道路作为土地上的附着物归业主所有。

四、车库、车位的归属与利用

业主的建筑物区分所有权中，争议较大的是车位、车库的所有权归属问题。这个问题涉及广大业主的切身利益，社会普遍关注，很多民众要求物权法做出规定。业主们要求将其作为建筑物的附属建筑的愿望非常强烈。征求意见过程中，主要有二种意见：一种意见认为，车位、车库应当归业主共有。主要理由是：(1)车位、车库已经摊入建筑成本，开发商将其再次买卖或者出租，侵害了业主的利益；(2)在房屋销售过程中，开发商处于强势，如果车位、车库的所有权以有约定的按照约定的原则确定归属，对业主不利。另一种意见认为，车位、车库的归属，业主与开发商有约定的，按照约定；没有约定或者约定不明确的，属于业主共有。主要理由是：(1)从我国目前多数地方商品房销售的实际做法看，对车位、车库的归属，在商品房买卖合同中都有约定，从其他国家和地区看，车位、车库一般也归业主个人所有；(2)车位、车库不像电梯、走廊、水箱、道路、绿地等应当共用，规定业主共有很难操作；(3)开发商是否把车位、车库摊入成本，和商品房销售价格的高低没有必然联系，而且，也很难证明车库、车位的价值是否包括在建筑成本之中，目前对价格管理部门是否应当公开开发商的建筑成本仍有不同意见；(4)对车位、车库的建造比例和车位、车库首先满足小区业主需要，应当作出行政管理的强制性规定，但地下车库和地面上的停车场，作为独立设施，如果不允许开发商销售或者出租，可能影响开发商建造车位、车库的积极性，对业主不利。第五稿物权法规定：开发商有约定的依约定办理；无约定的归业主所有。这一条看上去是保护了业主，这条出来后开发商都觉得无所谓，但业主都非常不满意。因为有了这条，开发商将来都会在合同中约定卖的是房子，不卖车库。这条规定本身没有意义，保护不了业主，而且这条规定颁布后会引起纠纷。物权法颁布前大部分房地产买卖都没有涉及车库的归属问题。物权法这个规定生效后，以前发生的情形怎么处理？物权法不能溯及既往，又没有别的规定可以遵循。如果参照物权法的规定来解决那就会引起极其复杂的财产变动。

实际上,车库归谁所有本质是一个合同问题,物权法没有必要去解决。最后《物权法》第七十四条规定:"建筑区划内,规划用于停放汽车的车位、车库应当首先满足业主的需要。建筑区划内,规划用于停放汽车的车位、车库的归属,由当事人通过出售、附赠或者出租等方式约定。占用业主共有的道路或者其他场地用于停放汽车的车位,属于业主共有。"之所以这样规定,是对我国房地产市场的实际做法和存在的问题进行了调查研究,并借鉴国外的通常做法。属于业主共有财产,应是那些不可分割、不宜也不可能归任何业主专有的财产,如电梯等公用设施、绿地等公用场所。从房地产市场的情况看,一般来说,专门用来停放汽车的车库、车位的归属,是由当事人通过出售、附赠或者出租等方式约定归业主专有或者专用的。这样既容易操作,也可以避免纠纷。如果规定车库、车位归业主共有,由于车库、车位和住宅的配套比例不同、业主之间享有的住宅面积不同、商品房销售的状况不同等原因,归业主共有很难操作。据此,物权法做了上述规定。同时,也对现实生活中有的开发商将车位、车库高价出售给小区外的人使用,不少小区没有车位、车库或者车位、车库严重不足,占用共有的道路或者其他场地作为车位的问题作出明确规定。

五、业主之权利与义务

对建筑物区分所有人的专有权与共有权问题,前面已有阐述,在这里,需要讨论的是,业主作为建筑物区分所有人的成员,其成员权的问题。建筑物区分所有人的成员权,是指基于建筑物的构造,权利归属及使用上的密切关系而形成的区分所有人作为建筑管理团体的成员所享有的权利和承担的义务。随着高层和多层建筑物结构和设施越来越复杂,区分所有人的共同关系也越来越密切,完全由法律规定内部关系及对外关系显然非常困难,因此,成立区分所有人管理团体来处理他们的共同事务就显得非常必要。建筑物区分所有人成员权的内容,包括建筑物区分所有人作为成员权人所享有的权利和应承担的义务。

(一)获取相关资料信息的权利

建筑物区分所有权人会议或者建筑物区分所有权人委员会,有权取得有关该建筑物及其附属设施的土地使用权证、竣工总平面图、配套设施、地下管网工程竣工图等竣工验收资料;设施设备的安装、使用和维护保养等技术资料;物业质量保修文件和物业使用说明文件等资料。《物权法》第七十九条规定:"建筑物及其附属设施的维修资金,属于业主共有。经业主共同决定,可以用于电梯、水箱等共有部分的维修。维修资金的筹集、使用情况应当公布。"可以看出,为了便于业主及时了解建筑物及其附属设施维修资金的筹集情况,依法监督维修资金的使用,本条明确规定,维修资金筹集、使用情况应当予以公布。

(二)管理共同事务的权利与决定建筑物重大事项的权利及议事规则

《物权法》第七十六条规定:"下列事项由业主共同决定:(一)制定和修改业主大会议事规则;(二)制定和修改建筑物及其附属设施的管理规约;(三)选举业主委员会或者更换业主委员会成员;(四)选聘和解聘物业服务企业或者其他管理人;(五)筹建和使用建筑物及其附属设施的维修资金;(六)改建、重建建筑物及其附属设施;(七)有关共有和共同管理权利的其他重大事项。""决定前款第五项和第六项规定的事项,应当经专有部分占建筑物总面积三分之二以上的业主且占总人数三分之二以上的业主同意。决定前款其他事项,应当经专有部分占建筑物总面积过半数的业主且占总人数过半数的业主同意。"本条对共同事务的管理与决定及议事规则作出了明确规定。筹集、使用建筑物及其附属设施的维修资金,改建、重建建筑物及其附属设施,是建筑区划内较为重大的事情,不能由业主以简单多数的表决形式作出决定。因此本条第二款规定,决定筹集、使用建筑物及其附属设施的维修资金,改建、重建建筑物及其附属设施,应当经专有部分占建筑物总面积三分之二以上的业主且占总人数三分之二以上的业主同意。这一规定表明,筹集、使用建筑物及其附属设施的维修资金,或者改建、重建建筑物及其附属设施的决定的作出,必须同时具备两个条件,才为有效的决定。第一个条件是,必须获得专有部分占建筑物总面积三分之二以上的业主的同意;二是必须获得占总人数过半数的业主同意。

除筹集、使用建筑物及其附属设施的维修资金,改建、重建建筑物及其附属设施外的其他事项,属于建筑区划内的一般性、常规性事务,可以采取普通多数同意的方式。对此,本条第二款规定,决定前款第五项和第六项以外的其他事项,应当经专有部分占建筑物总面积过半数的业主且占总人数过半数的业主同意。这一规定表明,建筑区划内的一般性、常规性事务,虽然可以采取普通多数同意的方式作出,但也必须同时符合如下两个条件:一是必须获得占总人数过半数的业主同意;二是经专有部分占建筑物总面积过半数的业主同意。

《物权法》第八十条规定:"建筑物及其附属设施的费用分摊、收益分配等事项,有约定的,按照约定;没有约定或者约定不明确的,按照业主专有部分占建筑物总面积的比例确定。"对建筑物共有部分及其附属设施进行养护、维修,就带来了业主如何负担费用的问题。《物业管理条例》第五十五条规定,利用物业共用部位、共用设施设备进行经营的,应在征得相关业主、业主大会、物业管理企业的同意后,按照规定办理有关手续。业主所有收益应当主要用于补充专项维修资金,也可以按照业主大会的决定使用。

如何确定业主对建筑物共有部分及其附属设施的费用负担、收益分配的问题,鉴于现实中情况复杂,各地及每个建筑区划的具体情况不同,业主如何负担建筑物共有部分及其附属设施的费用,如何分配建筑物共有部分及其附属设施的收益,是业主行使建筑物区分所有权的问题,业主可以依法处分。故本条规定,建筑物共有部分及其附属设施的费用分摊、收益分配等事项,有约定的,按照约定。对建筑物共有部分及其附属设施的费用分摊、收益分配等事项,没有约定或者约定不明确的,本条作了原则性、指导性规定,即按业主专有部分占建筑物总面积的比例确定。

(三)聘任或解聘物业机构的权利

《物权法》第八十一条规定:"业主可以自行管理建筑物及其附属设施,也可以委托物业服务企业或其他管理人管理。对建设单位聘请的物业服务企业或者其他管理人,业主有权依法更换。"实践中,对建筑物及其附属设施进行管理主要有两种形式:一是业主委托物业服务企业或者其他管理人管理;二是业主自行管理。故本条规定,业主可以自行管理建筑物及其附属设施,也可以委托物业服务企业或者其他管理人管理。

业主对建筑物及其附属设施自行管理,主要发生在只有一个业主或者业主人数较少的建筑区划。对于业主较多的小区,由于管理的难度加大,业主自行管理较为困难,应提倡选择专业化、市场化、社会化的物业管理公司对建筑物及其附属设施进行管理。通常情况下,一栋楼或者一个住宅小区建好后,就要对建筑物及其附属设施行管理,但业主们是陆续入住的,业主大会尚未成立,不能及时委托物业管理企业。在这种情况下,只能由建设单位选聘物业管理企业对建筑物及其附属设施进行管理。《城市新建住宅小区管理办法》第五条规定,房地产开发企业在出售住宅小区房屋前,应当选聘物业管理公司承担住宅小区的管理,并与其签订物业管理合同。住宅小区在物业管理公司负责管理前,由房地产开发企业负责管理。《物业管理条例》规定,国家提倡建设单位按照房地产开发与物业管理相分离的原则,通过招投标的方式选聘具有相应资质的物业管理企业。在业主、业主大会选聘物业管理企业之前,建设单位选聘物业管理企业的,应当签订书面的前期物业服务合同。《城市新建住宅小区管理办法》规定,物业管理合同应当明确:(一)管理项目;(二)管理内容;(三)管理费用;(四)双方权利和义务;(五)合同期限;(六)违约责任等。物业管理合同,应当报房地产行政主管部门备案。建设单位在销售住宅或者经营性用房时,应当向业主明示前期物业服务合同。业主应当履行与建设单位签订的前期物业服务合同,服从物业公司的管理。业主大会成立后,可以对建设单位选聘的物业管理公司予以更换。故《物权法》第八十一条第二款规定,对建设单位聘请的物业服务企业或者其他管理人,业主有权依法更换。

《物权法》第八十二条规定:"物业服务企业或者其他管理人根据业主的委托管理建筑区划内的建筑物及其附属设施,并接受业主的监督。"根据《物权法》第八十一条的规定,业主可以选择物业服务企业或者其他管理人对建筑区划内的建筑物及其附属设施进行管理。业主选好物业服务企业或者其他管理人后,应当签订物业管理合同,将自己对建筑物及其共有的附属设施的管理权利委托给选聘的物业服务企业或者其他管理人。因此,业主与物业服务企业或者其他管理人之间是一种合同关系。物业服务企业或者其他管理人应当按照合同的约定向业主提供相应的服务。《物业管理条例》第三十六条规定,物业管理企业未能履行物业服务合同的约定,导致业主人身、财产安全受到损害的,应当依法承担相应的法律责任。物业管理企业承接物业时,应当与业主委员会办理物业验收手续。物业管理企业可以将物业管理区域内的专项服务业务委托给专业性服务企业,但不得将该区域内的全部物业管理一并委托给他人。物业管理企业可以根据业主的委托提供物业服务合同约定以外的服务项目,服务报酬由双方约定。建筑区划内的治安、环保、卫生、消防等许多方面,涉及每个业主的切身利益,关系着社会的和谐与安全,因此,在履行物业服务合同的过程中,物业服务企业或者其他管理人应当接受业主的监督。《物业管理条例》规定,业主委员会应当及时了解业主、物业使用人的意见和建议,监督和协助物业管理企业履行物业服务合同。

(四)请求停止违反共同利益行为的权利

《物权法》第八十三条规定:"业主应当遵守法律、法规以及管理规约。""业主大会和业主委员会,对任意弃置垃圾、排放污染物或者噪声、违反规定饲养动物、违章搭建、侵占通道、拒付物业费等损害他人合法权益的行为,有权依照法律、法规以及管理规约,要求行为人停止侵害、消除危险、排除妨害、赔偿损失。业主对侵害自己合法权益的行为，可以依法向人民法院提起诉讼。"遵守法律、法规以及管理规约是居住于建筑区划内的业主应当履行的最基本的义务。

目前，有些建筑区划内的个别业主，不遵守法律、法规以及管理规约的规定，任意弃置垃圾、排放污染物或者噪声、违反规定饲养动物、违章搭建、侵占通道、拒付物业费，损害了部分业主甚至是全体业主的合法权益。对这些侵权行为，由谁予以制止，是否可以追究其侵权的民事责任，《物权法》第八十三条作出了规定。这一规定明确了对任意弃置垃圾、排放污染物或者噪声、违反规定饲养动物、违章搭建、侵占通道、拒付物业费等损害他人合法权益行为的处理办法有以下几种：一是，业主大会、业主委员会依照法律、法规以及管理规约的规定，要求其停止侵害、消除危险、排除妨害、赔偿损失；二是，受到侵害的业主个人依据民事诉讼法等法律的规定，向人民法院提起诉讼；三是，共同受到侵害的业主，推选代表人，依据民事诉讼法等法律的规定，向人民法院提起诉讼。

（五）提起诉讼的权利

《物权法》第七十八条规定："业主大会或者业主委员会的决定，对业主具有约束力。业主大会或者业主委员会作出的决定侵害业主合法权益的，受侵害的业主可以请求人民法院予以撤销。"对业主具有约束力的业主大会或者业主委员会的决定，必须是依法设立的业主大会、业主委员会作出的；必须是业主大会、业主委员会依据法定程序作出的；必须是符合法律、法规及规章，不违背社会道德，不损害国家、公共和他人利益的决定。上述三点必须同时具备，否则业主大会、业主委员会的决定对业主没有约束力。《物业管理条例》第十九条第二款规定："业主大会、业主委员会作出的决定违反法律、法规的，物业所在地的区、县人民政府房地产行政主管部门，应当责令限期改正或者撤销其决定，并通告全体业主。"现实中，业主大会或者业主委员会不遵守法律、法规、管理规约，或者不依据法定程序作出某些决定，侵害业主的合法权益，这种可能性存在。《物权法》第七十八条第二款，赋予了业主请求人民法院撤销业主大会或者业主委员会作出的不当决定的权利。业主在具体行使这一权利时，还要依据民法通则、民事诉讼法等法律的规定。如除法律另有规定外，应当在知道权益被侵害之日起二年内向人民法院提出撤销的请求，要向有管理权的人民法院提出，要有明确的诉讼请求和事实、理由等。同时《物权法》第八十三条对违反共同利益行为的制止途径中也规定了可以依法提起诉讼。

第四节　建筑物区分所有人管理团体

从语文角度,"业主"属于偏正结构的合成词,可以拆解为两个部分。一是"业"的问题,在民法关注下,"业"的问题可以纳入对所有权客体的确定,这涉及物权法的基本问题;二是"主"的问题,这可纳入对所有权的主体研究,涉及人法的基本问题。[1] 作为客体的"业"及作为主体的"主"即物法与人法基本问题是研究业主大会这种基于所有权的自治形态的前提。前文已对建筑物区分所有权的客体及主体问题作了初步的阐述,本节重点论述业主大会作为业主自治形态的法律问题。

业主大会是业主的自治组织,是基于业主的建筑物区分所有权的行使产生的,由全体业主组成,是建筑区划内建筑物及其附属设施的管理机构。因此,只要是建筑区划内的业主,就有权参加业主大会,行使专有部分以外共有部分的共有权以及共同管理的权利,对小区内的业主行使专有部分的所有权作出限制性规定,以维护建筑区划内全体业主的合法权益。

《物权法》第七十五条第一款规定:"业主可以设立业主大会,选举业主委员会。"如果建筑物区划内业主人数众多,可以设立本建筑物或者建筑区划内所有建筑物的业主委员会,业主可以"选举业主委员会"。业主委员会是本建筑物或者建筑区划内所有建筑物的业主大会的执行机构,按照业主大会的决定行使管理的职责。《物业管理条例》规定,业主委员会的职责主要有:(一)召集业主大会会议;(二)代表业主与业主大会选聘的物业管理企业签订物业服务合同;(三)及时了解业主、物业使用人的意见和建议,监督和协助物业管理企业履行物业服务合同;(四)监督业主公约的实施;(五)业主大会赋予的其他职责。业主委员会应当自选举产生之日起三十日内,向物业所在地的区、县人民政府房地产行政主管部门备案。

由于业主大会是业主的自治组织,其成立应由业主自行筹备,自主组建。但是一个建筑区划内,业主从不同的地方入住,互不相识,而入住的时间又有先有后,有的相差几年,因此成立业主大会对于业主来说有一定的难度。而业主大会

---

[1] 参见陈鑫:《业主自治——以建筑物区分所有权为基础》,北京大学出版社2007年版,第11页。

的成立关系着业主如何行使自己的权利,维护自身的合法权益,关系到广大业主的切身利益,关系到建筑区划内的安定团结,甚至关系到社会的稳定。因此,物权法规定,地方人民政府有关部门应当对设立业主大会和选举业主委员会,给予指导和协助。地方人民政府有关部门应当向准备成立业主大会的业主予以指导,提供相关的法律、法规及规定,提供已成立业主大会的成立经验,帮助成立筹备组织,提供政府部门制定的业主大会议事规则、业主管理公约等示范文本,协调业主之间的不同意见,为业主大会成立前的相关活动提供必要的活动场所,积极主动参加业主大会的成立大会等。

一、建筑物区分所有人管理团体之立法例

管理方式一般分为自主管理与委托管理。自主管理,指区分所有权人自行执行管理业务或彼此构成一个管理团体执行管理业务的管理。自主管理又依人数多少分为直接管理与团体组织之管理两类。委托管理指区分所有权人将管理业务概括地委托管理公司或第三人予以管理。此时,区分所有人与管理人之间属于一种委任关系,并且其相互间通常有一委任契约存在。委托管理又分为全部委托与部分委托。现代各国管理实务上,日本、美国、新加坡及我国台湾地区,基本采取自主管理与委托管理的双轨制方式,其中日本、美国更多的是采行了委托管理方式。

1. 管理人方式与非管理人方式

管理人方式指设置管理人以管理建筑物之管理方式,反之则为非管理人方式。管理人之设置,在全部委托管理场合,由受托人派遣,但在区分所有权人自行管理时,则由区分所有权团队自行选任。管理人可为自然人、法人。

2. 法人与非法人管理方式

管理团体依法具有法人资格的,即为法人管理方式;反之,则为非法人管理方式。现代各国立法上,明定区分所有权人管理团体具有法人资格的仅有法国和新加坡以及我国香港地区。日本法对具备一定条件的管理团体,赋予其法人资格,称为管理团体法人。其他如德国、美国等未于立法上明确管理团体依法具有法人资格。

二、区分所有权人管理团体的性质

关于区分所有权人管理团体的性质,各国立法和理论上都有不同的见解。法国法认为管理团体是享有法人资格的团体,即其与公司相同,有法律上的行为

能力,可以实施法律行为,并能进行诉讼活动。有2名以上拥有建筑物不同部分的区分所有者,即应存在区分所有权人管理团体。而且该2名以上区分所有权人全体于法律上系当然构成团体,并各自成为该管理团体成员。德国现行住宅所有权法认为住宅所有权人于法律上并不当然结成"住宅所有权人共同体",而通常系由住宅所有权人通过契约而予以确定。而且德国不承认住宅所有权人共同体具有法人资格。诉讼上,单个的住宅所有权人成为当事人。但在实务上,该共同体基于《住宅所有权法》第21条之原则性规定,得借集会与管理人两机构而成为有行为能力之组织体。① 学说上进一步认为,由于住宅所有权人共同体具有各所有权人于法人结合成一体的特性,且该人法上之结合超越普通共有关系,而有浓厚的团体性。尤其是该团体具有不可解消性而表现了共同目的共同共有之特性,因而,该复杂的住宅所有权人共同体于性质上应理解为具有"部分权利能力之特别团体"。② 依日本现行《建筑物区分所有权法》第3条、第47条及第65条之规定,区分所有权人之团体包括三类:即管理团体、管理团体法人及社会管理团体。

三、业主大会及业主委员会

(一) 唯一性

业主大会是区分所有权人的自治组织,是区分所有权人共同体意思决定机关,一个物业小区只能有一个业主大会。业主大会是物业小区的最高意思决定机关,尽管业主大会代表的是全体区分所有权人,但人的先天性格使然,后天利益区分与素养差异使然,区分所有权人之间存在着意见分歧是平常之事。业主大会作为意思决定机关,其作出的决议是以集体决策的形式表现出现来的,从法律技术上讲,这是一种拟制。全体建筑物区分所有权人构成业主大会,因此业主大会具有唯一性。业主大会的唯一性并不对其构成人员的身份变动产生影响,在符合法定或约定的情况下,区分所有权人可以通过转让其权利丧失区分所有权人资格而由受让人接替其成为业主大会的新成员,享受权利并履行义务。

根据我国建设部颁发的业主大会规程的规定,一个物业管理区域只能成立一个业主大会。业主大会在组成上包括了该物业管理区域内的全体区分所有人,业主大会的成立时间是首次业主大会的召开之日。一旦该物业小区成立了

---

① 参见[德]贝尔曼:《德国住宅所有权法》,载《法学论丛》第13卷第1期,第173页。
② 戴东雄:《论建筑物区分所有权之理论基础》,载《法学丛刊》第115期,第17页。

业主大会,就必须设立业主委员会作为执行机构。其实业主大会的唯一性是由业主大会的构成本身决定的,之所以如此立法(物权法中并无这样的条文出现)可能与我国20世纪末的区分所有建筑管理纠纷不断,物业小区不乏同时出现多个业主大会、业主委员会的不正常现象有关。

(二)非营利组织性

业主协会一般采取非营利性组织(nonprofit corporation)的形式,这使其从外观上表现为两重特征。

其一为组织性特征。据称,最早的业主大会(POA)1743年成立于英格兰。[1] 到第二次世界大战以后由于区分所有权建筑物的大量出现,导致各种类型的业主协会也纷纷出现。由于受传统的自下而上的草根民主或草根政治的影响,美国的这类组织类型尤其繁多,名称也五花八门,逐渐出现了所谓的共同利益社区的扩张,这种扩张导致了社团组织、地方政府、土地利用控制、邻里关系等众多领域的变革。共同利益社区下的类型大同小异——包括建筑物区分所有权、计划性发展以及住房合作等,物权法中规定的建筑物区分所有权人的自治组织只是其中之一。大陆法上,对业主大会的组织性的强调就更加明显。因其性质使然,住宅所有权人间的法律关系,较之通常的按份共有关系,更为密切。涉及共有人共同体的一些最低事项,如使用权、共有物之管理,可沿用共有物关系之法理处理,但关于住宅所有权人之间的关系,则不能单纯使用,须另行规范。

其二是非营利性特征。非营利词汇的出现,其实已经彰显出现代社会生活的商业化特质,以至于"非营利性"成了区别于营利性的非常态。非营利组织是不以获取利润为目的,为社会公益服务的机构。在现代社会中,非营利组织被视为调节社会经济生活的第三体系,其基本作用在于弥补政府与市场的双重失灵。[2] 作为建筑物区分所有权人自治组织的业主大会很明显具有上述的一些特征,对于区分所有权人共同体关系的维护、共用部分、共同设施设备的管理、使用与维护办法,这样一种"公共事务治理之道",既无法通过市场机制有效获得,也无法通过政府提供现代社会中的业主大会在区分所有小区的管理与维护上,来弥补政府与市场的双重失灵。也正是由于这一基本作用,决定了业主大会不能

---

[1] See Warren Freedom, Jonathan B Alter, "The Law of Conduminia and Property Owners" Associations, Greewood Publishing Group, Inc./ Quorum Books, 1992, p. 3.
[2] 参见刘国翰:《非营利部门的界定》,载《南京社会科学》2001年第5期。

以营利性作为自己的存在目的,也即业主大会具有非营利性。

四、业主大会、业主委员会的职能及其行使

作为区分所有权人自治组织的业主大会,其行使权利的基础是建筑物区分所有权,其基本职能的行使也是围绕区分所有权的行使与作为所有权标的的建筑物的管理与维护展开的。由全体区分所有权人组成的业主大会,是区分所有权人自治的决策机构,对于物业小区重大事务享有决策权。通常有权制定和修改业主会议议事规则,决定和修改建筑物及其附属设施的管理规约;选举和更换业主委员会;选聘和解聘物业管理机构或者其他管理人;筹集和使用建筑物及其附属设施的维修基金;修缮、改建、重建建筑物及其附属设施以及有关共有和共同管理权利的其他重大事项。

(一)职能行使方式

在具体职能的行使上,由于业主大会受自身会议次数少、会议期间固定、短暂等的限制,对区分所有权小区的事务决策只能采取集中式的处理方式,对于大量发生的日常事务的管理与决策,一般通过授权的方式,交由其常设机构业主委员会或其他特别(专项)委员会来解决,业主委员会或其他特别委员会就授权工作向业主大会汇报处理情况并接受业主大会(全体区分所有权人)的监督。对于业主委员会或其他特别委员会超越授权,侵害其他区分所有权人权益的行为,业主大会有权加以否定或申请人民法院予以撤销。

综上,召开会议、进行议决、形成决议是业主大会行使职能的最主要方式。

(二)业主大会的议事规则

区分所有权人会议决议方法分为"一致决"和"多数决"两种。"一致决"就是决议必须经全体区分所有权人一致通过方有效力。需要一致决的事项一般都属处分行为,而一般的管理行为多采多数决原则。一致决在实际运作中不易成功,因为该原则采取的是一票否决制,只要有一区分所有权人反对,所决议事项即因此而搁置。①

在各国立法中,德国现行《住宅所有权法》之规定最具代表性,依德国现行法及判例确定的原则,一致决原则主要适用于下述情形:(1)住宅所有权(区分

---

① 参见温丰文:《论区分所有建筑物之管理》,载《法学丛刊》第147期。

所有权)之再区分;(2)住宅所有权之合并;(3)新添建筑物之结构;(4)改变、增加或减少共有权持份;(5)改变专有所有权部分;(6)改变专用使用部分;(7)改变共同关系公约;(8)建筑计划之修正或改善;(9)改变共用部分与附属设备;(10)改变使用目的;(11)对建筑物重建,建筑物毁损部分超出建筑物总价值半数而该损害不能由保险公司或其他方法求得补偿时,如得以全体一致决而重建。[1]

德国法是对一致决规定得最为详细的国家,也最具典型性,但真正在日常生活中,区分所有权人采用一致决的事项有多少,或采用一致决而有效的有多少,却无法得知。法国、日本等国家都有一致决事项,但相比较而言,还是多数决占的比例要大得多,这样也有助于提高议事效率,不致陷入僵局。可见一致决的适用范围还是非常有限的。

我国《物权法》第七十六条规定:"下列事项由业主共同决定:(一)制定和修改业主大会议事规则;(二)制定和修改建筑物及其附属设施的管理规约;(三)选举业主委员会或者更换业主委员会成员;(四)选聘和解聘物业服务企业或者其他管理人;(五)筹建和使用建筑物及其附属设施的维修资金;(六)改建、重建建筑物及其附属设施;(七)有关共有和共同管理权利的其他重大事项。""决定前款第五项和第六项规定的事项,应当经专有部分占建筑物总面积三分之二以上的业主且占总人数三分之二以上的业主同意。决定前款其他事项,应当经专有部分占建筑物总面积过半数的业主且占总人数过半数的业主同意。"从物权法的规定看出,我国立法采取的是简单多数决和特殊多数决的做法,而没有一致决的规定。对于特别事项,因为关系到区分所有人全体的利益,兹事体大,所以在涉及第五项和第六项的规定时,应采取特别审慎的态度。

五、业主大会、业主委员会的诉讼地位

(一)区分所有权建筑物管理规约

在现代区分所有权建筑物的管理中,通过区分所有人大会,承认区分所有权人的自治权限,订立管理规约,进而充分发挥该管理规约的机能,是实现区分所有权建筑物有效管理的重要途径。所谓管理规约,又称"规约"、"住户规约"、"管理协约"、"区分所有规约"及"管理组织规约"等,指全体区分所有权人就建筑物与基地之管理、使用与所有关系,以书面形式设定的自治规则。关于管理规

---

[1] 参见[德]贝尔曼:《德国住宅所有权法》,戴东雄译,载《法学论丛》第13卷第1期。

约的性质,观点不一,但从规约的效力及于设定当事人及其概括继受人以外的人来看,规约对区分所有权人乃是一客观化的规范,实质上为区分所有权人管理团体的自治规则,具有自治法规或自治规则的性质。关于规则事项,不得违反强行性、禁止性规定及公序良俗原则,亦不得变更或排除区分所有权的本质。具体而言:(1)规约事项由区分所有权人自由确定,即采取规约自治原则与规约自由主义。(2)规约事项不得与区分所有权法相抵触,不得违反强行性、禁止性规定与公序良俗原则,也不得变更或排除区分所有权的本质。(3)规约所规范的事项,具体包括四类:一是关于区分所有权人的基础法律关系(或所有关系)事项;二是关于区分所有权人间共同事务的事项;三是关于区分所有权人间利害关系调整的事项;四是对违反义务者的处置事项。[①]

业主大会的法律地位:不管在哪种模式下,区分所有权人会议都是区分所有权人行使成员权的机构,所以在某种程度上来讲,区分所有权人会议更像是一个内部组织,它主要针对区分所有权人;而管理委员会是一个内部职能与外部职能兼具的组织。当我们在讨论一个组织或团体的法律地位时,都要明确这个组织和其他主体间发生法律关系时所处的法律地位,如果这两个组织都有不同的权利能力和行为能力,都要与外界发生法律关系,两者就都需要有明确的法律地位,如果只需一方对外,那么这一方具有明确的法律地位即可。

(二)区分所有权人委员会的法律地位

区分所有权人委员会的民事主体资格如何,涉及其行为后果的归属以及法律责任的承担问题,在实践中有着非常重要的意义。区分所有权人委员会由区分所有权人会议选举产生并经政府房地产行政主管部门登记备案,区分所有权人委员会是否具有独立的民事主体资格,理论界与实务界一直存在着争议,我国的《物业管理条例》也未有相关规定。关于区分所有权人委员会的法律地位,理论界主要有三种不同观点:

1. 区分所有权人委员会属法人组织

这种观点认为区分所有权人委员会是法人组织,而且是社会团体法人。深圳市在《深圳市特区住宅区物业管理条例》第十六条中明确规定,业主委员会经市政府社团登记部门依法核准登记后,取得社团法人资格,社会团体法人登记证签发日期为业主管理委员会成立日期。认为其享有拟制的人格,能够独立地行

[①] 参见陈华彬:《现代建筑物区分所有权制度研究》,法律出版社1995年版,第226页。

使民事权利,承担民事责任,即区分所有权人委员会能有自己完全独立的意志,不仅仅是对各区分所有权人意志的简单反映,并可根据自己的独立意志独立行事。同时,区分所有权人委员会行为和决策的后果应由自己承担,其效果不能直接归于各个区分所有权人。

2. 区分所有权人委员会属享有独立诉讼主体资格的非法人组织

此观点并不认同区分所有权人委员会是社会团体法人。认为区分所有权人委员会是经过特定的法定程序成立的,具有合法的地位,有一定的组织机构和运营财产,应该属于《中华人民共和国民事诉讼法》(以下简称《民事诉讼法》)第四十九条所称的"其他组织"的一种。虽然不具有法人资格,但它作为一个合法组织,并非各个区分所有权人的一种简单聚合,其有一定的组织性和稳定性,并且长期固定存在。区分所有权人委员会可以行使民事权利,承担民事责任,在民事纠纷、争议中应享有独立的诉讼权利,有独立的诉讼主体资格。

3. 区分所有权人委员会不具备诉讼主体资格,没有法律上的身份

此观点认为,我国《民法通则》只规定了自然人和法人作为民事主体,但经济活动中存在大量除这两种主体以外的其他组织形式,这些组织也会参与到民事诉讼活动中来。《民事诉讼法》为了方便诉讼,赋予其诉讼当事人资格,但这些组织并不能独立承担民事责任,在《民事诉讼法》和《合同法》中称为"其他组织"。这样,学界也就认可了这样一种"第三类主体"的观念。学界也认为非法人组织虽然不能独立承担民事责任,但具有一定的民事权利能力和民事行为能力。这种观点其实没有任何法律依据,因为《民事诉讼法》第四十九条规定的"其他组织",根据最高人民法院《关于适用〈中华人民共和国民事诉讼法〉若干问题的意见》,必须是合法成立、有一定的组织机构和财产,但又不具备法人资格的组织,而业主委员会并没有自己的财产。

从物权法的相关规定可以看出,立法已经承认了业主大会、业主委员会的诉讼主体地位,初步明确了其法律地位,但对其性质并没有明确的规定,有待相关的规范文件的出台。

第七章 不动产相邻关系

第一节 不动产相邻关系的概念和特征

一、相邻关系的概念

不动产相邻关系,简称相邻关系,是指相互毗连或邻近的不动产之所有人或使用人之间在行使所有权或使用权时,因相互间依法应当给予方便或接受限制而发生的权利义务关系。这种权利义务关系从权利角度讲,又称为相邻权。

自罗马法以来,相邻关系一直是民法上的一项重要制度。不动产的所有人或使用人对于自己所占有使用的不动产,享有自由使用、收益的权利,并可以排除他人的干涉,但如果一方所有人或使用人仅注重自己权利的行使,那么这种支配力必然与他方所有人或使用人的排他力发生冲突。为调和其冲突,各国法律均将相邻关系规定于不动产所有权制度中,并依此制度对不动产相邻各方的利益加以调整,使相邻各方享有法律规定的相邻权,同时也承担法律规定的义务。

相邻关系的实质是相邻不动产的所有人或使用人行使其权利的扩张或限制,这种扩张或限制既不损害所有人或使用人的合法权益,又给予了相邻他方必要的方便,有利于增进物的利用效益和社会的安定团结。相邻关系制度的功能正是在于扩张一方的所有权,限制他方的排除请求权,课以作为或不作为的义务并设补偿制度,以实现当事人双方利益关系的平衡。[1]

二、相邻关系的特征

相邻关系作为对所有权的一种限制,具有如下特征:

---

[1] 参见王泽鉴:《民法物权(通则·所有权)》,中国政法大学出版社2001年版。

第一,相邻关系的主体是相邻不动产的所有人或使用人。如果不动产不相毗邻,则所有人或使用人之间不会发生权利行使的冲突问题,自然也就不会发生相邻关系。应当注意的是,不动产的毗邻或邻近,并不以不动产相连为必要,只要不动产所有人或使用人行使权利影响到另一方不动产所有人或使用人的利益,即可产生相邻关系。动产之间的相邻不能发生相邻关系问题,因为如果动产所有权的行使发生冲突,完全可以通过动产的位置移动来解决。在相邻关系中,不动产既可以是土地,也可以是建筑物等地上附着物。相邻关系的主体既可以是不动产的所有人,也可以是不动产的使用人,如用益物权人及承租人等。因此,不仅邻近的不动产所有人之间存在相邻关系,邻近的不动产使用人之间以及不动产使用人与不动产所有人之间也同样可以发生相邻关系。

第二,相邻关系的客体不同于一般物权的客体。关于相邻权的客体,理论上有不同的看法。一种观点认为,相邻权的客体是不动产本身;另一种观点认为,相邻权的客体是行使不动产权利所体现的利益;还有一种观点认为,相邻权的客体是相邻各方所实施的行为(作为或不作为)。我们认为,第二种观点是可取的。因为相邻人之间各自的不动产的所有权、占有使用权并无争议,双方只是在行使不动产权利时发生了利益冲突,相邻关系所要解决的就是这种利益冲突。相邻各方在行使权利时,既要实现自己的合法利益,又要为邻人提供方便,尊重他人的合法权益。因此,相邻关系的客体是行使不动产权利时所体现的利益,而相邻各方的行为是相邻关系的内容而不是客体。

第三,相邻关系的内容十分复杂。相邻关系因种类不同而有不同的内容,基本上包括两个方面:一是相邻一方在行使所有权或使用权时,有权要求相邻他方给予便利,而相邻他方应当提供必要的便利。所谓必要的便利,是指非从相邻方得到这种便利,就不能正常行使不动产的所有权或使用权。这种相邻关系是以相邻方的积极作为为内容的。二是相邻各方行使权利时,不得损害相邻他方的合法权益。这种相邻关系是以相邻方的消极不作为为内容的。

第四,相邻的产生具有法定性。相邻关系由法律直接规定,而不是由当事人通过契约设定,相邻关系是法律为调和相邻的不动产所有人或使用人之间的利益冲突而对所有权所作的限制,属于不动产所有权制度的一项重要内容,性质上并不是一种独立的物权。

第二节 相邻关系的处理原则

一、有利于生产、方便生活

相邻关系是人们在生产、生活中,因行使不动产权利而产生的,与人们的生产、生活密切相关。法律规定相邻关系的目的就是为了充分发挥相邻不动产的使用效益,以满足相邻各方的利益需要。因此,在处理相邻关系时,应当从有利生产、方便生活的原则出发,妥善解决有关问题。相邻各方不能因行使自己的权利而有损社会生产和他人生活。在处理相邻关系纠纷时,既要注意保护相邻各方的合法权益,又要注意有利于生产和方便生活。

二、团结互助、公平合理

相邻关系发生在相邻不动产的所有人或使用人之间,要求相邻各方在行使自己的权利时必须尊重邻人的权利,为相邻他方行使权利提供方便。如果一方只要求他人给予方便,而自己却不为他人提供方便,就不可能处理好相邻关系。因此,处理相邻关系必须遵循团结互助的原则。在确认相邻各方的权利义务关系时,应当公平合理。相邻各方在获得便利时,也应当承担一定的义务。对受到损失的一方,应当按照公平合理的原则给予适当的补偿。

三、尊重历史和习惯

不动产相邻关系往往不是一朝一夕形成的,而有其历史沿革和当地习惯因素。因此,在处理相邻关系时就必须尊重历史和当地习惯,这也是各国处理相邻关系所普遍遵循的原则。

第三节 相邻关系的种类

一、《物权法》细化《民法通则》相关规定

我国早在 1986 年通过的《民法通则》中就规定了处理不动产相邻关系的原则。《民法通则》第八十三条规定:"不动产的相邻各方,应当按照有利生产、方便生活、团结互助、公平合理的精神,正确处理截水、排水、通行、通风、采光等方

面的相邻关系。给相邻方造成妨碍或损失的,应当停止侵害,排除妨碍,赔偿损失。"二十年来,人民法院就是主要依据这一条法律规定,审理了大量基于相邻关系而引起纠纷的案件。《民法通则》对相邻关系的规定太过简单,虽然《最高人民法院关于贯彻执行〈中华人民共和国民法通则〉若干问题的意见(试行)》从审判的角度对相邻关系作了一些规定,但仍不能全面为人们处理相邻关系提供指南,也不能适应审判实践的需要。但是二十年的审判实践证明,《民法通则》规定的处理相邻关系的原则是正确的,仍体现了我国在新时期建立和谐社会的崇高追求。因此,此次物权法颁布,将《民法通则》规定的处理相邻关系的原则给予了重申。由于相邻关系的种类繁多,不可能在物权法中一一体现。明确规定按照有利生产、方便生活、团结互助、公平合理的精神,正确处理相邻关系的原则,为正确处理相邻关系提出原则要求,同时为人民法院审理缺乏法律规定的新型相邻关系纠纷案件提供原则性指导。

法律设立不动产相邻关系的目的是尽可能确保相邻的不动产权利人之间的和睦关系,解决相邻的两个或者多个不动产所有人或使用人因行使权利而发生的冲突,维护不动产相邻各方利益的平衡。在现代社会,世界各国的立法取向更加注重不动产所有权的"社会性义务",给不动产所有权提出了更多的限制性要求。人们逐渐认识到对不动产所有权的行使不能是绝对的,为避免所有权人因绝对行使权利而妨碍社会的进步和公共利益的需要,有必要对所有权的行使,特别是不动产物权的行使加以必要的限制。基于相邻关系的规定,作为不动产权利人,这种限制来自两个方面:一是,不动产权利人不能在他的不动产内胡作非为,从而影响邻人对自己不动产的正常使用及安宁。如《瑞士民法典》第684条第一项规定:"任何人在行使其所有权时,特别是在其土地上经营工业时,对邻人的所有权有不造成过度侵害的注意义务。"二是,不动产权利人要为邻人对其不动产的使用提供一定的便利,即容忍邻人在合理范围内使用自己的不动产。例如为邻人提供通行、引水、排水等便利。

物权法对相邻关系原则的规定,揭示了相邻关系的本质特征——相邻关系是法定的。一是体现在不动产权利人对相邻不动产权利人的避免妨害之注意义务;二是体现在不动产权利人在非使用邻地就不能对自己的不动产进行正常使用时,有权在对邻地损害最小的范围内使用邻地,邻地权利人不能阻拦。但是如果这种使用给被使用的邻地权利人造成了损害,则应进行赔偿。这就是"团结互助、公平合理"的原则要求。

处理相邻关系的原则,不仅是人们在生产、生活中处理相邻关系应遵循的原则,也是法官审理相邻关系纠纷案件应遵循的原则。特别是在法律对相邻关系的某些类型缺乏明确规定的情况下,需要法官以处理相邻关系的一般原则评判是非。物权法对树木根枝越界的相邻关系问题没有作出规定,实践中就需要法官以相邻关系的原则来具体分析处理。

二、相邻土地使用关系

在相邻的土地所有人或使用人之间,若各自均对自己的土地完全自由支配使用,则不免发生利害冲突。为了充分发挥土地的经济效益,调和相邻土地所有人或使用人之间的利害冲突,允许一方土地所有人或使用人在法律规定的范围内,以他人土地为自己土地的利用提供便利,而要求相邻他方在使用自己的土地时受到一定的限制。相邻的土地使用关系主要包括以下几类:

(1) 相邻土地的通行关系。相邻土地的通行关系,是各国民法普遍规定的一种相邻土地使用关系。日本民法称为"围绕地通行权"、"邻地通行权",德国、瑞士的民法称为"必要通行权",我国台湾地区"民法"称为"袋地通行权"或"必要通行权"。[①] 在相邻的土地之间,一方土地处于邻人的土地包围之中,以致其非经过邻人土地不能为通常使用的,可以通行周围土地,以到达自己的土地或公共道路,而周围土地所有人或使用人则负有容忍其通行的义务。依各国法律的一般规定,通行人在选择道路时,应当选择对周围地所有人或使用人损害最小的路线。《物权法》第八十七条规定:"不动产权利人对相邻权利人因通行等必须利用其土地的,应当提供必要的便利。"

(2) 相邻土地的管线安设关系。《物权法》第八十八条规定:"不动产权利人因建造、修缮建筑物以及铺设电线、电缆、水管、暖气和燃气管线等必须利用相邻土地、建筑物的,该土地、建筑物的权利人应当提供必要的便利。"土地所有人或使用人在非通过他人土地就不能安设电线、水管、煤气管、下水道、电缆等管线,或虽能安设但费用过巨时,有权通过他人土地之上下而安设,邻地所有人或使用人应当允许安设。管线安设人行使此项权利时,应选择对邻人损害最小的线路和方法为之,并应支付补偿金,事后还应妥善清理现场。管线安设人对其安设的管线负有防止损害发生的义务,因安设管线致使邻人有损害时,管线安设人应予赔偿。对安设及维护管线的费用,原则上由管线安设人负担。如果邻地所有人或使用人就安设的管线也有使用利益时,一般应按受益程度分担费用。《物权

[①] 参见梁慧星、陈华彬:《物权法》,法律出版社1997年版,第168页。

法》第九十二条规定:"不动产权利人因用水、排水、通行、铺设管线等利用相邻不动产的,应当尽量避免对相邻的不动产权利人造成损害;造成损害的,应当给予赔偿。"

三、相邻用水和排水关系

《物权法》第八十六条规定:"不动产权利人应当为相邻权利人用水、排水提供必要的便利。对自然流水的利用,应当在不动产的相邻权利人之间合理分配。对自然流水的排放,应当尊重自然流向。"水流专属国家所有,相邻各方均有使用的权利。在相邻用水关系中,无论是地上水还是地下水,水源地所有人或使用人均有权自由使用水资源,但不得垄断对水的使用权,不得因利用水流而妨害邻人的用水利益。相邻各方在利用同一自然水流时,应当保持水的自然流向,遵循"由近及远,由高至低"的原则依次用水。任何一方不得为自己利益而擅自改变水路、截阻水流、独占水流。一方擅自改变、堵截或独占自然水流而影响他方正常生产生活的,他方有权请求排除妨碍,造成损失的,有权请求赔偿。在需要改变流向但因此会影响相邻他方用水时,应征得他方同意,并对他方由此造成的损失给予适当的补偿。

在相邻排水关系中,高地所有人或使用人向低地排水的权利,低地所有人或使用人对高地的排水所承担的义务,因排放的水是自然流水或人工流水的不同而有所不同。低地所有人对于自然流水,有承受的义务,高地所有人或使用人享有"排水权",低地所有人或使用人不得妨阻。对于人工排水,高地所有人或使用人原则上没有使用低地排水的当然权利。房屋所有人或使用人也不得设置屋檐或其他工作物,使雨水等直注于邻近的他人不动产上。但各国法律又有条件地承认高地所有人或使用人有采取排水措施使水流通过低地"过水权"。高地所有人或使用人必须选择于低地损害最小的处所并采取适当的排水措施,通过低地将水流排至江河或公共排水系统,而不能将水流积滞于低地。

四、相邻土地、建筑物之损害防免义务

不动产所有人或使用人在行使不动产权利时,应当注意防止、避免给相邻他方造成损害。就具体情形而言,相邻的损害防免关系主要包括以下四种:

(1)地基动摇的防免义务。土地所有人或使用人挖掘土地或修筑建筑物时,不得因此使邻地地基动摇或使邻地的建筑物受到损害。如果违反此项义务,邻地所有人或使用人有权请求停止施工,或采取必要的措施除去危险,如果因此

造成损害,可以请求损害赔偿。《物权法》第九十一条规定:"不动产权利人挖掘土地、建造建筑物、铺设管线以及安装设备等,不得危及相邻不动产的安全。"

(2)建筑物倒塌的防免关系。建筑物或其工作物的全部或一部,有倾倒以邻人损害的危险时,相邻他方有权请求采取必要的预防措施,以防止损害的发生。权利人行使请求权时,只需此项危险存在即可,至于此项危险的存在是由于相邻他方的过失或不可抗力,均非所问。如果已造成现实损害,则邻地所有人或使用人可请求损害赔偿。

(3)相邻建筑物不可量物之防免义务。不可量物侵入的防免关系又称相邻环保关系,指不动产所有人或使用人在行使不动产权利时,应当遵守环境保护法的有关规定采取措施,防止废气、废水、废渣、恶臭、震动、噪音、粉尘、放射性物质等不可量物侵入相邻人的不动产。不可量物侵害,为20世纪以来德国和瑞士民法上的一个重要概念和制度。其他国家立法上虽不一定引入这一概念,但都有相关问题的规定。英美法上与此相关的制度是"安居妨害"制度,由于英美法上无所谓物权请求权制度,因此将其归入侵权行为法范畴。根据各国的立法和判例,不动产所有人或使用人对超过忍受限度的不可量物的侵入,可以禁止。我国《物权法》第九十条规定:"不动产权利人不得违反国家规定弃置固体废物,排放大气污染物、水污染物、噪声、光、电磁波辐射等有害物质。"

(4)日照妨害的防免关系。也即我们日常生活中所称"阳光权"。《物权法》第八十九条规定:"建造建筑物,不得违反国家有关工程建设标准,妨碍相邻建筑物的通风、采光和日照。""日照妨害"一语,由日本立法、判例及学说所创,在我国及其他一些国家一般称为"采光妨害"或"采光权侵害"。至于采光妨害达到何种程度,才算逾越社会一般人的忍受程度,通常可以根据纷争地所在的地理区域、受害的程度、土地利用的前后关系、加害行为的形态、加害建筑物的公共性及损害避免的可能性等情势作为判断依据。

第八章 共 有

第一节 共有的概念

一、共有的概念和特征

民法上的所有权,以主体的多寡可区分为单独所有权与共有两种不同形态。单独所有,指所有权的主体为一人而言,乃是民法的基本原则。共有,指两个或两个以上的权利主体就同一财产共同享有所有权的法律制度,或者复数的个人就同一标的物共同享有同一所有权的法律状态。① 共有所有权是对所有权予以量的侵害而形成的制度,是数人对于同一物享有同一所有权,而非数人对同一物分别享有所有权,故共有只是所有权的一种形态。

我国《民法通则》第七十八条确认了按份共有与共同共有两种形式。有学者指出,共有权应该包括(1)按份共有;(2)共同共有;(3)准共有;(4)建筑物区分所有。② 严格说来,准共有与区分所有似乎都不是共有的具体类型。准共有与以所有权为对象的共有应是平等关系,而非隶属关系。建筑物区分所有,广义说是一种集合性的权利,前文已有论述,应不属于共有的具体类型。

共有区分为公有或总有。公有是公共所有,其财产的主体是单一的。在我国现阶段是指国家所有权和集体所有权,国家所有权的主体只能是国家;集体所有权的主体是各个集体组织。公有与共有分属不同的范畴,两者有着本质的区别。总有,是存在于日耳曼社会的一种特有的现象,指由一定的团体对标的物享有管理权能,而由其成员享有标的物的收益权能。谢在全先生认为:"总有是多数人所结合,但尚未形成法律人格之共同体,以团体组成员之资格而所有的状

---

① 参见梁慧星:《中国物权法研究》,法律出版社1998年版,第549页。
② 参见杨立新:《财产共有权基本问题研究》,载《甘肃政法学院学报》1994年第4期。

态。"① 在日耳曼法的后期,随着社会的进步和经济的发展,转化为法人所有权,在当代各国民法中,已基本不存在作为一项独立的财产权的总有权制度。

共有的法律特征:

1. 主体多元性

共有的财产是由两个或两个以上的自然人或法人共同享有所有权,其主体为多数人,而非单一主体。主体的多元性构成共有制度在主体方面区别于单独所有制度的一项重要特征。② 由于主体是多数人,所以共有制度应对各个主体之间在管理、使用、收益及处分共有财产的权利义务关系方面作出规定。

2. 客体为特定共同物

它既可以是一个集合物,如共同继承的遗产,也可以是单一物,如土地。在共有关系存续期间,共有物不得分割为各个部分,由各个共有人分别享有所有权,而只能是各共有人对共有物享有所有权。因此,每个共有人的权利及于整个共有物。③

3. 内容具有双重性

共有的内容包括对内、对外双重权利义务关系。在共有的内部关系中,各共有人对共有物或者按一定份额享受权利并承担义务,或者不分份额地共同享有权利、承担义务。共有人对共有物都享有占有、使用、收益及处分的权利;对共有物的处分,在大多数情况下,必须征得全体共有人的同意。在共有的对外关系中,共有人共同作为一方权利主体同他人发生民事法律关系。

4. 所有权具有联合性

共有是所有权联合的法律形式,而不是一种独立的所有权类型。共有通常是多个权利主体为了共同的生产经营目的或共同的生活需要而形成的,共有可以是同一类型的所有权的联合,也可以是不同类型的所有权的联合。

二、共有成立的原因及其意义

共有的发生原因通常有两个:一是基于当事人的意思而发生,即共有人因为具有共有的目的、意思而成立共有关系;二是基于法律的直接规定而发生,即不以当事人的意志为转移而直接基于法律的规定而发生共有关系。关于共有的分

---

① 参见谢在全:《民法物权论》(1),中国政法大学出版社1999年版,第274页。
② 参见梁慧星:《中国物权法研究》,法律出版社1998年版,第551页。
③ 参见王利明:《物权法论》,中国政法大学出版社1998年版,第330页。

类,各国立法的规定有所不同。有的国家立法只规定了按份共有,如日本、德国;有的国家规定了按份共有和共同共有,如瑞士。

财产共有是家庭和社会经济生活中常见的现象。不仅自然人之间基于婚姻家庭关系和财产继承关系而产生的共有关系普遍存在,而且自然人之间、法人之间及其相互之间因共同生产经营等而发生的共有关系也大量存在。随着市场经济的发展,自然人之间的合伙经营和法人之间的横向经济联合更加广泛地发展起来,因而,财产共有关系在经济生活中的地位会更加重要。

法律确认和保护财产共有关系,对于巩固和发展法人之间的横向经济联合、自然人之间的合伙以及自然人与法人之间的联合经营,以及预防和减少因家庭不和夫妻财产共有关系而发生的纠纷,促进夫妻之间和家庭成员之间的和睦团结,发展新型的社会主义婚姻家庭关系等,均有着重要的意义。

第二节 按份共有

一、按份共有的概念和特征

按份共有,又称分别共有,是指共有人按照预先确定的份额对共有财产分享权利和分担义务的共有。按份共有是将共有物的所有权进行抽象的量的分割,将一个所有权划分为几份,每个共有人各有一份。按份共有作为共有的一种形式,除具有共有的一般特征外,还具有以下特征:

1. 各共有人对共有物按照确定的份额享有所有权

各共有人的应有份额,称为应有份,一般是由共有人协议决定其大小的。在按份共有关系产生时,原则上要求共有人明确其各自应有的份额。如果各个共有人的份额不明确,则法律上一般推定其为均等。

2. 各共有人按照各自的份额对共有物分享权利、分担义务

各共有人依据其应有份额的多少享有相应的权利和分担相应的义务。在法律或共有协议未作限制的情况下,按份共有人随时都可以要求分出或转让其应有部分,即解散共有关系。共有人死亡时,其继承人有权继承其应有份额。

3. 按份共有人对其应有份额享有相当于所有权的权利

各共有人虽然拥有一定的份额,但共有人的权利并不仅限于共有物的某一部分上,而是及于共有物的全部。

二、按份共有的内部关系

按份共有的内部关系,又称对内效力,是指各共有人内部之间的权利义务关系。这种权利义务关系主要包括以下方面:

1. 共有物的占有、使用、收益

各共有人依其应有份额对共有物进行占有、使用、收益,无论应有份额的多寡,各共有人权利的行使均及于共有物的全部。当由于共有物的性质,全体共有人不能同时对共有物进行占有、使用、收益时,最佳的处理办法是由共有人进行协商,并按协商一致的办法处理;在意见不一致时,可按照拥有共有份额一半以上的共有人的意见处理,但以不损害其他共有人的正当利益为前提。

2. 共有物的处分

在按份共有中,共有人对共有物的处分包括两种:一是对应有份额的处分;二是对其他共有人享有的应有份额乃至整个共有物的处分。

(1)按份共有人对其在共有物中的应有份额享有处分权。由于应有份额只是共有人对共有物的权利份额,故共有人对应有份额只能进行法律上的处分,而不能进行事实上的处分。共有人对应有份额的处分,仅指法律上的处分,包括应有份额的分出、转让、抛弃和设定负担。

应有份额的分出,是共有人将自己的应有部分从共有物中分割出来,退出共有关系。由于各共有人的份额是所有权量的一部分,具有所有权的效力,所以,共有人对其应有部分的分出可不必征得其他共有人的同意,其他共有人也不能限制共有人退出共有关系。但法律或共有协议对分出有限制时,按份共有人应遵守该限制。

应有份额的转让,是共有人将自己的应有部分转让给他人,这种转让包括赠与和出卖两种方式。共有人转让其应有份额也不必经过其他共有人的同意,但如果共有人在合同中对共有份额的分出和转让进行了限制,则某一共有人如果擅自分出或转让其份额,可能会构成对其他共有人的违约行为,要承担一定的违约责任。共有人在出售其共有份额时,其他共有人有优先购买权。《物权法》第一百零一条规定:"按份共有人可以转让其享有的共有的不动产或者动产份额。其他共有人在同等条件下享有优先购买的权利。"如果几个共有人都想购买该份额,应当由转让该份额的共有人决定其份额转让给哪一个共有人。一般认为,对于优先购买权的行使应当注意:第一,限于在共有人有偿转让其份额时才能发生;第二,须在同等的条件下,即同等价格时;第三,必须在一定的合理期限内行使。

应有份额的抛弃,是指共有人以自己的意思抛弃自己的应有部分。法律允许共有人抛弃应有部分,但抛弃行为不得损害国家利益、社会公共利益及他人的合法权利。对于部分共有人行使抛弃权后,相应的份额是否由其他共有人取得的问题,理论上有肯定说和否定说两种不同的观点。否定说认为,应有份额仅仅是对共有物所有权的比例,共有人抛弃应有份额中,其他共有人的应有份额不发生恢复圆满状态的问题,其他共有人不能当然取得这部分的份额,而应归国家所有,或应作为无主财产由其他共有人先占取得。肯定说认为,应有份额与所有权一样,具有弹力性,一部分份额消灭时,其他应有份额的限制当然解除,其他共有人的权利相应地得到扩张,因此某一共有人抛弃的份额,既不应视为无主物而适用先占原则,也不应归属于国家,而应由其他共有人取得抛弃部分的所有权,并由其按比例分享。[1]

对于共有人是否可以就自己的应有份额设定负担,理论上虽有不同的看法,但通说认为,共有人有权就其应有部分设定负担,但这种负担只能以不移转标的物的占有为内容,如设定抵押权,而不能设定以占有为内容的物权,如设定质权。

（2）共有人对整个共有物的处分,只有经全体共有人或拥有共有份额一半以上的共有人的同意,才能被认定为有效。擅自处分共有物的,对其他共有人构成侵权。如果是事实上的处分,如毁损共有物,其他共有人可要求其承担侵权的民事责任;如果是法律上的处分,对其他共有人不产生法律效力。

3. 共有物的管理与费用负担

对共有物进行管理是共有人的权利,除共有人之间另有约定或法律另有规定外,对共有物的管理,应该由全体共有人共同进行,但保存行为和改良行为例外。保存行为,是指保全共有物物质上或权利上的利益,防止共有物的毁损、灭失或权利限制、丧失的行为。这种行为是为了防止共有物及其权利遭受损害而实施的,对其他共有人有利而无害。所以,某一共有人可单独地依自己的意志进行,而无须经过其他共有人的同意。改良行为,是指不改变共有物的价值或效用的行为。这种行为与保存行为相比,不如保存行为那样紧迫、必要,并且会或多或少改变共有物的现状;同时,改良行为所需要的费用往往较高。所以,不能完全由某一共有人单独进行,但它又不如处分行为那样重大,一般由拥有一半以上共有份额的共有人同意即可进行。

---

[1] 参见郑玉波:《民法物权》,台湾三民书局1988年版,第120页。

因共有物而发生的费用,既包括管理费用,如因保存、改良和利用行为所支付的费用,也包括其他费用,如税费、对他人的损害赔偿金等。支付共有物的有关费用,是按份共有人在对内关系中应承担的义务。除非共有人之间另有约定,原则上按份共有人应依照其应有部分的份额分担费用,某一共有人支付的数额超过其分担部分的,可以向其他共有人追偿,其他共有人有偿还的义务。

三、按份共有的外部关系

按份共有的外部关系即对外效力,是指共有人作为一个整体与第三人发生的权利义务关系。

1. 共有人对第三人的权利

按份共有人虽按照应有部分享有权利,但这种权利可以及于整个共有物。所以,各共有人基于自己的应有部分,在共有物受到第三人非法侵害时,可以就共有物的全部对第三人行使请求权。当然,由于各共有人的应有部分具有与所有权相同的性质,各共有人也可就其应有部分对第三人单独行使请求权。共有人可行使的请求权,既包括物权请求权,也包括债权请求权。

2. 共有人对第三人的义务

按份共有人的义务如同权利一样,及于整个共有物。按照义务性质的不同,共有人的义务可分按份义务和连带义务两种形式,转化成责任形式即是按份责任和连带责任。如果义务是可分的,则共有人只按照自己的应有部分承担按份义务,如各共有人依其应有份额向第三人承担修缮费偿还义务;如果义务是不可分的,如共有物所产生的侵权损害之赔偿义务、共有物的给付义务等,则各共有人应对第三人负连带义务。

四、共有关系的终止与共有物的分割

共有关系会因一定情况的出现而终止。引起共有关系终止的原因一般有:共有物灭失、一个共有人取得共有物的单独所有权、共有人协商终止等。共有关系终止,应进行共有物的分割。

1. 共有物的分割原则

一是分割自由与遵从约定原则。按份共有关系中,共有人原则上可以随时要求分割共有物。但是共有物的分割自由也不是绝对的,它也受到一定的限制,如因共有物须继续供他人使用或依其使用目的不能分割的,则不能自由分割;在共有人通过合同约定不可分割的期限内,共有人不得要求分割共有物。

二是遵守法律规定原则。按份共有人分割共有物时,应遵循法律的有关规定,不得损害国家利益、社会公共利益及他人的合法权益。

三是保存和发挥物的效用原则。分割共有物时,不能毁损共有物的价值,对于不能进行实物分割或实物分割会有损价值的共有物,应采取其他方式分割;对于从事某种职业所必需的物品,应尽量照顾到有特殊需要的共有人。

四是平等协商、团结和睦原则。共有人对共有物分割的范围、期限、方式等应进行平等协商。如果共有人对共有物的分割不能达成一致意见,原则上应依照多数人的意见或拥有共有份额半数以上的共有人的意见处理,但不能损害其他共有人的利益。

2. 共有物分割的方法

共有人对共有物的分割应达成分割协议,在协商不成时,可申请法院或仲裁机关进行裁判分割。不论是协议分割还是裁判分割,最终的具体分割方式不外乎以下三种:

一是实物分割,指对共有物进行实体分割。实行这种分割的条件是共有物为可分物,分割后不损害共有物的价值。实物分割后,各共有人取得自己的应有部分。

二是变价分割,指拍卖、变卖共有物,所得价金由共有人按占有份额比例分配。这种方式一般在分割实物将严重损害共有物的价值或共有人都不愿接受共有物的情况下进行。

三是作价补偿,指由其中某个共有人取得共有物,并由该共有人向其他共有人补偿其应有部分的价值。实行这种分割后,共有物归一人所有。

第三节 共同共有

一、共同共有的概念和特征

共同共有是指共有人基于共同关系,不分份额地共享一项不动产或者动产所有权的共有。与按份共有相比,共同共有具有如下法律特征:

1. 共同共有以共同关系的存在为前提

这种共同关系可以基于法律规定产生,如夫妻关系、家庭关系、继承关系等,一般发生在互有特殊身份关系的当事人之间。共同关系消灭,共同共有关系一般也随之消灭。而按份共有的成立,无须存在这种特殊关系。

2. 共同共有是不分份额的共有

这是共同共有和按份共有最大的区别。共同共有关系中没有各共有人的应有份额之说,只要共同共有关系存在,共有人对共有的财产就不能划分自己的份额,只有在共同关系消灭时,才能确定各共有人的应有份额。

3. 共同共有人平等地享有权利和承担义务

在共同共有关系中,各共有人对于共有物,平等地享有占有、使用、收益和处分的权利,并且也承担平等的义务。而在按份共有中,按份共有人则依其应有部分的份额分享权利和分担义务。

二、共同共有的类型

1. 夫妻财产共有

夫妻财产共有是我国共同共有的基本类型。根据《中华人民共和国婚姻法》(以下简称《婚姻法》)第十七条至第十九条的规定,除法律另有规定或夫妻另有约定的除外,夫妻在婚姻关系存续期间所得的下列财产,归夫妻共同所有:工资、奖金;生产、经营的收益;知识产权的收益;继承或赠与所得的财产(但不包括遗嘱或赠与合同确定只归夫妻一方的财产);其他应当归夫妻共同所有的财产。《婚姻法》规定"夫妻对共同所有的财产,有平等的处分权"。

2. 家庭财产共有

家庭共有财产,是指家庭成员在家庭共同生活关系存续期间共同创造、共同所得的财产。家庭共有财产与家庭财产并不相同,家庭共有财产不包括家庭成员各自所有的财产。关于家庭共有财产的共有人范围如何确定,理论上有不同的认识。有的认为仅限于对家庭共有财产的形成做出过贡献的家庭成员,并非每一个家庭成员都当然是共有人;也有的认为所有的家庭成员都是家庭共有财产的共有人,这样有利于稳定家庭关系,促进家庭的和睦团结。

3. 遗产分割前的共有

在遗产继承人有数人且继承开始后遗产分割前,通常会发生遗产的共有。通说认为,这种共有为共同共有。

三、共同共有的内部关系

1. 各共有人享有平等的占有、使用、收益、处分共有物的权利

各共有人的权利可平等地及于共有物的全部,任何共有人不得主张对共有物的特定部分行使权利。在共同共有关系存续期间,部分共有人未经全体共有

人一致同意而擅自处分共有物的,一般应认定为无效。但第三人善意、有偿取得的,应当维护第三人的利益,对其他共有人的损失,由擅自处分共有财产的人赔偿。

2. 在共有关系存续期间,各共有人不得请求分割共有物

只有在共有关系终止时,才可以分割共有物。至于分割方法,与按份共有大致相同。对共有财产的分割,有协议的,依协议;无协议的应当根据等分原则处理,并考虑共有人对共有财产的贡献大小,适当照顾共有人生产、生活的实际需要等情况。分割夫妻共有财产的,应当根据《婚姻法》的有关规定处理。

3. 为共有物支出的费用负担

为共有物所支出的费用,除法律另有规定或合同另有约定之外,应由全体共有人平均分担。

四、共同共有的外部关系

共同共有人与共有人之外的第三人发生的权利义务关系,为连带的权利义务关系。共有人对第三人的权利是连带权利,任一共有人均可向第三人主张;共有人对第三人的义务是连带义务,共有人对外发生债务以及共有物造成他人损害的,全体共有人应承担连带责任。第三人可向任何一个共有人主张权利。

第九章　所有权的特别取得

第一节　善意取得

一、善意取得概念

善意取得是物权法上的一项重要制度,指无处分权人将他人的不动产或者动产转让给受让人,若受让人取得时出于善意,则确定地取得该不动产或者动产的所有权,原所有权人不能追夺的法律制度。一般认为,善意取得制度是近代以来以日耳曼法的占有制度设计为基础,又吸纳了罗马法上短期取得时效制度中的善意要件,从而得以产生发展起来。① 罗马法奉行"任何人不能将大于其所有权的权利让与他人"及"发现己物,即可收回的"原则,侧重于所有权的保护,受让人纵属善意,也不能取得动产所有权,所有人得追及物之所在,向受让人主张所有物返还请求权。罗马法上也并非完全无视受让人的利益,而是认可一年的短期取得时效制度,以兼顾交易活动及维护安定的法律秩序。与罗马法不同,日耳曼法基于"以手护手"观念,侧重对受让人利益的保护。根据日耳曼法,任意将自己的动产交付于他人者,仅能向相对人请求返还,若该他人将之让与第三人时,除得对相对人请求赔偿损害或其他权利外,不得对第三人请求返还。因为日耳曼法实行占有与权利合一的 gewere 制度,占有其物者即有权利(占有为权利的外衣),而有权利者亦须占有其物,故受让占有者可能取得其权利,而有权利者未占有其物时,其权利之效力,也因此减弱。动产所有人既以自己的意思,将动产托付于人而未占有其物,遂无从对该第三人请求返还。② 日耳曼法"以手护手"原则承认受让人取得权,仅是所有人丧失占有导致其权利效力减弱的逻辑结果,同善意取得迥异。但近代民法善意取得制度与日耳曼法确有其渊源,正是

---

① 参见王轶:《物权变动论》,中国人民大学出版社2001年版,第224页。
② 参见谢在全:《民法物权论》,中国政法大学出版社1999年版,第218~219页。

由于受日耳曼法 gewere 原则的影响,并导入罗马法时效制度中的善意要件,根据占有公信力在交易安全中所具有的保护作用,赋予信赖占有而从事交易的善意第三人取得所有权之效果,近代善意取得制度才应运而生。

善意取得制度的存在根据,向来有争议。即时时效说认为其依据在于适用即时时效或瞬间时效;权利外像说认为其依据在于对权利外像的保护;法律赋权说认为在善意取得权利的情况下,是法律赋予占有人以处分他人所有权的权能;占有保护说则认为根据公示主义,占有人应推定其为法律上的所有人;法律特别规定说则认为善意取得系基于法律的特别规定。[1] 我们认为,善意取得制度的存在依据即基本制度价值乃在于交易安全与便捷,占有的公信力则系其不可或缺的基础。市场经济条件下,商品交易频繁且重要,物之占有与其本权分离是其常态,在商品交易中,如一味强调保护财产归属的静的安全,则于每一场交易中,买受人均需认真调查对方用于交易的财产有无所有权或处分权,这不但会增加交易成本,而且也势必使购物者人人自危,妨害市场交易的顺利进行。正因如此,立法政策于财产的静的安全与动的安全的保障之间,不得不进行法律上的利益衡量与价值判断,在两者之间作出艰难的抉择,最终以牺牲真权利人的利益为代价,寻求交易安全的维护。可见,近代民法善意取得制度,是近代各国民事立法政策为保护市场交易安全、便捷而建立的制度。总而言之,近代各国市场经济之要求保障交易的安全与便捷的客观现实,是促成近代各国民法最终确立善意取得制度的根本缘由。[2]

近代民法,以所有权神圣为核心构建起来的社会秩序被认为是整个社会得以存续发展的重要基石。然而,善意取得制度竟然打破了所有权神圣的绝对观念,而肯定善意受让人的利益更值得保护,其确立是对所有权绝对尊重的一种扬弃,处处渗透着经济社会保护交易安全的价值理念,由此可见,交易安全在近现代社会是何等重要。

当然,各国对待善意取得制度的态度不尽相同,立法上亦存在差异。一般承认善意取得的国家,对待不动产是否可以适用善意取得问题亦存在较大分歧。只承认动产善意取得的国家认为,动产的公示以占有为原则、登记为例外。善意取得制度作为占有公信力的逻辑结果,只有采取占有为公示方式的动产,始有善意取得制度的适用。不动产物权以登记为公示方法,交易上不至于误认占有人

---

[1] 参见杨与龄:《民法物权》,台湾五南图书出版公司1981年版,第87~88页。
[2] 参见梁慧星:《中国物权法研究》,法律出版社1998年版,第489页。

为所有人,故不发生善意取得的问题。因此,善意取得的标的物,以动产为限。而承认不动产也适用于善意取得的国家,对物权的公示方式之不同没有刻意强调,而是强调动的交易安全的重要性。

《物权法》正是基于保护交易安全的考虑,在其第一百零六条规定:"无处分权人将不动产或者动产转让给受让人的,所有权人有权追回;除法律另有规定外,符合下列情形的,受让人取得该不动产或者动产的所有权:(一)受让人受让该不动产或者动产时是善意的;(二)以合理的价格转让;(三)转让的不动产或者动产依照法律规定应当登记的已经登记,不需要登记的已经交付给受让人。受让人依照前款规定取得不动产或者动产的所有权的,原所有权人有权向无处分权人请求赔偿损失。当事人善意取得其他物权的,参照前两款规定。"

二、善意取得构成要件

引发善意取得实际发生的条件,称为善意取得的要件,纵览近现代各国民法规定,并结合大陆法系民法理论研究成果,善意取得的要件如下:

1. 受让人在受让时须为善意

善意取得以受让人善意为成立条件,即受让人在转让时不知道或者不应当知道转让人无处分权。至于让与人是否为善意则在所不问。受让人是否属于善意的举证责任,应当由主张受让人非善意的一方承担。《法国民法典》第2268条规定:"在任何情形下,占有均推定为善意,主张恶意者应负举证责任。"确定受让人是否善意,应以其受让动产之时的情况判定。动产交付后受让人是否善意,不影响善意取得的成立。但如交付前即已知的,可直接认为为非善意。

2. 受让人须以合理的价格有偿受让

善意取得制度旨在保护交易安全,只有在让与人与受让人之间存在交易行为时,才存在善意取得问题。通过非交易行为而无偿取得不动产或者动产的占有,如赠与、继承、遗赠等,则不能发生善意取得的效力。同样,受让人与让与人不得为同一民事主体。

3. 转让的不动产已经登记,转让的动产已经交付给受让人

只有通过不动产登记和动产的交付,才发生所有权的移转。如果双方仅达成了合意而未实际办理不动产标的物的过户登记,或者转移动产标的物的占有,则双方仍只是一种债的关系,不发生善意取得。此处动产的交付,是否限于现实交付,理论上和立法上有不同的主张。一般认为,如果受让人是以占有改变或指示交付的方式取得无权处分人转让动产的,一般不能发生善意取得的效果。而

前述《物权法》第一百零六条之规定并没有明确善意取得的交付是现实交付还是观念交付,有待司法解释进一步明确。

4. 标的物为法律不禁止或者不限制转让

法律禁止流通、限制流通的物,如毒品、枪支弹药、国家专有财产、文物等,均不适用善意取得。

5. 转让合同本身应当合法有效

无处分权人与受让人之间的转让合同,除欠缺处分权外,该合同符合法律规定的合法条件,不属于无效合同或者可撤销合同。但由于该合同转让人欠缺处分权,从而使其处于效力待定状态,若事后经权利人追认该转让行为,则该合同为有效合同,受让人基于该有效合同而取得所有权,不必适用善意取得;若事后权利人不予追认,则该转让合同无效,但受让人可基于善意取得制度而取得该物的所有权。

三、善意取得制度的比较法考察

近代大陆法系国家对于善意取得采取了颇为不同的态度。有极端否定的态度,如挪威、丹麦除了极其例外地承认善意取得以外,绝大多数场合均不承认善意取得。与之相对应,诸如葡萄牙及南美大部分国家,原则上也不承认善意取得制度;极端肯定的态度以1942年意大利民法典为代表,依该民法典第1153条至第1157条规定,无论受让人是有偿取得还是无偿取得动产,不问取得的动产是占有委托物还是占有脱离物,均可发生善意取得。[①] 而除上述极端态度以外,大多数国家采取了中间立场,也就是说,各国在肯定善意取得的同时,也对其予以一定的限制。如法律区分占有委托物和占有脱离物,分别决定其是否适用善意取得。另外,各国对于善意取得的构成要件予以法定化,从而用有偿、占有转移以及善意等条件使善意取得的适用特定化了。采用中间立场的国家有德国、法国、日本、奥地利、瑞士、捷克、斯洛伐克等。

一般而言,善意取得制度适用于动产。这是因为动产以占有获得公信力,而不动产的取得以登记为条件,使得不动产的权利具有明显的外部特征,似乎不容易发生第三人不知情的所谓"善意"问题,因此在各国立法和司法实践上,绝大多数不动产并不适用善意取得制度。但这一传统理论模式已受到学者的广泛质疑。在现代社会中,如不承认不动产的善意取得规则,则许多问题根本无法有

---

① 参见费安玲、丁玫译:《意大利民法典》,中国政法大学出版社1997年版,第316页。

效解决。大多数大陆法系国家立法早期均否认不动产的善意取得。但对于不动产的善意取得，各国立法及其立法修改也不能忽视。《德国民法典》第892条规定："为了权利取得人之利益，关于由法律行为取得土地上权利，或取得此项权利上之其他权利各项情形，应将土地登记簿上登载的内容，作为正确，但对于正确曾有异议登记，或权利取得人已知其不正确者，不在此限。土地登记簿内曾经登记之权利处分，曾为物的事实上人之利益而受有限制者，只限于土地登记簿上有明显限制或权利取得人已知有此限制时，对于权利取得人始生效力。权利取得人知有前项事实的时期，在取得权利须登记者，以提出申请登记时为标准。"德国民法规定了可以基于相信土地登记公信力而取得土地上的权利，事实上也就突破了善意取得仅为动产的局限，将其扩大到了不动产。《瑞士民法典》第973条第1款规定："出于善意而信赖不动产登记簿的登记，因而取得所有权或其他权利的人，均受保护。"该条将善意取得制度适用于不动产。我国台湾地区于1999年3月完成了"民法物权编部分修文草案"，在物权变动方面，为确保善意第三人的权益，以维护交易安全，明定不动产善意取得，于第759条第2项规定："赖不动产登记之善意第三人，已依法律物权变动之登记者，其变动之效力，不因原登记有无效或撤销之原因而受影响。"我国民法虽未明确规定不动产善意取得制度，但最高人民法院《关于贯彻执行〈中华人民共和国民法通则〉若干问题的意见（试行）》第八十九条规定："共同共有人对共有财产享有共同的权利，承担共同的义务。在共同共有关系存续期间，部分共有人擅自处分共有财产的，一般认定无效。但第三人善意、有偿取得该财产的，应当维护第三人的合法权益，对其他共有人的损失，由擅自处分共有财产的人赔偿。"此条解释中的"共有财产"显然也包括不动产。

对各国在善意取得上所具有的不同态度，理论上不好获得充分的解释。其原因在于，动产交易的善意取得制度已经成为相当普遍的法律制度，其内容因各地区的社会状况、经济制度以及历史背景而有诸多不同，且这一灵活制度随着时代变化而有所更替，从而难以获得一个稳定的分析结论，尤其对于该项制度的优劣更无从比较与验证。比如，依传统理论，以排除盗窃物适用善意取得来达到遏制偷盗行为这一目的。但这一目的在实际生活中并不一定能充分实现，如意大利政府为了减少汽车偷盗事件，特别立法对登记车辆排除善意取得，但并未减少汽车偷盗事件。针对这一立法措施，盗窃集团转向将赃车设法运往国外转卖，未转往国外的，盗窃集团则将车辆予以解体，以图小利，造成更大的不经济，立法者的目的则未能实现。同样，完全肯定善意取得以促进交易的想法也未必合理。

善意取得制度如何取舍,其适用范围如何把握委实不仅是一个规范与价值分析的问题,而更多地应以实证的调查为依据,简单地言其优劣则过于武断。

四、我国《物权法》中善意取得的法律效果

我国《物权法》从第一百零六条至第一百零八条规定了善意取得制度。第一百零六条规定:"无处分权人将不动产或者动产转让给受让人的,所有权人有权追回;除法律另有规定外,符合下列情形的,受让人取得该不动产或者动产的所有权:(一)受让人受让该不动产或者动产时是善意的;(二)以合理的价格转让;(三)转让的不动产或者动产依照法律规定应当登记的已经登记,不需要登记的已经交付给受让人。"

"受让人依照前款规定取得不动产或者动产的所有权的,原所有权人有权向无处分权人请求赔偿损失。当事人善意取得其他物权的,参照前两款规定。"从中可以看到,善意取得既适用于动产,又可适用于不动产。当事人出于善意,从无处分权人手中购买了房屋并登记过户,善意人取得房屋所有权。善意取得与可追认的无处分权人处分财产行为有别。善意取得制度中出让人与可追认的无处分权人处分财产行为中的出让人均是无处分权人,故善意取得是无处分权人处分财产行为的特别规定。善意取得中的受让人是善意第三人,善意取得行为自始有效,无须权利人追认。可追认的无处分权人处分财产行为中的受让人非善意第三人,其次,出让人无处分权仍受让财产,故该行为是可追认的行为。权利人追认的,让与行为自始有效;权利人不追认的,让与行为自始无效。

该法第一百零七条规定:"所有权人或者其他权利人有权追回遗失物。该遗失物通过转让被他人占有的,权利人有权向无处分权人请求损害赔偿,或者自知道或者应当知道受让人之日起二年内向受让人请求返还原物,但受让人通过拍卖或者向具有经营资格的经营者购得该遗失物的,权利人请求返还原物时应当支付受让人所付的费用。权利人向受让人支付所付费用后,有权向无处分权人追偿。"本条是关于遗失物的善意取得问题,这是善意取得的一种特殊问题。动产的善意取得应受限制。出让人让与的动产若是货币或者无记名有价证券之外的遗失物,遗失人有权向善意取得人请求返还后可以向让与人追偿。倘若该遗失物是由善意取得人在拍卖市场、公共市场或者在贩卖与其物同类之物的商人处购得的,遗失人须偿还其购买之价金,方能取回其物。遗失物若是货币或者无记名有价证券,遗失人无权向善意取得人请求返还原物,只能向出让人请求返还同种类物或者请求其他赔偿。

该法第一百零八条规定:"善意受让人取得动产后,该动产上的原有权利消灭,但善意受让人在受让时知道或者应当知道该权利的除外。"善意受让人取得动产后,该动产上的原有权利消灭,例如,该动产上有抵押的权利,抵押权消灭。但是善意受让人取得动产时,知道该动产已被抵押,抵押权不消灭。

五、盗赃遗失物善意取得问题

关于盗窃物、遗失物是否适用善意取得,实质上是关于占有脱离物是否适用善意取得的问题,理论上的观点与各国规定有所分歧。《物权法(草案)》第一百零五条规定:"善意受让取得的动产属于赃物、遗失物的,所有权人、遗失人等权利人可以向无处分权人请求损害赔偿,也可以在支付善意受让人所支付的价款后,请求返还原物,但请求应当在丧失占有之日起两年内提出。"即为维护信赖公开市场的善意买受人的利益,维护正常的交易活动,受让人可以善意取得,但原所有人仍享有有偿回复请求权。但《物权法》颁布之后,我们并没有看到它对这个问题进行规制。

按照近代民法理论的分类,由非所有人占有的动产可以划分为占有委托物和占有脱离物,前者是指基于所有人的真实意思而通过合法法律关系移转占有的物,后者则是违背所有人的意愿而丧失占有的物。对于后者,各国立法均规定不予适用善意取得制度。关于占有脱离物的范围,目前学者倾向于将其类型化为盗窃物和遗失物两种,实务上也从严控制。应当认为,占有脱离物不仅包括盗窃物和遗失物,对其范围应予以扩展,即只要是违反权利人本意而丧失的物,都为占有脱离物。关于占有脱离物,各国立法均无例外地排斥其适用善意取得。如《德国民法典》第935条第1款规定:"从所有人处盗窃的物、所有人遗失或其他原因丢失的物,不得适用善意取得制度。"但该条第2款又规定,"盗窃物、遗失物为金钱、无记名证券以及公开拍卖物时,适用善意取得制度。"《法国民法典》第2279条第2款但书规定:"占有物如系遗失物或盗窃物时,遗失人或受害人自遗失或被盗窃之日起三年内,得向占有人要求返还其物;但占有人得向其所由取得该物之人行使求偿权。"第2280条又规定:"现实占有人如其占有的盗窃物或遗失物系由市场、公开抑或贩卖同类物品的商人处买得者,其原所有人仅在偿还占有人所支付的价金后,始得请求回复其物。"

《日本民法典》第193条规定:"如果该动产标的是赃物或遗失物者,被害人或失主自被盗或遗失起二年内,可以请求占有人将该物归还,且原则上可以要求无偿归还。但如果取得人是在拍卖市场或其他官方市场上取得的,请求归还人未对取得人做出补偿的,不能要求归还。"《瑞士民法典》第944条则规定:"动产所有人因被盗、遗失或违反其意思而丧失动产所有权时,5年之内得向任何受领该动产之人请求返还。"同时该法第935条又规定:"金钱及无记名证券,即使是违反其所有人意思而丧失,其所有人也不得对善意受领人请求返还。"我国台湾地区"民法"第948条规定:"善意取得之动产如为盗赃或遗失物时,丧失动产之被害人或遗失人,自被盗或遗失之日起2年内,得向占有人请求回复其物。"同时第905条规定:"盗赃或遗失物,如占有人由拍卖或公共市场,或由贩卖与其物同种之物之商人,如以善意买得者,非偿还其支出之价金,不得回复其物。"

上述大陆法系国家和地区的立法中,《德国民法典》和《瑞士民法典》没有完全承认公开市场原则。在公开市场中,虽然取得人不能依善意取得所有权,但权利人向取得人要求返还财产时,应先支付价金。英美国家立法也有条件地承认善意取得制度。如1979年《英国货物买卖法》规定,如果货物是在公开市场上购买的,根据市场惯例,只要买方是善意的,就可以获得货物完全的权利。1987年美国的统一商法典规定,没有所有权的人也有权转让给善意有偿的买受人完全的所有权,即使是从小偷或者从仅授权占有而未授权出卖的人手里买受财产的第三人,也受法律保护。英美国家不仅承认赃物在一定情形下也能成立善意取得,而且确认了有客观评价标准的公开市场原则。最近的《荷兰民法典》则充分肯定了赃物也能够成立善意取得,该法典第3篇第86条将善意取得制度的适用范围扩展到遗失物和盗窃物,只须受让方是从正常的商业渠道受让该物的顾客。

我国《物权法》没有规定盗窃物的善意取得问题。主要考虑的是,对被盗、被抢的财物,所有权人主要通过司法机关依照刑法、刑事诉讼法、治安管理处罚法等有关法律的规定追缴后退回。在追赃过程中,如何保护善意受让人的权益,维护交易安全和社会经济秩序,可以通过进一步完善有关法律规定来解决。因此,物权法对此未作规定。

第二节 拾得遗失物

一、拾得遗失物的概念

遗失物为非基于占有人自身的意思而丧失占有,且非无主的动产。就遗失物的拾得,向来存在否定主义与肯定主义两种态度,前者为罗马法,其注重保护所有人对客体的占有、支配以及所有人享有的最终处分权;后者为日耳曼法采纳,其认为陆地上之遗失物,若遗失人在法定期间内未向拾得人请求返还,则拾得人能够取得全部遗失物的所有权。

我国基于保护遗失人利益的客观需求,采取否定主义的态度,凸显"拾金不昧"的传统道德风尚。通过否定拾得人取得所有权之可能性从而避免拾得人隐匿遗失物并且侵害遗失人的财产利益。

遗失物不同于遗忘物。遗忘物指物主遗忘于他人交通工具、私宅、营业场所等私人场所上之物。遗忘物在原占有人丧失占有之时,新的占有人立即取得对遗忘物的控制;而遗失物则在被放弃占有之后至拾得以前,一直处于无人占有的状态。基于这种区别,各国在立法之时通常将遗失物与遗忘物作不同对待。如《瑞士民法典》第722条规定拾得"遗失物"的人有报酬请求权,而拾得"遗忘物"的人则无报酬请求权。

遗失物不同于抛弃物。抛弃,是指依权利人的意思表示,使物权归于消灭的单方法律行为。抛弃物权,一般应依一定的方式,才产生抛弃的效力。抛弃物与遗失物的区别在于:首先,抛弃物之上所存续的所有权已经消灭,故处于无主物之状态;而遗失人仍然对遗失物享有所有权,故遗失物乃为有主物。其次,抛弃物通常是原所有人故意为之,抛弃行为则是他放弃所有权的单方意思表示;而遗失物则非基于占有人自身意思而丧失占有,其主观状态与抛弃物截然相反。

二、拾得遗失物的构成要件

依照各国立法规定,遗失物的拾得,应具备以下要件:

1. 须占有人丧失占有。占有的丧失应依社会一般观念来判断,如仅一时丧失对物的占有,并不能构成遗失;不确定的丧失占有也不能构成遗失。占有人基于何种主观状态丧失占有,不影响丧失占有这一事实的成立。

2. 占有丧失非出自占有人自身意思。占有人如果故意放弃占有,大抵已成为所有权的抛弃行为,将作无主物处理。占有辅助人或直接占有人未经间接占有人、主人同意而私自抛弃动产,应认定为非出己意而丧失占有,仍构成遗失物。

3. 须现无人占有。如果物品已由他人占有,则不能构成遗失物,属于他人占有的情形如下:一为遗忘物,原权利非出于放弃占有的意思而遗忘于他人住所、交通工具之物,然于遗忘之时,他人已经占有该物,因此为非遗失物;如果他人代为照料即可成立无因管理之行为。二为盗赃物,物品非出于权利人的意思而丧失占有,则会变成遗失物。三为误占物,因误占而导致权利人丧失占有的,由于误占人已能控制该物,因此也不属于无人占有的遗失物。原权利人可基于不当得利请求误占人返还原物,误占人不得享有费用偿还以及报酬请求权。

4. 丢失的须为动产,且非无主。不动产的物理属性是不可能遗失的,所有遗失物只能是动产。由于动产不是出于所有人的意思而丧失占有,因而它不是抛弃物,而仍是有主物。有时未明示抛弃的动产和遗失物之间难以区分,法律上一般推定其为遗失物。为便于理解,凡未为所有人明确抛弃的动产,均推定为遗失物。

5. 须有拾得行为。首先,拾得行为的主体为拾得人,是指基于拾得行为取得遗失物占有的人。需要注意的是法人的拾得行为通常由法人机关来完成,但雇员依其指示或与其做出约定亦得成立拾得行为。其次,拾得行为是发现遗失物并实施占有的行为。拾得是一种事实,拾得人有无行为能力在所不问。但拾得必须依法进行,不得以暴力获得遗失物的占有。

三、拾得遗失物的法律后果

《物权法》第一百零九至第一百一十三条对拾得遗失物进行了规范。第一百零九条规定:"拾得遗失物,应当返还权利人。拾得人应当及时通知权利人领取,或者送交公安等有关部门。"第一百一十条规定:"有关部门收到遗失物,知道权利人的,应当及时通知其领取;不知道的,应当及时发布招领公告。"第一百一十一条规定:"拾得人在遗失物送交有关部门前,有关部门在遗失物被领取前,应当妥善保管遗失物。因故意或者重大过失致使遗失物毁损、灭失的,应当承担民事责任。"第一百一十二条规定:"权利人领取遗失物时,应当向拾得人或者有关部门支付保管遗失物等支出的必要费用。权利人悬赏寻找遗失物的,领取遗失物时应当按照承诺履行义务。拾得人侵占遗失物的,无权请求保管遗失物等支出的费用,也无权请求权利人按照承诺履行义务。"第一百一十三条规定:"遗失物自发布招领公告之日起六个月内无人认领的,归国家所有。"

首先,拾得人拾得遗失物,应当通知所有权人、遗失人等权利人领取,或者送交有关部门。有关部门收到遗失物,知道所有权人、遗失人等权利人的,应当及时通知其领取;不知道所有权人、遗失人等权利人的,应当及时发布招领公告。

其次,拾得人在将遗失物送交有关部门之前,有关部门在遗失物被领取之前,应当妥善保管遗失物。因故意或重大过失致使遗失物毁损、灭失的,应当承担民事责任。至于保管义务则可比照无因管理人的规定做相应处理,其皆源于拾得人与无因管理人处于相同的地位。

最后,拾得人应当将遗失物返还给遗失人。拾得人往往基于各种原因拒不返还遗失物,立法上有必要就拒不返还的法律后果作出规定。拾得人侵占遗失物或有违反规定的义务或其他违法行为时,丧失遗失物费用补偿请求权、报酬请求权。

拾得人在拾得遗失物后至返还前的一段期间,常需为遗失物支出一定的费用,此费用主要包括保管费、公告费以及其他必要的费用。这些费用是拾得人基于无因管理而预先支出的,依照无因管理的规则,拾得人有权就支出的费用请求失主给予补偿,但失主作出的补偿以遗失物保管期间的必要支出为限。各国也均认为拾得人享有费用偿还请求权。

拾得人是否有报酬请求权?目前大多数国家和地区都有关于报酬请求权的规定,如《德国民法典》第971条规定:"(1)拾得人得向有权受领人请求拾得人的报酬。拾得物的价值在一千马克以下者,其报酬为百分之五,超过此数部分,为价值的百分之三;关于动物,为价值的百分之三。如拾得物仅对有权受领人有价值者,拾得人的报酬应按公平原则衡量确定之。(2)拾得人违反报告义务或在询问时隐瞒拾得物者,无此请求权。"

失主为寻找遗失物发布了悬赏广告,而拾得人依法交还遗失物,那么拾得人可提出何种报酬请求?郑玉波先生认为,遗失人于遗失财产后曾以悬赏广告寻找,而悬赏广告中所定的报酬与民法规定的报酬有出入时,则两个请求权并存,由拾得人选择行使请求权。谢在全先生亦持同种观点。悬赏广告为遗失人意思自治所为之单方法律行为,在当事人之间亦应成立相应的权利义务关系,则拾得人为债权人,而对方为债务人,此种债的关系理应受到法律保护。

根据我国《物权法》的规定:拾得人拾得遗失物,有人主张拾得人应获得报酬,遗失物所有人不支付酬金的,拾得人享有留置权。拾得人隐匿遗失物据为己有的,构成侵犯所有权。遗失物所有人可以请求拾得人偿还,公安机关可以责令拾得人缴出。拾得人丧失报酬和费用请求权。我国物权法对无人认领的遗失物规定为国家所有。与大陆法系如日本、德国归拾得人所有的立法不同。

第三节 漂流物、埋藏物、隐藏物

一、漂流物、埋藏物、隐藏物的概念

漂流物是指漂流在水上的遗失物。埋藏物,是指埋藏或隐藏于他物之中,其所有权归属不明的动产。埋藏物的特点是:其一,埋藏或隐藏于他物之中,不易被

发现。埋藏物并不仅限于土地中的埋藏物,动产中的隐藏物亦可构成埋藏物。另外,埋藏物不是显而易见的,否则就构成遗失物。其二,所有人不明。所有人不明是指埋藏物曾经属人所有,且现在仍为人所有,只是所有人是谁已无法知晓。其三,不是具有历史、艺术和科学价值的文物。依文物保护法的规定,文物不应为所有人不明的财产,而是归国家所有。隐藏物是隐藏于它物之中的物品,如隐藏于夹墙中的物品。隐藏物品的人,称隐藏人;发现隐藏物的人,称为发现人。

二、法律效果

关于埋藏物的归属,立法上有三种体例:一是发现人取得主义,即埋藏物在无人认领的情况下,归发现人所有,或由发现人和土地占有人各取得一半所有权。罗马法及法国、德国、日本和中国台湾地区民法即采取此种做法。二是公有主义,即埋藏物归国家所有,古日耳曼法以及苏俄1964年民法典采取此种做法。三为报酬主义,即埋藏物归包藏物的所有人所有,但发现人可以请求包藏人支付一定的报酬。瑞士民法即采取此种做法。

我国《物权法》第一百一十四条规定:"拾得漂流物、发现埋藏物或者隐藏物的,参照拾得遗失物的有关规定。文物保护法等法律另有规定的,依照其规定。"

第四节 添 附

一、添附的概念

所谓添附,是指不同所有人的物结合、混合在一起或者不同人的劳力与物结合在一起而形成一种新物并导致所有权变动的法律事实。

添附包括附合、混合、加工三种形式,其中,附合与混合,为物与物相结合,加工为劳力与他人之物相结合。添附之所以成为所有权取得的一种方式,在于两个以上的物结合或混合成为一个新物或因物的加工而成为新物时,或者不能恢复原状,或者虽有可能恢复原状,但费用太高,不符合经济与效益原则。因此,从增进社会财富、充分发挥物的效用原则出发,应承认添附可以发生物权的变动,重新确认添附所形成的新物的所有权归属,使其归于一人所有或形成共有。未取得添附物所有权的一方所受的损失,可依照法律关于不当得利的规定,通过请求添附物所有人支付赔偿金或补偿金的方式得到弥补。

二、附 合

附合,是指不同所有人的物结合在一起而形成新物的添附方式。因附合而形成的新物,称之为附合物。在附合的情况下,不同所有人的财产虽从外观上可以识别,但非经毁损不能分离或虽能分离但耗费过大。附合包括动产与不动产的附合、动产与动产的附合。

动产附合于不动产之后,将产生以下法律效果:第一,一般情况下,不动产所有人取得动产所有权。这种取得在性质上属于原始取得,是基于法律的规定而直接取得所有权。此时,不动产的所有权扩展到整个附合物。第二,动产所有权因附合而消灭,原动产不能单独成为权利的客体。动产所有人不能请求恢复原状,但可依不当得利的规定要求不动产所有人给予适当的补偿;若不动产所有人恶意为附合,还可能发生侵权损害赔偿问题。动产与动产的附合,简称动产附合,是指不同所有人的动产互相结合,成为一物。动产和动产附合后,也会发生所有权变动的法律效果,这种效果表现在:第一,原来各动产的所有人共有附合物,形成对附合物的共有关系,各共有人的应有部分依附合时的价值比例确定或由各共有人协商确定;第二,如果可区别主物和从物,或者一方的动产价值明显高于他方的动产价值,则应由主物的所有人或原动产价值明显高的所有人取得附合物所有权,但其应依公平原则对因附合而丧失权利或遭受损失的人给予适当补偿。

三、混 合

混合是指不同所有人的动产互相混杂在一起而成为新物。因混合而形成的新物,称之为混合物。混合物通常是气体、液体或粉末状物的结合而生成的新物,这是混合与附合最大的区别,在附合的情形下,即使一物已成为另一物的一部分,人们也能清晰地区分并识别这两个物。混合的成立应具备三个条件:一是混合的各个物都是动产。不动产之间或不动产与动产之间不发生混合的问题。二是混合物各部分不能够被识别,或者虽能采用某种方法识别但花费太大。三是混合前的各项动产分属于不同的所有人。动产混合后所发生的法律效果,各国立法上一般规定为准用附合的处理原则。

四、加 工

加工是指对他人的动产进行制作、改造,使之形成一种具有更高价值的新物。加工的成立应具备四个条件:一是须有加工行为,即对他人之物进行制作或改造的行为。这是构成加工的首要条件。二是加工的标的物仅限于动产。加工一般都是利用他人的动产进行改造而加工成新的动产。三是加工的标的物必须是他人所有的物。四是因加工行为而制成新物,即加工物与加工之前的动产必须是不同的物品。关于加工物的归属,罗马法时期就有普罗库卢斯学派的加工主义和萨比努斯学派的材料主义两种主张。前者主张加工物归由加工人所有,后者主张加工物归原材料人所有。优士丁尼时期采取了折中主义。区分完全加工与不完全加工两种情形而分别实行加工主义或材料主义。现代各国采取折中主义的做法,或者以加工主义为原则、以材料主义为例外,或者以材料主义为原则、以加工主义为例外,根据材料价值和加工价值的价值大小比较并考虑加工人的善意或恶意而决定加工物的归属。

第五节 孳 息

一、孳息的概念

孳息是源自于某物而产生的果实或收益。产生孳息的物被称为原物,原物和孳息在物的分类中进行了论述。物之所以产生孳息,既可能是自然因素或劳动因素,也可能是两种因素的结合,还可能是基于某种法律关系(如租金),但不管怎么样,在物权法上孳息是源自于特定物的产物、果实或收益。

由于孳息源于自己的原物,那么原物所有权人自然获得物的孳息,这既是所有权效力的体现,又是所有权的合理延伸。因此,孳息归原物所有权人所有是民法一项基本原则,且为所有的民法典所确认。如《德国民法典》第953条即确立这样的原则:在法律没有其他规定的情况下,由母体物(即原物)的所有权人取得果实的所有权。

二、孳息的分类

孳息最初是作为物的分类而提出的,用于界定两物之间的关系,进而决定物的归属。因此,原物和孳息最初主要针对土地出产物、种植物所结果实、动物生产物,后来也逐渐地发展到基于法律上的原因而收取的地租、利息、股息等。这种发展使得原物也由原来的有形物,发展到权利。为了区别两者,一般称前者为自然孳息,称后者为法定孳息。

三、孳息的归属

（一）自然孳息的归属原则

在所有权的权能与所有人分离的情形下，确定自然孳息的归属是非常有用的法律工具。这一原则有利于保护原物所有权人利益，特别是在原物非因原所有权人意志被他人占有或为他人短期借用等情形下，可以更好地保护原所有权人的利益。但是在客体物被他人占有利用的情形下，孳息是否一律归原物所有权人则要视情形而定。因为涉及原物占有利用人付出的劳动或看护等劳动创造的价值与原物之价值的关系问题。当原物为合法占有使用人长期占有使用，而在这期间原物所生的孳息一律归原所有人，显然是不合理的。应借鉴加工物所有权归属原则，视谁对于孳息的产生起主要作用，如果是占有利用人的劳动或看护在孳息产生中起决定性作用，也可确立为孳息归占有利用人规则。我国《合同法》第二百二十五条确立了租赁物的孳息归承租人所有的原则，即是这种思想的体现。这条规定为任意性条款，当事人可合同排除。总之，非所有权人因某种原因占有、使用他人之物所产生的自然孳息的归属可总结为：在存在合同或不违反法律原因产生的占有、使用他人之物所生孳息，应当确立由原物所有权人取得孳息的原则，对占有使用人支出劳动和支付费用应给予适当补偿。

（二）资本收益的归属原则

资本收益是一个比物或权利的法定孳息范围更广的一个概念。资本收益的归属原则是：资本的所有权人取得资本收益。资本所有权人包括：资金借贷人；房屋、土地、机器设备等出租人；股票、基金券、债券等证券认购人；企业实物资本或资金投资人。资本所有权人取得收益没有例外，不存在资本使用人取得收益之例外规则。当然，使用人或经营人也取得相应的利益或回报，但它不是资本收益。

第六节 先 占

一、先占的概念

先占是指占有人以所有的意思，先于他人占有无主物而取得所有权的事实。民法理论认为，先占行为是一种事实行为，占有人必须以占有为己有的意思为占有行为(自主占有),才能取得占有物所有权。至于如何认定是自主占有,不需要为一定的意思表示,只要像所有权人那样持有、保管占有物即可。因此,无相反行为或意思表示,法律均推定正常占有人即有所有的意思。既然占有为事实行为,先占人即不须以完全行为能力为必要,而只需有一事实上的意思能力即可。自主占有的成立,无须先占人自己亲自握取,可以雇用、指示、利用他人完成先占行为。

二、先占取得的构成要件

1. 先占之物须为无主物。无主物是指现在不属于任何人所有之物,而不论过去该物是否有主。无主物主要包括野生动植物、其他自然物或抛弃物等。

2. 先占之物限于动产。现代法律上,无主不动产一般只能归国家所有,故不能成为先占的标的物,先占之标的物仅限于动产。一般认为下列几类动产不能成为先占的标的物:一是法律禁止流通的物;二是依公序良俗不得认定为无主物的物,如遗体;三是受法律保护的文物与珍稀动植物;四是他人依法享有排他的独占权的物。

3. 须先占人以所有的意思占有动产。一方面,先占人应有"所有的意思",即先占人将占有的动产归于自己管领支配的意思;另一方面,先占人须实际占有无主动产。行为人仅发现无主动产而不予占有,不能构成先占。

先占的法律效果是先占人取得无主物的所有权,而且一般认为其属于原始取得的方式之一。无主物先占取得的立法例有三种:一是先占自由主义,即不分动产和不动产而一律允许自由先占并取得其所有权,此为罗马法所采用;二是先占权主义,即无主的不动产唯有国家有先占权,而动产也须有法律的许可方能由其他主体先占取得其所有权,此为日耳曼法所采用;三是二元主义或称折中主义,即对无主的动产适用"先占自由主义",个人可依先占行为取得其所有权,而无主的不动产则适用于国家先占权主义,唯国家可取得其所有权。第三种立法例为现今多数国家采用。

第七节 取得时效

一、取得时效的概念、意义与性质

取得时效,是指无权利人以行使某权利的意思,公然、和平地继续占有他人财产或财产权利,经过法定期间后,即依法取得该财产权利的制度,是物权取得方式之一。

罗马法以来,大陆法系民法即有时效制度。所谓时效,指一定的事实状态持续达一定期间,从而发生一定法律效果的制度。时效可分为消灭时效与取得时效两种。前者指因一定期间不行使权利,致其请求权消灭的法律事实。① 消灭时效在我国称为诉讼时效,它以不行使权利为基础,为权利消灭或抗辩权发生的原因。与消灭时效不同,取得时效是因一定事实状态的完成而取得他人权利的制度,为物权取得的原因。民法关于时效的规定,属于强行性规定,不得由当事人依自由意思予以排除,时效期间不得由当事人协议予以加长或缩短,时效利益不得由当事人预先予以抛弃。② 取得时效的存在基础,通说认为系保护长期所生的法律关系,以保障社会安定。民法以确认和维护私的所有为使命,法律的目的在于保护真正的权利关系,若有反权利的事实状态存在时,法律本应将其除去,以维护权利的原有状态。然而,法律也应致力于社会生活关系的稳定与和谐,一定的事实状态长期存在,社会常信赖其为真实的权利关系,并于此种事实状态上建立各种法律关系,如欲保护真权利人,势必将推翻此等已建立起来的各种复杂关系,使之遭致完全毁坏,造成社会的不安与混乱,这与法律维持共同生活的和平秩序的理念显然不相符。取得时效制度在于促使原权利人积极利用财产的社会责任,并尊重长期占有的既成秩序,以增进公共利益而设,并使所有权的状态,得以从速确定。③ 因此,尽管《法国民法典》确定了私的所有神圣不可侵犯的根本原则,但依然采纳了罗马法上的取得时效制度,并为近现代绝大多数国家的民法所承袭。

取得时效性质上属于事实行为,而非法律行为,故不适用行为能力的规定,以具有事实上行为的意识为已足。④ 因时效而取得权利通说认为是原始取得,"取得时效制度仍属于一种依法律的直接规定而取得他人财产所有权或其他财产权的制度",故本质上仍属于立法就社会财货之归属与分配所作的一种强制性的物权配置。⑤

---

① 参见王泽鉴:《民法总则》,中国政法大学出版社2001年版,第516页。
② 参见梁慧星:《民法总论》,法律出版社1996年版,第236页。
③ 参见王泽鉴:《民法物权(通则·所有权)》,中国政法大学出版社2001年版,第187页。
④ 参见上书,第186~187页。
⑤ 参见梁慧星:《中国物权法研究》,法律出版社1998年版,第289~290页。

二、取得时效的立法例

(一)罗马法

取得时效制度有着悠久的历史渊源,在古罗马法里就已经存在。罗马法用"usucapio"这个概念来定义取得时效,按照罗马法,所谓取得时效,指在法定期间内,继续占有物件而取得其所有权的制度。

罗马法的取得时效制度与罗马法注重交易的形式主义的结果相关。早期罗马法商品交易采用要式买卖及拟诉弃权的形式,只有当事人的意思及标的物的交付而不履行规定的程式,所有权并不移转,这样就出现了买受人事实上占有财产,但在法律上却没有取得所有权的矛盾现象,给社会生活带来不安与混乱。为补救形式主义造成的所有权取得缺陷,取得时效制度应运而生。根据《十二表法》,取得时效的构成条件为:(1)使用人必须是罗马市民,外国人不得适用。(2)标的物权限于罗马法的土地和要式移转的动产,神法物与人法物不同,不适用取得时效。(3)使用人必须持续使用标的物 1 年或 2 年。① 后来总督与外务大法官借鉴希腊法制,创设了长期时效,与市民法时效并行,适用于外国人和行省土地,弥补市民法的缺陷。至优帝一世继位时,市民权普及于全罗马的一般居民,最长期时效 30 年的产生,标志着罗马法统一、定型,成熟的取得时效制度也已正式形成。②

(二)近代各国法例

关于时效制度,近代民法有统一主义与分别主义的二元对立。中世纪的注释法学家,着眼于取得时效与消灭时效的共同法律本质,主张两者为统一的法律制度,称为统一主义;德国历史法学派创始人萨维尼,着眼于取得时效与消灭时效的不同点,认为两者为不同的法律制度,采用分别主义。③ 统一主义以《法国民法典》为代表,分别主义以《德国民法典》为典范。日本民法将取得时效与消灭时效统一规定在第一篇总则第六章里。但作为不同制度分设二节,在观念上仍属分别主义。我国台湾地区"民法",参照德国法、瑞士法经验,采用分别主义法制,对取得时效与消灭时效分别加以规定。取得时效,规定于民法物权篇(第

---

① 参见肖厚国:《物权变动研究》,法律出版社 2002 年版,第 408~414 页。
② 参见梁慧星:《中国物权法研究》,法律出版社 1998 年版,第 283 页。
③ 参见梁慧星:《民法总论》,法律出版社 1996 年版,第 238 页。

三篇)第二章所有权通则中。区分动产与不动产,规定了不同的取得时效,并对所有权以外的财产权取得时效准用之。取得时效完成后,动产占有人,即取得所有权;不动产,则占有人得请求登记为所有人,必须办妥登记后,方能取得不动产的所有权。

三、取得时效的构成要件

(一)占有人须占有标的物

占有是对标的物为事实上的控制与支配。作为所有权的取得方式,取得时效的成立,以占有人对标的物为持续不断的占有为前提,无占有即无所谓时效取得。并非任何对动产或不动产的持续占有都能产生时效取得的效力,只有对标的物的自主占有、和平占有及公然占有才能产生这一效力。

自主占有,指占有以自己所有的意思占有标的物。和平占有,指非以暴力或胁迫手段取得或维持的占有。公然占有,指不带隐秘瑕疵的占有,将对标的物的占有事实向社会公开,不加隐瞒。① 占有是否必须为善意,各国立法区分不同情形分别立法。法国法上取得时效分30年普通时效与10年和20年短期时效两类,前者即不以善意为条件,动产与不动产均可适用;后者要求善意要件,占有人必须善意地占有他人不动产,方可依时效而取得他人不动产所有权。此善意仅以开始占有时为准,嗣后,是否转为恶意,在所不问。日本民法中有长期时效与短期时效,长期取得时效期间为20年,不以善意为要件,动产与不动产均可适用;而10年短期时效则要求占有人善意且无过失,仅适用于不动产。我国台湾地区亦有相类似之规定。

(二)占有的标的物须为他人之物

时效取得的动产或不动产须为他人之物,自己之物不产生时效取得问题,无主物因适用先占的规定,没有依时效取得的必要。我国台湾地区学者王泽鉴认为,时效取得之物不限私人所有,国有财产也可发生时效取得,但公用物除外。② 共有物的所有权虽属于共有人全体,如其中一人以单独所有的意思占有共有物者,也可依时效取得所有权,无论分别共有还是共同共有。③

---

① 参见梁慧星:《中国物权法研究》,法律出版社1998年版,第291页。
② 参见王泽鉴:《民法物权(通则·所有权)》,中国政法大学出版社2001年版,第190页。
③ 参见谢在全:《民法物权论》,中国政法大学出版社1999年版,第150页。

（三）占有须经法定期间

设立时效取得制度的目的,在于保护持续、永久占有利用动产或不动产的事实状态。如未经过法律规定的期间,即使占有人以所有的意思和平、公然占有标的物,依然不能依时效取得财产所有权。故法定期间的经过,为取得时效的另一重要基础,非达一定期间,取得时效无从完成。取得时效的期间在各国民法中不尽相同,但都系出于法律的直接规定,当事人不得自由创设。德国民法,自主占有动产经过 10 年取得其所有权,不动产登记取得时效及占有取得时效,则须经过 30 年。我国台湾地区"民法"也对动产及不动产分别规定了 5 年及 20 年的取得时效,对于不动产,如果占有之始为善意且无过失,时效期间则相应缩减为 10 年。

四、取得时效的法律效果

取得时效完成即发生物权变动的法律效果,其变动系依法律的直接规定,性质上属于原始取得,原存在于该物上的一切权利(如抵押权或留置权),均归于消灭。关于动产,时效完成,占有人即取得占有物的所有权,对此各国民法并无二致。然而在不动产时效期间届满,占有人能否自动取得其所有权,则因各国所采取立法政策不同而各异。根据法国民法与日本民法,时效完成,占有人即自动取得占有不动产的所有权,无须借助占有人的行为。但在德国民法里,关于不动产,无论是登记取得还是占有取得,时效届满,占有人均须以登记的方式取得不动产所有权,而且根据该法第 927 条的规定,占有人还须通过公示催告程序排除土地所有权人的权利。

因时效完成而取得他人之物所有权,是否适用不当得利之规定,即时效取得是否具有法律上的原因,在民法学上一直有争议。所谓不当得利,是指无法律上原因而受利益,从而致他人以损害,其核心要件为受有利益而无法律上的原因。关于时效取得与不当得利的关系,在德国法上未有定论,大多数学者认为应以构成时效取得之基础的"自主占有"是否具有法律上的原因,如有则不得主张不当得利,如否则原所有人可主张不当得利。

取得时效的中断,指取得时效进行中,因发生与取得时效要件相反的事实,使已经过的时效期间归于无效的制度。中断有自然中断与法定中断之分。自然中断指因占有丧失、占有意思或占有性质变更等自然原因而引起的中断。[①] 时

[①] 参见彭万林:《民法学》,中国政法大学出版社 1994 年版,第 358 页。

效取得制度是以保护因一定事实状态持续存在而形成的社会关系的稳定为理念,故其以一定的事实状态继续存在达一定期间为基础,若时效进行中,有与此不相容的事实发生,则与取得时效的立法意旨相悖,取得时效自无从继续进行,而必须中断。当出现占有人自行中止占有、占有人变为不以所有的意思而占有、占有物被侵夺或遗失而不能回复、占有性质的变更情况时,占有时效中断。法定中断指因当事人的法律行为而引起的中断,即权利人行使权利,从而引起的时效中断。如权利人向法院起诉、向占有人请求及占有人承认权利人的权利等,均为取得时效的法定中断事由,取得时效制度是对权利人对自己财产漠不关心的一种惩罚。因此,如果权利人有行使权利的事实,则说明其并未完全成为"权利的睡眠者",法律自应赋予其救济的机会,取得时效自应中断。

五、《物权法》对取得时效的态度

我国《民法通则》仅设立了诉讼时效(消灭时效),而欠缺取得时效的规定。按照我国的时效制度,当非财产所有人和平、公然、继续占有他人财产达法律规定的一定期间,诉讼时效完成,财产所有人只是丧失了胜诉权,并不因此丧失被占有财产的所有权。与此同时,非权利人享有拒绝返还财产的抗辩权,但不能因此取得该项财产的所有权,其结果是该项财产长期处于所有权与其具体权能相分离的状态,享有权利的原所有人无法行使对财产的占有、使用、收益及处分,从而发生民法理论上所称的虚有权现象;①而占有人尽管得不到所有权,但却长期对该财产行使包括处分权在内的各项权能,这就造成了财产归属不明的不确定状态,很难建立真正的财产秩序。取得时效制度以其特有的功能,使长期占有该财产的非财产权人取得该财产的所有权或其他物权,从而使财产归属明确,这是其他任何制度所不可替代的。在物权法制定过程中,有人认为"取得时效应当与诉讼时效接轨,故物权法上无须规定"。基于这种认识,物权法并未对取得时效作出规范,不得不说这是物权法的一个遗憾。

---

① 参见史浩明:《取得时效制度研究》,载《天津社会科学》1994 年第 3 期。

第三编　用益物权

第十章　用益物权总论

第一节　用益物权概述

一、用益物权的概念和特征

用益物权是指用益物权人在法律规定的范围内,对他人所有的不动产和动产,享有占有、使用和收益的权利。用益物权制度最初仅处于所有权制度的一种补充从属地位,现在则发展成为现代民法上的一项重要的独立的物权制度,它与所有权制度、担保物权制度共同构成物权法的基本内容。用益物权具有物权的一般特征,也具有其自身的特点:

1. 用益物权是他物权

用益物权是存在于他人所有物上的权利。用益物权的权利主体为非所有人即所有人以外的人。因此,用益物权与所有权有别,而与担保物权同,同属于对他人财产享有的物权。

2. 用益物权是一种限制物权

所有权人对物有完全的支配力,而用益物权的内容是受到限制的、不完全的,其主要内容是使用和收益,它的权能不像所有权那样的全面,也不像所有权那样有彻底支配的性质。由于用益物权在内容上受到法律和所有人的意志的限制,只能在一定的范围内使用和收益,因此,它是一种限制物权。

3. 用益物权具有用益性,以使用收益为内容

设立用益物权的目的在于对他人所有物的使用和收益。物的价值有使用价值和交换价值之分,用益物权侧重于支配物的使用价值,且以对物的使用、收益

和获得最大经济效益为目的;而担保物权则侧重于支配物的交换价值。故而,用益性是用益物权的基本属性,是其区别于担保物权的显著标志。

4. 用益物权具有独立性,是一种独立物权

用益物权不以用益物权人对财产享有其他财产权利为前提,也不随其他权利的让与、消灭而让与、消灭,能够独立存在。这与担保物权不同,担保物权具有从属性和不可分性。

5. 用益物权以不动产和动产为其标的物

用益物权主要以不动产为标的物,究其原因,是由不动产具有的不同于动产的价值和功能决定。具体而言,民事主体为对他人之物进行使用收益,对动产可通过取得其所有权或是通过设定债权关系来实现,无须依靠用益物权制度。对于不动产来说,由于其价值较高且原所有人基于不动产的增值性和保值性不愿转让,在此种情形下,用益物权的设置就成为解决不动产的所有与利用矛盾之间的有效途径。从用益物权的类型来看,如传统民法规定的地上权、永佃权、地役权和我国的典权等,其标的物均为不动产。但是用益物权并不排除以动产作为其标的物。我国《物权法》第一百一十七条规定:"用益物权人对他人所有的不动产或者动产,依法享有占有、使用和收益的权利。"就我国目前现实情况来看,有重大实践意义的用益物权均发生在不动产上,尤其是土地上,主要包括农村的土地承包经营权和宅基地使用权、城市的建设用地使用权、地役权。但是在法律规定上,力求周全,不应该把动产用益物权的情形与可能排除,故我国《物权法》把用益物权的标的物规定为"不动产和动产"。[①]

二、用益物权的价值

所谓用益物权的价值,即指用益物权制度建构所预期达到的功能目标。用益物权作为物权的一种,具有定纷止争、维护交易安全等各项物权制度的共同价值,但是从用益物权自身着眼,又具有其独特的价值:

1. 促进物的有效利用,实现物尽其用

随着社会的发展,一方面是人类需要的不断扩大,另一方面是社会物质资源的相对稀缺。人类社会为了自身的发展,必须不断地提高对物的有效利用程度。用益物权制度并不是像经济学的方法、科学技术的方法那样直接提高物的使用

---

① 参见江平主编:《中华人民共和国物权法解读精解》,中国政法大学出版社2007年版,第152~153页。

效率,而是通过建立一种利益确定的保障机制来实现促进物的有效利用的目的。用益物权的目的就在于,在人们对物的使用过程中,通过法律制度建设所建构的权利机制,建立一个体现社会成员对效率和公平的追求为社会所认可的、以法律的保障实现的利益机制。在用益物权法律制度下,用益物权人可以通过对他人之物的使用获得利益,从而使人们在不能取得或不必取得某些物的所有权时,也能利用该物而获得利益。所有人通过设定用益物权制度,以取得一定利益为条件,将其所有物交给他人使用收益。因此,所有人不必直接或亲自使用其所有物也能获得利益。在物的所有人和使用人之间都取得了利益时,使物的使用价值得到了更加有效的实现和发挥。

2. 节约交易成本

用益物权节约交易成本的功能主要体现在权利实现和权利流转之时。其主要体现在以下三个方面:首先,在对物权进行处分时,除非法律另有规定,权利人无须取得他人的同意,也无须通知第三人。与债权的让与相比较,债权的让与以通知债务人为前提,尤其是对租赁等土地债权的转让通常与债务的转让联系在一起,且在债权债务的概括转移的情况下,需要对方当事人的同意,通知和取得同意需要一定成本的支出。其次,一般而言,债权的期限较短,一旦届满,还需另行订立债权协议。与之相比,用益物权的期限普遍较长,基本可以满足权利人的使用要求。且用益物权人具有延长期限的优先权。例如,就长期使用土地而言,用益物权更能够节约交易成本。最后,用益物权的设定以登记为前提,即便物的所有权人与第三人就物的利用达成某种协议,甚至该协议中包含了设定用益物权的意思,但在没有登记的情形下,该协议不能对抗第三人,基于登记的公信力,买受人可以轻易地判明标的物上的权利状态,从而节约了查询成本,降低了相应的不履行的风险。

3. 维护物的交易秩序,完备市场体系

对物的利用是一个动态的过程,用益物权制度的首要任务就是,在这个动态的过程中,明确利益归属、降低利用成本。用益物权制度主要是通过确定权利主体的权利义务的模式、公示既有用益物权以及规制用益物权的变动方式来实现其物的利用秩序的功能。[①] 确定主体的权利义务模式,用益物权制度将在物的利用过程中所发生的不同的权利义务关系予以归纳,由此设定不同种类的用益物权,如建设用地使用权、宅基地使用权、地役权等等。每一种用益物权,即代表

[①] 参见梁慧星:《中国物权法研究》,法律出版社1998年版,第587页。

了一定结构的权利义务模式,法律主体设定或取得了某种用益物权,即在其间建立了法定的权利义务关系。

第一,公示既有用益物权。用益物权制度通过不动产登记的方式,对已设立的用益物权予以公示,以此向社会表明特定物上的权利状态。现代社会用益物权的登记,不仅具有明确权利归属、保障交易安全的传统作用,还具有保护社会资源、维护物的长久效用的意义。可见,此种公示有利于政府管理和社会监督,防止用益物权人随意变更物的用途,从而破坏自然资源。

第二,规制用益物权的变动方式。用益物权发生变动时,会引起当事人之间利益关系的变化。用益物权制度将物权变动的方式法定化,确定既有用益物权发生某种变化的条件、方式与效果,以此来确定主体之间的利益关系。

第二节 用益物权的体系和种类

一、用益物权的种类和体系

(一)用益物权的基本种类

1. 依据用益物权的内容,可以将其区分为独立用益物权和附属用益物权。独立的用益物权,是可以独立进入交易机制的物权,也是可以分别继承的权利。这种权利亦被称为主物权。传统民法上的独立用益物权,如地上权,就是一种可以由权利人转让或者设置抵押的权利,也是一种可以继承的权利。而附属用益物权,指不能转让、继承的权利,它也被称为从物权。传统民法上的附属性用益物权,如地役权,是附属于需役地的物权;而人役权,则是附属于特定人的权利。

2. 根据用益物权产生的原因,可以将其分为法定用益物权和约定用益物权。所谓法定用益物权,指的是不管当事人的意思,而由法律直接规定而发生的用益物权;而所谓约定用益物权,指的是物权的发生基于当事人的约定的用益物权,民法中规定的用益物权大部分为约定用益物权。法定用益物权的设立,可以不经过登记而生效,但不经过登记,取得人不得加以处分;而约定用益物权的成立基于当事人即所有权人和权利取得人之间的协议,同时就其创设的物权进行公示。

(二)传统民法上的用益物权种类

自罗马法创建物权法体系以来,有关用益物权体系的制定法表现形式变化不大。罗马法上的用益物权包括地役权、永佃权和地上权,其中役权又分为地役权和人役权。这种体系一直影响着大陆法系各国的立法。《法国民法典》规定了用益权、使用权、居住权和地役权;《德国民法典》的用益物权制度包括地上权、先买权、土地负担和役权,其中役权又分为地役权、用益权和人的限制役权三种;《瑞士民法典》规定有各种役权和土地负担,其中役权又包括地役权、用益权、居住权和建筑权等;《日本民法典》规定地上权、永佃权、地役权和入会权。我国台湾地区"民法"中的用益物权包括地上权、永佃权、地役权和典权。英美法系受日耳曼法的影响较大,而在日耳曼法上,没有严格区分所有权和他物权,以及建立独立的用益物权体系。因此,英美法系国家也没有系统的物权立法,但在地役权制度中确立了类似于大陆法系用益物权性质的权利或利益,如租借地产、地役权、优先权和进入权等等。[1]

一般认为,我国《民法通则》、《土地管理法》、《城市房地产管理法》、《森林法》、《草原法》规定了以下用益物权:国有土地使用权,国有耕地、林地、草原使用权,农村土地承包经营权,宅基地使用权。另外,一些特别法如《矿产资源法》、《渔业法》、《水法》和《中华人民共和国野生动物保护法》规定的采矿权、渔业权、水资源使用权和狩猎权,也具有用益物权属性。我国《物权法》第三编"用益物权"规定了土地承包经营权、建设用地使用权、宅基地使用权、地役权、海域使用权、探矿权与采矿权、取水权、养殖权和捕捞权。

二、我国用益物权体系立法及其评价

改革开放以来,我国初步建立了独具特色的用益物权制度,我国用益物权制度的法律渊源有:《民法通则》、《土地管理法》、《城市房地产管理法》、《森林法》、《草原法》等等。但是由于我国各项用益物权形态几乎是应改革开放实践的具体问题而进行的对策性的规定,因此,不可避免地存在着一些缺陷,如内容重叠、体系混乱、公权力过分介入等等。鉴于此,在我国的物权立法过程中,对于我国的用益物权制度的体系类型应当如何建构,在学术界展开了广泛的讨论。

在建构我国用益物权体系的问题上,大多数学者认为应在充分考虑我国经济社会发展的实际情况和发展趋势的前提下,借鉴国外的先进立法经验尽量保留各种符合我国实际需要的用益物权类型,为人们实现物尽其用之目的提供充分的法律保障。以此为指导思想,在参考了各种不同的物权立法建议稿后,于2004年8月提出了《物权法(草案)》,认为用益物权具体形态包括:土地承包经

---

[1] 参见王效贤、夏建三:《用益物权制度研究》,法律出版社2006年版,第31页。

营权、建设用地使用权、宅基地使用权、地役权、居住权。在草案中对"居住权"进行了界定,可是在后来的十届全国人大常委会第二十三次会议的五审稿中,将"居住权"删除,主要是由于法律委员会研究认为,居住权的适用面很窄,基于家庭关系的居住问题适用《婚姻法》有关抚养、赡养等规定,基于租赁关系的居住问题适用《合同法》等有关法律的规定,这些情形都不适用于草案关于居住权的规定。因此,2007年3月颁布的《物权法》的用益物权体系如下:土地承包经营权、建设用地使用权、宅基地使用权、地役权。

通观我国现行《物权法》规定的用益物权体系,具有以下特点:其一,保留了我国特色的土地承包经营权制度,符合我国的基本经济制度和农业生产的需要;其二,确认了传统的地役权制度调整需役地与供役地之间的关系,并且使用"地役权"概念,与国际接轨;其三,在"用益物权"编中,将海域使用权、探矿权与采矿权、取水权、养殖权与捕捞权纳入了用益物权体系,从而避免了体系的混乱。但是,我国现行《物权法》规定的用益物权体系也存在某些缺陷,如部分用益物权制度的高度抽象化。①

---

① 参见王竹、李陈婷:《〈物权法〉用益物权制度评析》,《检察日报》2007年3月29日。

第十一章 用益物权的具体类型

第一节 国有土地使用权

一、国有土地使用权的概念和意义

土地使用权是我国现行法律的一个基本概念,土地使用权制度是我国地权制度的重要内容之一。所谓"使用"并非单指所有权的使用权能,即单纯依物之用途而利用,而是指包括占有、使用、收益和一定的处分权能,土地使用权具有独立的财产权性质。

在我国,土地归国家或集体所有,1988年4月12日第七届全国人民代表大会第一次会议通过的《中华人民共和国宪法修正案》第二条明确规定将《中华人民共和国宪法》第十条第四款改为:"土地的使用权可依照法律的规定转让。"国有土地或集体土地可以依法设定土地使用权,由单位或个人享有和行使。在国有土地上设定的为国有土地使用权,在集体土地上设定的为集体土地使用权。国有土地使用权,是指公民、法人依法对国有土地享有的占有、使用和收益并排斥他人干涉的权利。在我国,城市土地一律归国家所有,而国家依其本质不可能直接使用这些土地的情况下,直接使用土地的,只能是各种法人、自然人以及各种非法人组织。据此,就有了用益物权性质的国有土地使用权。国有土地使用权包括以下内容:(1)占有,即权利人对指定土地的直接控制和支配。(2)使用,即权利人按照法定或约定的土地用途对土地加以利用。(3)收益,即权利人取得土地的出产物。(4)排斥他人干涉,即权利人在其合法权利受到他人侵害时,可以行使物权请求权,以保护自己的权利。

国有土地使用权具有十分重要的意义。其一,它为我国在土地领域建立市场经济发挥了重要作用。土地是市场经济条件下最重要的财产,使用国有土地必须按照市场经济的规则。其二,国有土地使用权是我国各种不动产物权的基础,目前我国的各种不动产权利,都直接或者间接地和国有土地使用权发生着密切的联系。其三,国有土地使用权也是我们建立不动产登记制度的法律基础。不动产登记制度在我国的建立具有极其重要的作用,而我国城市中的不动产登记簿,其实是按照国有土地使用权的地域建立起来的。

二、国有土地使用权的取得

在我国《物权法》上,国有土地使用权的取得方式有以下四种:

1. 划拨

划拨,指的是国家依靠行政命令把土地的使用权交给公民和法人。具体而言,是指县级以上的人民政府批准,在土地使用者缴纳补偿、安置等费用后将该幅土地交付其使用,或者将土地使用权无偿交给土地使用者的行政行为。土地使用者依划拨方式取得的国有土地使用权,即划拨土地使用权。划拨,就其性质而言,是一种行政行为,依此种方式产生的土地使用权,其基本性质不是典型的财产法上的民事权利,而是一种附属于行政权力的民事权利。[1] 划拨的法律特征体现在:(1)划拨没有明确的时间期限,通过划拨方式取得的国有土地,除法律另有规定外,土地使用权人有用永久使用的权利。(2)通过划拨方式取得的土地使用权,往往是无偿的。虽然土地使用人需要缴纳补偿、安置等费用,但这些费用是付给原土地使用人的补偿费,而不是向国家支付的对价。(3)通过划拨取得的土地使用权,除符合法律规定的条件外,不得转让、出租和抵押,这里法律规定的条件主要是指《城市房地产管理法》规定的条件。(4)土地划拨有其特有的适用范围。一般而言,仅有下列土地可以通过划拨取得土地使用权:国家机关用地和军事用地、国家重点扶持的能源、交通、水利等项目用地、城市基础设施用地和公益事业用地。

2. 合同加审批

鉴于外资经营的商品经济性质,我国在1979年制定的有关外资投资的法律中,规定开始对外资企业收取土地使用费。在收取土地使用费的条件下,国家以行政批准的方式将土地使用权交给企业,收取土地使用费的方式有两种:一是由外资企业直接给国家缴纳土地使用费;二是将土地使用权作为中国合营者投资的一部分。由于这种土地使用费收取标准较低,而且国家行政干涉很多,所以依此种用地方式取得的土地使用权也不能认为是典型的财产权利性质的权利。[2]

---

[1] 参见孙宪忠:《物权法》,社会科学文献出版社2005年版,第256页。
[2] 同上。

3. 法定方式

法定方式，指用地人取得国有土地使用权并非出于自愿，但根据法律他们只能取得这种权利的情形。主要表现为两类：(1)城市居民1982年以前本享有私有房屋的宅基地所有权，但1982年宪法规定城市土地一律归国家所有，所以，原城市中的公民个人宅基地所有权只能转化为宅基地使用权。(2)城市国有企业和集体企业、事业单位、机关、学校等征用农村土地，用地人本来从农民手中取得的是土地所有权，但是根据我国法律，用地人取得的土地所有权一并归国家所有，故而用地单位也只能取得土地使用权而非所有权。

4. 出让

土地使用者通过出让方式取得的国有土地使用权，我们称其为国有出让土地使用权。出让土地使用权是20世纪80年代末以来，我国土地使用制度改革中出现的一种新的权利类型，标志着我国土地有偿使用制度的确立和土地供给制度的根本转变。

国有出让土地使用权，是指国家将国有土地使用权在一定年限内出让给土地使用者，由土地使用者向国家支付土地使用权出让金的行为。它具有以下法律特征：(1)出让土地使用权依出让合同而取得。出让合同是民事法律行为。出让合同的出让方只能是国有土地的所有者——国家。在实践中，往往是由国家授权各级人民政府土地管理部门来代表行使。(2)国有土地使用权出让实行有偿出让。受让人应按照合同规定，向出让方支付土地出让金。土地出让金是土地使用者取得国有土地使用权应付的对价。(3)出让土地使用权是有期限限制的。

土地使用权出让合同，一般应当以如下三种方式订立：

第一，协议。即由主持出让的地方政府和用地人双方协商，形成一致意见后订立合同。具体而言，以协议方式出让土地使用权是由市、县人民政府土地管理部门根据土地用途、建设规划要求、土地开发程度等情况，与受让申请人协商用地条件和土地使用出让金，双方经过协商达成协议后，受让方便依据协议取得土地使用权。以协议方式出让国有土地使用权时，可以不必依据市场价格确定出让金。因此，在我国，以协议方式订立出让合同的用地人，应该限制在公益性法人或者政策扶持的群体范围内。

第二，招标。即由主持出让的地方政府以招标的方式选择用地人，并与其订立出让合同。招标方式，主要使用在大型建设项目的用地情形下。具体而言，以招标方式出让土地使用权是由市、县人民政府的土地管理部门向符合规定条件的单位发出招标邀请书或者向社会公众公布招标条件,通过合法的招标程序择优确定中标者,向其出让土地使用权。招标方式包括邀请招标和公开招标。

第三,拍卖。即由主持出让的地方政府在市场上以拍卖的方式选择用地人,并与其订立出让合同。具体而言,拍卖方式出让土地使用权,是由市、县人民政府的土地管理部门或其委托的拍卖机构,在指定的时间、地点,通过拍卖的方式公开竞价,以出价最高者为受让人出让土地使用权。

上述三种土地使用权的出让方式各有利弊。协议方式简便易行,程序简单,但欠缺市场竞争机制,不利于土地使用者公平竞争;招标、拍卖方式具有较高透明度,引入市场竞争机制,为土地使用者提供平等竞争机会,有利于维护国家的合法权益,但是程序相对比较复杂,成本较高。因此,各地方政府在出让土地时,应权衡利弊,选择相对较优的出让方式。

三、国有土地使用权的消灭

国有土地使用权可因如下原因而消灭:

1. 自然消灭

我国《城市房地产管理法》第二十条规定,土地使用权因土地灭失而终止。土地使用权以权利人占有土地为前提,如果土地全部灭失或部分灭失,则对土地的权利因标的物不存在自然也跟着全部消灭或部分消灭。土地灭失的原因可以是自然原因,也可以是人为的原因。前者如地震、洪水等;后者如爆破等。在土地部分灭失时,土地使用权人有权要求减免与土地灭失部分相应的租金。

2. 国家提前收回土地

国家提前收回土地指的是国家在满足一定条件和程序的前提下,基于公权力在土地使用权期限届满之前将其收回的行为。根据我国现有的法律规定,国家提前收回国有土地的使用权,应当满足以下条件:(1)在程序上,必须由有关人民政府土地管理部门报经原批准用地的人民政府或者有批准权的人民政府批准。(2)须为公共利益需要使用土地或者为实施城市规划进行旧城区改建需要调整使用土地。(3)对土地使用权人应当给予适当补偿。在国家提前收回国有土地的使用权之后,公民、法人的国有土地使用权消灭,国家的土地所有权又回复到最初的圆满支配状态,土地所有权又成为完整的所有权。

3. 按期收回

土地使用权期限届满,如果土地使用权人又未申请续期,则土地使用权自然消灭,国家从而取得了对土地完整的支配权。

第二节 集体土地使用权

一、集体土地使用权的概念

集体土地使用权,是指土地使用者依照法律规定或合同约定,对农民集体所有的土地享有的占有、使用和收益的权利。集体土地使用权是由集体土地所有权派生的一种具有物权性质的权利。它具有以下法律特征:

1. 土地使用权的主体具有特定性。集体土地所有权的性质决定集体土地使用权的主体主要是农村的集体组织和农业集体组织的内部成员。集体土地使用权的取得,在大多数情况下,是以农村集体经济组织内部成员为必要条件的,这就决定了集体土地使用权主体的范围是特定的。一般而言,只有农村集体经济组织的内部成员和乡村的集体性质的组织,才能取得集体土地的使用权。

2. 集体土地使用权的取得一般是无偿的。集体土地使用权的取得一般不必支付地租性质的费用,因此,集体土地使用权的取得是无偿的。

3. 集体土地使用权的行使须受到较多限制。由于集体土地主要是农业用地,建设用地的增加就会直接或间接地导致农用地减少。集体土地使用权的行使必须遵守有关法律的规定。我国《土地管理法》对集体土地的使用做了严格的规定,如:"农村村民一户只能拥有一处宅基地,其宅基地面积不得超过省、自治区、直辖市规定的标准。""农民集体所有的土地的使用权不得出让、转让或者出租用于非农业建设。"等等。

二、集体土地使用权的行使

集体土地使用权的内容主要是指集体土地建设用地,即乡(镇)集体经济组织和农民个人投资进行各项非农业建设所使用的土地。它主要包括:乡(镇)公用事业用地和公共设施用地,以及农村居民住宅用地。集体土地建设用地经依法批准使用,并领取集体土地使用证后,用地人便依法取得土地使用权。集体土地使用权受国家法律保护,任何单位和个人不得侵犯;但任何权利都是与一定的义务相对应的,土地使用权人在行使权利时,也必须履行一定的义务,比如遵守国家有关法律的规定。首先,用地者必须按照批准的用途使用土地,不准擅自扩大用地面积或改变土地用途;其次,用地人在使用土地期间如遇国家建设需要征用土地,有义务服从国家和社会公共利益的需要;此外,土地使用权人在使用土

地期间还负有正确处理相邻关系,正确行使土地使用权,以及依法纳税等义务。对于集体土地建设用地的使用还必须遵循以下原则:

1. 必须符合乡(镇)土地利用的总体规划。乡(镇)土地利用总体规划是镇、乡村建设使用土地的主要依据,一切建设用地的使用和批准,都必须符合乡(镇)土地利用的总体规划的要求。

2. 必须经过县级以上的人民政府依法批准。根据我国《土地管理法》的规定,不论乡(镇)企业建设,乡(镇)村公共设施和公益事业建设,还是农村居民建住宅,都必须经有批准权的人民政府依法批准,否则,将被视为非法占地,按非法占地处理。

3. 乡(镇)村建设占用土地严格控制占用耕地。原则上,集体土地建设用地的规模不得再扩大。如确需扩大规模或占用耕地,必须对农村土地进行调整,采取必要措施相应地增加耕地面积,保证耕地总量不减少。

三、集体土地使用权的收回

我国《土地管理法》第六十五条规定,在法定情形出现时,农村集体经济组织可以报经原批准用地的人民政府批准,收回土地使用权。收回土地使用权的情形,主要有以下几种:(1)因乡(镇)村公共利益的需要。为了乡(镇)村公共利益的需要,集体经济组织可以收回土地使用权。集体经济组织对土地使用权人由此而受到的损失应给予合理补偿。(2)土地使用人不按照政府批准的土地用途使用土地。土地使用者经依法批准使用土地后,擅自改变土地用途的,集体经济组织可以收回土地使用权。因擅自改变土地用途而被收回土地使用权的,土地使用人无权要求补偿。(3)因撤销、迁移等原因停止使用土地的。乡(镇)企业和公益事业单位因被撤销或迁移他处,不再需要或无法使用原土地的,集体经济组织可以收回使用权,重新安排土地的使用。

集体土地建设用地被依法收回后,土地使用者享有的建设用地使用权即告终止。

第三节 土地承包经营权

一、土地承包经营权概述

(一)土地承包经营权的概念

土地承包经营权类似于大陆法系物权法中的永佃权。永佃权源自古罗马法,指以支付佃租为对价而永久在他人土地上进行耕作或畜牧的权利。在罗马法上,永佃权被视为一种独立的物权,因其以土地的占有、使用和从中获得收益为目的,所以被纳入用益物权的范畴。自此,后世许多国家的民法都借鉴该制度对永佃权作了相应的规定。随着我国社会主义土地公有制的确立,尤其是党的十一届三中全会以来,在全国范围内掀起的农村经济体制改革,以农地所有权和使用权相分离为基本内涵,逐步确立了一个通行且被法律所认可的权利名称即土地承包经营权。土地承包经营权是我国农村土地法律制度中的特有概念,是中国农村集体经济组织实行土地承包责任制的产物。我国2007年3月颁布的《物权法》第一百二十四条明确规定"依法实行土地承包经营制度",并于第一百二十五条规定:"土地承包经营权人依法对其承包经营的耕地、林地、草地等享有占有、使用和收益的权利,有权从事种植业、林业、畜牧业等农业生产。"对土地承包经营权的含义做出了界定。

(二)土地承包经营权的特征

农民通过土地承包合同取得的农村土地承包经营权具有物权性质,是一种用益物权,具有以下法律特征:

1. 权利主体的限定性。土地承包经营权的主体是农村集体组织内部的农户以及其他单位与个人。依据《农村土地承包法》,土地承包经营权的主体主要是两类:(1)农村集体经济组织内的农户。这种由集体经济组织内部的农户以家庭为单位进行的承包为家庭承包。[①] (2)农村集体经济组织以外的单位与个人。但该类主体的承包主要适用于那些不宜以家庭承包方式承包的荒山、荒沟、荒丘、荒滩等农村土地,且须履行一定的程序。而且,根据我国《农村土地承包法》第四十七条规定,在同等条件下,本集体经济组织成员较之以其他方式承包农村土地的单位与个人,享有优先承包的权利。

2. 权利客体的限定性。土地承包经营权的客体是农村土地。农村土地是指,农民集体所有的和国家所有依法由农民集体使用的耕地、林地、草地,以及其他依法用于农业的土地。所谓其他依法用于农业的土地主要是指荒山、荒沟、荒丘、荒滩等农村土地。我国《农村土地承包法》将耕地、林地、草地作为农村土地承包经营权的主要权利客体,我国《物权法》也沿用了这一规定,并且将荒山、荒沟、荒丘、荒滩等农村土地纳入了土地承包经营权的客体范围。

---

① 参见王宗非主编:《农村土地承包法释义与适用》,人民法院出版社2002年版,第43页。

3. 权利设立目的的特殊性。土地承包经营权的客体实际上决定了土地承包经营权的设置目的。由于土地承包经营权的客体主要是耕地、林地、草地等农村土地,这必然决定了该权利设置旨在由权利人从事种植业、林业和畜牧业等农业生产。权利人应当维持土地的农业用途,不得将土地用于非农业建设。

4. 权利行使的限定性和有期限性。农村土地承包经营权人不享有对土地、水面等自然资源的处分权能,任何承包经营权人不得出卖、抵押或者以其他方式非法处分承包的财产。在农村土地承包后,土地的所有权性质没有改变,承包地不得买卖。承包经营权人应当依法合理开发和利用土地资源,未经依法批准不得将承包土地用于非农业建设。土地承包经营权是有期限限制的物权。根据我国《农村土地承包法》和《物权法》的规定,耕地的承包期为三十年;草地的承包期为三十年至五十年;林地的承包期为三十年至七十年,特殊林木的林地承包期,经国务院林业行政主管部门批准可以延长。在承包期届满时,由土地承包经营权人按照国家规定继续承包。只要承包人没有重大的不当理由,均应由原承包人继续承包,除非当事人另有约定,以稳定农村的社会经济结构。

二、土地承包经营权的取得

(一)通过家庭承包合同设立

我国《物权法》第一百二十七条规定,土地承包经营权自土地承包经营权合同生效时设立。取得土地承包经营权,首先要由土地所有权人与土地使用人签订土地承包经营权合同。在土地承包经营权设立中不采取登记生效主义,即登记并非土地承包经营权的设立要件。设立土地承包经营权只要承包合同生效即可,登记只是对抗第三人的要件。

土地承包经营合同具有以下特征:(1)土地承包经营合同是双务合同。土地所有人应将标的土地交于承包人占有、使用、收益,并且不得非法干涉土地承包经营权人行使权利;土地承包经营权人应当按照土地用途使用土地,并应履行合同义务。(2)土地承包经营合同为要式合同,应当采取书面形式。为明确双方权利义务,保障承包人的合法权利,必然要求土地承包经营权合同采取书面形式签订。(3)土地承包经营权合同可以是有偿的,也可以是无偿的。土地承包经营权往往是有偿的,当事人在合同中约定承包费的,土地承包经营权人应依约定的数额、期限和方式向土地所有人支付费用。而对于农村"自留地"、"口粮田"则没有承包费,实属无偿设立土地承包经营权。根据我国《农村土地承包法》第二十一条规定,土地承包经营权合同一般包括以下内容:发包方和承包方的名称、发包方负责人和承包方代表的姓名和住所;承包土地的名称、坐落、面积和质量登记;承包期限和起止期限;承包土地的用途;发包方和承包方的权利与义务;违约责任等等。

合同签订生效后,县级以上地方人民政府应当向土地承包经营权人发放土地承包经营权证、林权证或草原使用权证,并且登记造册,确认土地承包经营权。

(二)通过其他方式设立

其他方式的承包,是指不宜采取承包方式的荒山、荒沟、荒丘、荒滩等农村土地,可以采取招标、拍卖、公开协商等方式承包。但在同等条件下,本集体经济组织成员享有优先承包权;发包方将农村土地发包给本集体经济组织以外的单位或个人承包的,应当对承包方的资信情况和经营能力进行审查,事先经本集体经济组织的村民会议 2/3 以上的成员或村民代表同意,并报乡(镇)人民政府和县级人民政府农业行政主管部门批准。以其他方式承包农村土地的,也应当签订承包合同,当事人的权利和义务、承包期限等,由双方协商确定。当事人要求登记的,应当向县级以上地方人民政府申请土地承包经营权登记。

三、土地承包经营权的内容

农村土地承包经营权的内容即发包方和承包方双方的权利和义务。

(一)发包方的权利和义务

1. 发包方享有的主要权利:(1)监督承包方依照合同约定的用途合理利用和保护土地;(2)制止承包方损害承包地和农业资源的行为;(3)在承包期内,承包经营权人全家迁入所设区的市,转为非农业户口而未交回承包耕地和草地的,发包人可以收回承包的土地;(4)合同约定和法律、法规规定的其他权利。如依法收取公益提留、承包费,在符合法定条件和程序的情况下调整承包地等。[1]

2. 发包方的主要义务:(1)维护承包方的土地承包经营权,不得非法变更、解除承包合同;(2)尊重承包方的生产经营自主权,不得干涉承包方依法进行正常的生产经营活动;(3)依照承包合同的约定为承包方提供生产技术、信息等服务;(4)执行县、乡(镇)土地利用总体规划,组织本集体经济组织内的农业基础设施建设;(5)合同约定和法律、法规规定的其他义务。

---

[1] 参见江平主编:《中国物权法教程》,知识产权出版社 2007 年版,第 320 页。

(二)承包方的权利和义务

1. 承包方享有的主要权利:(1)对承包土地依法享有占有、使用和收益的权利;(2)对土地承包经营权享有依法转包、出租、互换、转让等流转的权利;(3)对土地承包经营权享有分割或者合并等变更的权利;(4)在承包地被依法征用、占有时依法获得相应的补偿的权利,此外,在承包方于承包期内交回承包地或者发包方依法收回承包地以及承包权依法流转时,承包方对其在承包土地上的有益投入,享有投资补偿权;(5)合同约定和法律、法规规定的其他权利。

2. 承包方的主要义务:(1)维持土地的农业用途,不得用于非农建设;(2)依法保护和合理利用土地,不得给土地造成永久性损害;(3)合同约定和法律、法规规定的其他义务。如依法缴纳提留,依约定的方式、数额等缴纳承包费用等。

四、土地承包经营权的流转

农村土地承包经营权作为一种物权具有流转性,在稳定家庭承包经营的基础上,允许土地承包经营权的合理流动,是农业发展的客观要求。农村土地承包经营权流转,是指在不改变土地所有权性质(国家或集体所有)和土地农业用途的前提下,原承包方依法将土地承包经营权或者从土地承包经营权中分离出来的部分权利移转给他人的行为。土地承包经营权流转应当遵循以下原则:(1)平等协商、自愿、有偿,任何组织和个人不得强迫或者组织承包方进行土地经营权流转;(2)不得改变土地所有权的性质和土地的农业用途;(3)流转的期限不得超过承包期的剩余期限;(4)受让方须有农业经营能力;(5)在同等条件下,本集体经济组织成员享有优先权。

根据我国《物权法》,土地承包经营权的流转方式具体包括以下四种:转包、出租、互换和转让。

所谓转包,是指土地承包经营权人与其他有农业经营能力的人签订合同,由承包人享有合同权利,履行合同义务的行为。在转包条件下,同时存在发包人与承包人之间、承包人与转包人之间两个承包合同。转、承包人享有的是合同上的债权。

所谓出租,是指土地承包经营权人与其他有农业经营能力的人签订租赁合同,由承租人享有合同权利,履行合同义务的行为。在租赁情况下,同时存在发包人与承包人之间、承包人(出租人)与承租人之间两个合同。承租人享有的仍然是一种合同上的债权。

所谓互换,是指土地承包经营权人与其他有农业经营能力的人签订合同,将两者的土地承包经营权进行交换,变更各自权利主体的行为。互换导致的是物权法上的效果,即两个物权均变更了权利人。

所谓转让,是指土地承包经营权人与其他有农业经营能力的人签订合同,由他人代替承包人成为合同的主体,原承包人退出承包合同关系的行为。在转让的情况下,发生的也是物权法上的效果,即原承包权人丧失用益物权,受让人成为新的土地承包经营权人。

除了以上四种流转方式,对于抵押是否能成为土地承包经营权的流转方式,在理论上存在很大争议。反对者认为,我国尚未建立农村的社会保障制度,目前实际上由土地承包制度来代行这一职能。如果土地承包经营权可以抵押,则大量土地承包权人可能因不能清偿债务而导致抵押权人行使抵押权,最终使承包权人丧失其赖以生存的土地,诱发社会的不稳定。而赞成者则认为,农户在向市场经济化方向发展的经营过程中有融资的需要,而我国农户普遍缺乏可担保融资的财产,致使其融资需要严重得不到满足,对农户的自主、多样性承包经营活动造成了困难。允许农户以其土地承包经营权进行抵押,有利于缓解以上矛盾。但是从我国《物权法》的规定来看,土地承包经营权的流转方式中不包括抵押,允许抵押的仅限于《物权法》第一百三十三条规定的非以家庭承包方式取得的农村"四荒地"(荒山、荒沟、荒丘、荒滩)上的土地承包经营权。

转包、出租、互换、转让和抵押行为均须以合法有效的合同为其基础,此合同应当以书面形式订立。在土地承包经营权的上述几种流转方式中,出租与转包不涉及物权变动,因此不涉及登记;而互换和转让属于物权变动,存在登记问题。我国《物权法》第一百二十九条规定:"土地承包经营权人将土地承包经营权互换、转让,当事人要求登记的,应当向县级以上地方人民政府申请土地承包经营权变更登记;未经登记,不得对抗善意第三人。"根据该条,我国立法上对土地承包经营权的变更采取登记对抗主义。是否申请变更登记,完全听凭当事人自愿,如果当事人提出申请,则由县级以上人民政府进行登记。而如果当事人签订合同后,未申请变更登记的,土地承包经营权也发生转移,只是不得对抗善意第三人。此处的第三人是指对土地承包经营权已发生变更不知情的第三人。

五、土地承包经营权的消灭

按照《农村土地承包法》等有关法律的规定,土地承包经营权的消灭事由主要有:

1. 农村土地承包经营期限届满。耕地的承包期为三十年;草地的承包期为三十年至五十年;林地的承包期为三十年至七十年,特殊林木的林地承包期,经国务院林业行政主管部门批准可以延长。合同中规定的土地承包期限届满时,承包方的土地承包经营权消灭。

2. 承包方在承包期内交回承包土地。一般而言,存在两种情形:一是在承包期内,承包方自愿将承包土地交回发包方。自愿交回承包土地的,应当提前半年以书面形式通知发包方,且在承包期内不得再要求承包土地;二是承包期内,承包方全家迁入所设区的市,转为非农业户口的,承包人应将承包的耕地和草地交回发包方。①

3. 发包方在承包期内依法收回土地。在承包期内,承包方全家迁入设区的市,转为非农业户口的,如果其不交回承包的耕地和林地,发包方可以收回。但是在承包期内,出现下列情形时,发包人不得提前收回土地:第一,在承包期内,承包方全家迁入小城镇落户的,应当按照承包方的意愿,保留其土地承包经营权或者允许其依法进行土地承包经营权流转;第二,在承包期内,妇女结婚并在新居住地未取得承包地的,以及妇女离婚或丧偶但仍在原居住地生活的,发包方不得收回其原承包地;第三,承包期内,发包方不得假借少数服从多数强迫承包方放弃或者变更土地承包经营权;第四,承包期内,发包方不得以"口粮田"和"责任田"等为由收回承包地搞招标承包;第五,承包期内,发包方不得将承包地收回折抵欠款。②

4. 农地被依法征收。国家因公共利益的需要,可以依法征用集体土地,此时设立于该集体土地之上的原承包人的承包经营权归于消灭,但原承包人可以申请调整新的承包地。

5. 土地承包经营权被依法转让。承包方依法将土地承包经营权转让给第三人的,原承包关系消灭,第三人与发包方成立新的承包关系,这是土地承包经营权的相对消灭。

第四节　建设用地使用权

一、建设用地使用权概述

依土地使用的目的,我国实践中现存的、有重大社会现实意义的土地使用权

---

① 参见江平主编:《中国物权法教程》,知识产权出版社2007年版,第316页。
② 参见江平主编:《〈中华人民共和国物权法〉解读》,中国政法大学出版社2007年版,第176页。

有两种：一是对国家所有土地的利用，即在国家土地上进行建设并拥有建筑物、构筑物的权利；二是对集体所有土地的利用，即在集体土地上建造并拥有住宅及附属设施的权利。若将此两种土地使用权同归于"土地使用权"一个概念委实欠妥。因此，我国《物权法》将这两种权利分门别类，前者称为建设用地使用权，后者称为宅基地使用权。本书亦将分专节进行介绍。

根据我国《物权法》第一百三十五条的规定，所谓建设用地使用权，即指建设用地使用权人依法对国家所有的土地享有占有、使用和收益的权利，有权利用该土地建造建筑物、构筑物及其附属设施。建设用地使用权的内容包括占有、使用、收益三项，此即意味着建设用地使用权就其性质而言，是一种他物权、用益物权。其一，建设用地使用权在他人土地上设立，是他物权；其二，建设用地使用权以占有国有土地为前提，以对他人土地进行使用收益为目的，是用益物权。建设用地使用权作为用益物权之一种，其法律特征如下：

1. 建设用地使用权是限制物权。建设用地使用权一方面受到法律限制，不包括处分权，不得永久设立，又受到土地所有人的限制，在土地用途和使用费上受所有权人意思约束；另一方面该权利又对所有权人进行了限制，约束了所有权人对土地的实际支配，是典型的限制物权。

2. 建设用地使用权的标的的特定性。建设用地使用权的标的为国有土地，如果集体土地要设立建设用地使用权的，必须依照法律规定进行征收，将集体土地转化为国有土地，才能设立建设用地使用权。

3. 建设用地使用权目的的特定性。建设用地使用权人对土地的利用方式为"利用该土地建造建筑物、构筑物及其附属设施"。建筑物和构筑物都是指固定于土地上的人工修建的场所与物体。区别在于，建筑物特指人可以在其中进行生活或生产经营活动的房屋或其他场所，如住宅、办公楼、厂房等；而构筑物则是指人不能在其中进行生活或生产经营活动的物体，如道路、桥梁、隧道等。附属设施，依具体情况，指建筑物、构筑物所附属的园林竹、草坪等。

二、空间建设用地使用权

(一)空间建设用地使用权的概念

在经济与科技尚不发达时期，人们还无法对地上地下的空间进行有效利用，因此，传统民法认为，地上地下的空间是附属于土地所有权的。但是，近代以来，由于经济与科技的迅猛发展，使得地上地下的空间利用成为了可能和现实，空间也开始出现了权利化的趋势。而且由于空间具有了脱离地表的可支配性和经济价值,使得空间利益逐步物权化。

然而,对于空间权究竟是一种独立的新型用益物权,还是旧有用益物权的一种新权利内容?应当在物权法中单独规定,还是纳入用益物权的规定之中?学者之间存在争议。根据我国新颁布的《物权法》,立法者采纳了后一种观点,将空间权视为旧有用益物权的一种新权利内容,纳入用益物权的规定之中,并称其为空间建设用地使用权。我国《物权法》第一百三十六条规定:"建设用地使用权可以在土地的地表、地上或者地下分别设立。新设立的建设用地使用权,不得损害已设立的用益物权。"

(二)空间建设用地使用权的设立

设立空间建设用地使用权应遵循以下原则:

首先,有权设立建设用地使用权的主体只能是土地所有权人,已取得地表建设用地使用权的用益物权人不具有该项设立权。

其次,设立空间建设用地使用权必须以合同形式设立。合同主体为土地所有权人与有使用空间需要者。采用合同形式有助于明确双方的权利义务,维护双方的合法权益。

最后,设立空间建设用地使用权必须为物权登记。登记是物权变动要件,如果当事人仅仅签订合同而未予登记,则空间建设用地使用权并未设立,但合同仍然有效,非违约方得依合同追究违约方的违约责任。

(三)空间建设用地使用权与其他用益物权人的利益

新设立的空间建设用地使用权,可能会与同宗土地上的其他用益物权相冲突,尤其可能与同宗土地上已建立的建设用地使用权相冲突。根据我国《物权法》第一百三十六条的规定,新设立的空间建设用地使用权不得损害已设立的用益物权。因此,其他用益物权设立在先,应保护既得权利者的权利不受侵害。如果设立空间建设用地使用权侵害既存用益物权人的,由当事人双方协商解决;在当事人不能协商解决时,原则上应该认定空间建设用地使用权合同因违反强行法而无效,从而导致该用益物权设立无效。

但是,如果空间建设用地使用权并未妨碍到其他用益物权人的,则其他用益物权人不能阻止空间建设用地使用权的设立,以达到物尽其用的目的。

三、建设用地使用权的取得

划拨和出让是两种主要的建设用地使用权的取得方式,两种方式各有其特点。①

(一)建设用地使用权的划拨

所谓划拨,是指县级以上人民政府根据法律规定的权限和审批程序,将国有土地无偿交付给符合法律规定条件的土地使用者的行为。

划拨具有以下特点:

1. 公益目的性。划拨设立建设用地使用权,必须以公益为目的,如国家机关、国防、基础设施及其他公益事业等。

2. 无偿性。以划拨方式取得建设用地的用益物权人,不必支付土地出让金。虽然划拨取得建设用地使用权人仍须支付补偿费和安置费,但是从法律的角度来看,这些费用的性质并非合同对价,也大大低于出让金,因此划拨方式取得的建设用地使用权具有无偿性。

3. 转让受限制性。由于划拨的公益目的性和无偿性,划拨取得的建设用地使用权的用益物权人在转让其权利时,应当受到严格的限制,否则必然造成国家公益目的的落空和社会的不公。划拨取得建设用地的用益物权人,必须在缴纳足额出让金后才能转让其权利。

4. 行政性。由于划拨土地目的的特定性,且具有无偿无期限性的特点,因此,必须经过严格的行政审批程序,才能取得划拨建设用地使用权。

根据《城市房地产管理法》的规定,下列国有土地的使用权,确实必要的,可以由县级以上人民政府依法批准划拨:(1)国家机关用地和军事用地;(2)城市基础设施用地和公益性事业用地;(3)国家重点扶持的能源交通、水利等项目用地;(4)法律、行政法规规定的其他用地。

(二)建设用地使用权的出让

建设用地使用权的出让,是指国家将其所有的土地使用权在一定年限内出让给土地使用者,由土地使用者向国家支付建设用地使用权出让金的行为。与

---

① 参见本书编写组编:《〈中国物权法〉辅导读本》,中国民主法制出版社 2007 年版,第 278~280 页。

划拨相比,出让具有以下特点:(1)交易性。出让是国家作为土地所有权人与有用地需要的其他民事主体之间的交易行为,且此种交易行为必须以书面合同的形式完成。(2)有偿性。交易性决定了有偿性,各类主体均须缴纳出让金,才能取得建设用地使用权。(3)有期限性。与划拨建设用地使用权的无期限性相比,依出让取得的建设用地使用权,均设有期限,期限届满,建设用地使用权即归于消灭,土地所有权人恢复对土地的完全支配。

关于出让的方式,主要有协议出让、拍卖、招标、挂牌①四种。协议出让是指,由出让人根据用地的性质、功能和土地开发利用的特点确定建设用地使用权人,或由用地需要的主体直接向出让方发出有偿使用土地的意思表示,由双方协商并达成合意的出让方式。由于协议取得建设用地使用权的程序不公开、不透明,而土地出让利益巨大,容易滋生腐败,我国《物权法》第一百三十七条第二款规定:"工业、商业、旅游、娱乐和商品住宅等经营性用地以及同一土地有两个以上意向用地者的,应当采取招标、拍卖等公开竞价的方式出让。"以招标、拍卖或者公开竞价的方式来缓解出让实践中的腐败问题。一般而言,建设用地使用权出让合同应包括下列条款:(一)当事人的名称和住所;(二)土地界址、面积等;(三)建筑物、构筑物及其附属设施占用的空间;(四)土地用途;(五)使用期限;(六)出让金等费用及其支付方式;(七)解决争议的方法。

四、建设用地使用权的内容

建设用地使用权的内容主要是指建设用地使用权人的权利和义务。

(一)建设用地使用权人的权利

1. 对土地的占有、使用权。建设用地使用权即为用益物权,以占有为前提。建设用地使用权的设立目的在于对标的物的使用、收益,因此,建设用地使用权人可以利用该土地建造建筑物、构筑物及其他附属设施,但不得违反当事人就土地用途的约定。

2. 对地上建造的建筑物、构筑物及其他附属设施享有所有权。建造本身是取得地上物所有权的一种事实行为。建设用地使用权人取得该土地使用权的目

---

① 所谓挂牌,是指出让人发布挂牌公告,按公告规定的期限将拟出让的宗地的交易条件在指定的土地交易场所挂牌公布,接受竞买人的报价申请并更新挂牌价格,根据挂牌期限截止时的出让结果确定土地使用者的行为。挂牌也是一种公开竞价的方式。

的正在于以该土地为承载地上物的基础,建造并取得地上物的所有权,并加以利用收益。因此,建设用地使用权人享有对该土地上建造的建筑物、构筑物及其他附属设施的所有权。

(二)建设用地使用权人的义务

1. 合理利用土地的义务。所谓合理利用土地,指权利人应依建设用地的法律属性和自然属性利用土地,保护土地的使用价值。由于我国土地资源稀缺,所以应严格保护土地的使用价值。建设用地使用权人作为在一定期间内的土地的实际控制者,应负有保护该土地资源的义务;且这是一项法定的义务,当事人不得以其约定排除或改变。

2. 依土地用途进行使用的义务。土地用途是建设用地使用权的必备登记事项。由于土地涉及国家对土地的总体规划,因此用益物权人不得自行改变,也不得由当事人约定变更。如果确实需要改变土地用途的,必须在当事人协商一致的基础上,经有关行政主管部门进行审批后,才能变更登记用途。

3. 支付建设用地使用权出让金的义务。以出让方式取得建设用地使用权的,使用权人必须依法支付出让金;以划拨方式取得建设用地使用权的,无须支付出让金,但在转让时,应当由受让方办理建设用地使用权出让手续并缴纳出让金。出让金以一次性支付为原则,但在当事人有特别约定的情况下,也可以约定分期支付出让金,但此期限不宜过长,以不超过2年为宜。如果建设用地使用权人未按照上述规定缴纳出让金,出让人则取得法定解除权,出让合同一经解除,建设用地使用权即未设立。

五、建设用地使用权的流转

我国《物权法》第一百四十三条规定:"建设用地使用权人有权将建设用地使用权转让、互换、出资、赠与或者抵押,但法律另有规定的除外。"我国《物权法》从立法上确立了转让、互换、出资、赠与、抵押五种流转方式,究其实质而言,此五种方式均为建设用地使用权主体的变更。之所以确认建设用地使用权人对其权利进行依法处分,一方面是肯定和保护权利人合法权利的需要;另一方面也在于促使土地这一重要生产要素向更能产生价值的方向流动,从而加快土地资源市场化,增进土地利用效率。

建设用地使用权的流转应当遵守以下规则:

1. 转让、互换、赠与建设用地使用权的,准用《合同法》关于买卖、互易、赠与合同的规定,法律另有规定的情形除外。

2. 对建设用地使用权移转合同的形式,一律采用书面形式,以明确当事人的权利义务,减少此类重大利益的合同纠纷。

3. 建设用地使用权转让、互换、出资或者赠与的,应当向登记机关申请变更登记。如不登记,不发生变更的效力。以建设用地使用权抵押的,必须依法签订抵押合同并办理抵押权登记,未办理抵押登记的,抵押权不得设立。

4. 建设用地使用权的移转,合同约定的期限不得超过权利的最长法定期限。依据我国《城镇国有土地使用权出让和转让暂行条例》第十二条的规定:"土地使用权出让最高年限按下列用途确定:(1)居住用地70年。(2)工业用地50年。(3)教育、科技、文化、卫生、体育用地50年。(4)商业、旅游、娱乐用地40年。(5)综合或者其他用地50年。"

六、建设用地使用权的消灭

建设用地使用权因下列原因而归于消灭:

1. 建设用地使用权期限届满以及建设用地使用权期限届满未续期。建设用地使用权期限届满未续期包括建设用地使用权人未请求续期及请求续期未获批准两种情形。

2. 建设用地使用权被征收。建设用地使用权期间届满前,因公共利益需要提前收回该土地。

3. 建设用地使用权被撤销。在三种情况下建设用地使用权会被土地所有权人撤销:(1)建设用地使用权人积欠地租达到一定期间,经土地所有权人催告,可以撤销建设用地使用权;(2)建设用地使用权人违反按照约定用途使用土地的义务,经所有权人请求停止仍不停止或已经造成土地永久性损害的,土地所有权人可以撤销建设用地使用权;(3)建设用地使用权人未按合同约定开发土地达一定程度的。

4. 建设用地使用权的抛弃。此抛弃不得损害土地所有权人的利益。在建设用地使用权定有期限并定有地租的情况下,权利人须支付全部未到期的地租,才能发生抛弃的效力。

5. 建设用地使用权的混同。土地所有权人因某种原因取得该土地上的建设用地使用权,则用益物权因与所有权混同而消灭,但涉及第三人利益的除外。如建设用地使用权上已经存在了银行的抵押权,那么即使建设用地使用权与土地所有权同归于一人,建设用地使用权也不消灭。

6. 建设用地使用权因土地灭失而消灭。如土地因地震、洪水等自然灾害而灭失。若土地全部灭失,则建设用地使用权全部灭失;若土地部分灭失,则为建设用地使用权的变更。

建设用地使用权消灭后,权利人应当及时申请办理注销登记,并由登记机关收回权利证书。

第五节 宅基地使用权

一、宅基地使用权的概念和特征

宅基地使用权是我国特有的一种用益物权,它是指自然人(主要是农村村民)依法享有的,在集体所有的土地上下建造、保有房屋及附属设施的权利。从权利设立目的来看,宅基地使用权与建设用地使用权一样,都是权利人为了在他人土地上建造并取得建筑物及其他不动产所有权的一种权利,与土地承包经营权的种植并收获作物的目的是有区别的。与建设用地使用权相比,宅基地使用权具有下述特点:

1. 取得方式不同。从现行法律规定来看,宅基地使用权的取得主要是采取审批的方式,而建设用地使用权的取得则通过出让或划拨方式。

2. 权利内容不同。宅基地使用权的内容是在集体所有的土地上下建造、保有房屋及附属设施。宅基地使用权不能转让、抵押、投资入股,但建设用地使用权则可以转让、抵押及投资。

3. 权利主体的身份限制不同。建设用地使用权的主体基本上没有限制,自然人、法人均可;而宅基地使用权的主体只能是自然人,且限于集体经济组织的成员。

4. 权利客体不同。宅基地使用权的客体只能是农村集体所有的土地,而建设用地使用权的客体可以是国有和集体所有的土地。

5. 设立要件不同。建设用地使用权以登记作为其权利设立的要件,而宅基地使用权不经登记亦可设立。

6. 期限不同。宅基地使用权主体为本集体经济组织成员,没有期限限制;而建设用地使用权则有明确的期限,且不得超过法定的最高期限。

7. 是否有偿不同。建设用地使用权以出让方式设立时,必须缴纳出让金;而宅基地使用权是由本集体经济组织成员无偿取得的。

二、宅基地使用权的取得

(一)宅基地使用权的取得原则

1. 不得违背乡镇土地利用规划的原则

宅基地使用权的取得要报经乡镇人民政府审核,应当符合乡镇土地利用的总体规划,并尽量使用原有的宅基地和村内闲地。

2. 一户村民一处宅基地的原则

由于土地资源的稀缺性,且宅基地一般为无偿使用,一户居民只能分配一处宅基地,其面积不得超过规定的标准。宅基地使用权不得转让或者设定抵押,因房屋所有权的转让或者房屋抵押权的实现以及抛弃等原因而丧失宅基地使用权的,原权利人不得再申请宅基地使用权。

(二)宅基地使用权的取得方式

宅基地使用权通常采取审批的方式,其程序大致如下:使用权人申请、土地所有人同意、乡镇人民政府审核、县级以上人民政府批准。根据我国《物权法》的规定,宅基地使用权,可以和建造在该宅基地上的住房所有权同时登记,也可以单独登记。宅基地使用权转让(继承和转让房屋所有权是导致宅基地使用权转移的两种情形),应当及时向县级以上登记机构申请变更登记。

三、宅基地使用权的内容

宅基地使用权的内容主要体现为宅基地使用权人的权利:

1. 占有、使用权。由于宅基地是集体经济组织无偿分配给本集体经济组织成员的基本生活资料,具有社会保障性质,因此,我国法律对宅基地的流转采取了严格禁止的态度。宅基地不得买卖、赠与、抵押、入股、单独出租。宅基地不具有收益和处分的权能,仅能占有和使用。宅基地使用权人可以对宅基地长期享有占有、使用的权利,有权在该土地上建造住房以及其他附属物,并享有实际上与房屋一并继承的权利。

2. 与建造并取得房屋及其他附属设施的所有权。使用宅基地的方法表现为权利人在宅基地上建造不动产并取得其所有权,此亦为宅基地使用权的设置目的之所在。

3. 与住房同时转让或者设定抵押的权利。宅基地使用权不得单独转让或者设定抵押,但该宅基地上的住房转让或者设定抵押时,由于宅基地与住房是不可分离的不动产,因而宅基地使用权与住房同时转让或者设定抵押。[1]

四、宅基地使用权的消灭

宅基地因以下原因而消灭:

1. 宅基地使用权的收回。包括宅基地使用权人擅自改变土地用途而被收回和长期闲置土地而被收回两种情形。

2. 宅基地灭失。宅基地因自然灾害等原因灭失的,宅基地使用权消灭,农村集体经济组织应当对没有宅基地的村民重新分配宅基地。宅基地灭失的,应当及时办理注销登记。

第六节 地役权

一、地役权的概念与特征

地役权是指为自己的不动产的便利而使用他人的不动产的权利。这里的"地"并不限于土地,也包括其他不动产,主要指地上建筑物。地役权具有以下鲜明的法律特征:

1. 地役权具有从属性。地役权的成立前提是需役地和供役地同时存在,且两者有使用上的协助需要。从属性具有两层含义:(1)地役权不得与需役地相分离而单独成为其他权利的标的,如果在需役地上设定其他权利,则地役权应该包括在内。(2)如果需役地要发生权属上的转移,则必须使地役权与其一同转移,而不能使需役地和地役权分割转移。[2] 需役地权利人不得自己保留所有权或者使用权,而单独将地役权让与他人,同样也不得自己保留地役权而将需役地所有权或使用权让与他人。根据我国《物权法》,地役权的从属性具体体现在两个方面:一是地役权不得单独抵押;二是土地承包经营权、建设用地使用权等抵押的,地役权一并抵押,抵押权实现时,地役权随着其附属的不动产权利一并移转。

2. 地役权的不可分割性。所谓地役权的不可分割性,是指地役权的发生、享有、消灭均及于供役地与需役地的全部,不得分割为数部分或仅为一部分而存

---

[1] 参见王胜明主编:《〈物权法〉学习问答》,中国民主法制出版社2007年版,第253页。
[2] 参见王泽鉴:《民法物权(用益物权·占有)》,中国政法大学出版社2001年版,第82页。

在。地役权之所以具有不可分割性,是因为地役权的设定是为了实现需役地的整体价值,它不可以分割为具体的数个部分。①

3. 地役权是为了自己不动产的便利而使用他人不动产的权利。地役权的设立目的就在于对相邻不动产的使用关系加以调整,使得需役地能够更好地发挥效用。地役权的具体内容既可以是为需役地提供现实的使用方便和利益,也可以是为需役地提供将来的使用便利。

4. 地役权可以是有偿的也可以是无偿的。地役权是对供役地所施加的超过法律规定的最低限度权利扩张的一种负担,所以一般来说是有偿的。但如果当事人约定为无偿的,约定优先。

5. 地役权的享有不以对土地的占有为要件。占有实质上是对权利客体一种较强力度的控制,地役权中的供役地只是为了需役地更好地实现其价值而承担了一定的辅助义务,所以地役权对客体的实际控制力需求较弱,也就不要求对供役地的实际占有。

二、地役权的取得

我国《物权法》第一百五十七条规定:"设立地役权,当事人应当采取书面形式订立地役权合同。"地役权因签订地役权合同而设立,该合同为要式合同、双务合同,必须以书面形式订立。② 地役权合同一般包括以下内容:

1. 双方当事人的姓名、名称及住所。双方当事人可以是土地所有人、承包经营权人、建设用地使用权人、宅基地使用权人、房屋所有权人、房屋使用人及其他不动产权利人。

2. 供役地与需役地的位置。双方应当明确供役地与需役地的方位、四至。

3. 利用的目的与方法。需役地人对供役地的利用方式通常有以下几种:通行权、管线通过权、排水权、取水权、采光权、通风权和眺望权。双方当事人约定利用供役地的方式时,应当同时约定利用方法,因为不同的利用方法对供役地人的影响不同,供役地人的忍受义务也不相同,由此决定了合同权利义务的差异。

4. 利用期限。地役权的期限由当事人自由约定,如果当事人未予约定,则认为是未定期限的,而不得认为是永久期限的,否则与所有权相冲突。合同中未定期限的,当事人若不能达成补充协议,则权利人与义务人均得随时终止合同,

---

① 参见王效贤、夏建三:《用益物权制度研究》,法律出版社2006年版,第193~194页。
② 参见杨立新主编:《大众物权法》,北京大学出版社2007年版,第180~181页。

从而消灭地役权,但应提前通知对方。

5. 费用及其支付方式。地役权可以有偿,也可以无偿,由当事人自由约定。若为有偿,则须同时约定支付方式。当事人若未约定,则推定为无偿。

6. 解决争议的方法。当事人可以在合同中约定一方承担违约责任的方式,也可以约定仲裁、诉讼及管辖法院等解决争议的方法。

以上仅为地役权合同的一般条款,倘若合同中不具备以上所列条款,并不影响合同效力,而是应当依照《合同法》合同解释的方式进行补充。

三、地役权的内容

(一)地役权人的权利与义务

1. 地役权人的权利

(1)利用供役地

地役权人的主要权利是按照合同约定的利用目的和方法利用供役地。地役权人对供役地的使用方式因地役权类型的不同而不同,可以是积极的作为使用,如通行权、排水权;也可以是通过要求供役地权利人不为一定行为而使用,如采光权、眺望权等。地役权的标的可以是地役权人独自享有、使用,也可以是地役权人和供役地权利人或者是地役权人之间共同享有、使用。由于地役权内容的复杂性,地役权当事人在订立地役权合同时,应当明确供役地使用范围、使用方式及其顺序。

但是,地役权人的使用必须是合法合理的,不得违背公序良俗,不得违背有关法律、法规关于土地规划方面的规定,否则将导致地役权的设置无效。

另外应当注意到的是,在一般情况下,地役权的内容不会发生冲突,因此地役权具有兼容性,同一标的物上可以容纳多项地役权。但是,如果同一供役地上设定的多项地役权的内容有所冲突,则应当根据先来后到的原则,按照设定顺序来依次行使。[1]

(2)为必要的附随行为设置并保有必要的附属设施

地役权设立的目的在于对需役地的便利,因此,地役权人在行使地役权时,不仅有权按照利用方式、范围行使权利,还有权从事必要的附随行为。例如,为了从供役地上取水,取水地役权人必须通过供役地,此种通过行为即属于行使地役权的附随行为;且此种附随行为是必要的,否则不能实现地役权的目的。地役

---

[1] 参见王泽鉴:《民法物权(用益物权·占有)》,中国政法大学出版社2001年版,第88页。

权人还可以为实现利用目的而在供役地上设置并保有附属设施,如为引水而建造水渠。此时,也无须为附属设施的建造而另行设定地上权,且修建附属设施以必要为前提,以实现地役权为目的。

2. 地役权人的义务

(1)损害避免

在进行必要的附属行为或者修建附属设施时,地役权人应当尽量减少对供役地的损害。我国《物权法》第一百六十条规定了"合理使用"。事实上,"合理使用"的要求是对地役权人义务的规定。地役权人应当选择对供役地损害最小的方式使用,以能够满足需役地使用之便利就足矣,并应尽可能减少对供役地权利人物权的限制。

(2)维持并允许使用附属设施

地役权为实现设定利用目的,在供役地上建造必要的附属设施之后,该附属设施的所有权归地役权人,且无须另行设定地上权。在此情况下,为了避免损失和浪费,实现对附属设施的充分利用,一般要求地役权人负有维持这些附属设施继续存在的义务,而且应当允许供役地所有人或使用人使用该附属设施。只要不妨碍地役权的行使,地役权人对此种使用的要求不得拒绝。

(二)供役地权利人的权利与义务

1. 使用附属设施的权利。在不妨碍地役权行使的前提下,地役权人应当允许供役地权利人使用附属设施。

2. 请求变更利用场所及方法的权利。在地役权设定之后,如果由于某种情况的出现或者条件的变化,在供役地上适当变更地役权的利用范围或者利用方式,能够在实现利用目的的前提下减轻供役地的负担,从而更有利于发挥不动产的整体效益;在不影响地役权设立目的的实现的前提下,供役地权利人请求变更场所或者方法的,地役权人不得拒绝。

3. 容忍和不作为义务。此义务是供役地权利人最主要的义务。地役权本身就是对供役地权利人所有权或者使用权的限制,根据地役权类型的不同,这种限制的方式和程度是不一样的。在积极地役权中,供役地权利人应容忍地役权人于供役地为一定行为;在消极地役权中,供役地权利人则负有不为一定行为的容忍义务。应当注意的是,此种容忍和不作为的义务的范围,主要根据当事人之间的约定来界定。如果当事人未予约定或者约定不明确的,应当依合同解释的方法,以有利于实现合同目的的方式来界定供役地权利人义务的合理范围。

4. 附属设施维持费用的分担义务。附属设施的维持费用,原则上应当由附属设施的所有权人即地役权人承担,但是供役地权利人使用附属设施且获益的情况下,应当由其与地役权人根据其受益程度共同分担。分担的比例由当事人自行约定。

四、地役权的消灭

地役权作为不动产物权可以适用不动产物权的一般消灭原因,但其有其独特的消灭原因,具体如下:

1. 地役权期限届满。地役权可以有期限,也可以无期限,但一般而言,通过合同行为设定的地役权都是有期限的。当事人设定地役权,其期限由当事人之间协商确定。如果在需役地或供役地上存在的权利有期限的限制,则地役权不得超过该权利的剩余期限。当地役权的期限届满而不再续期的情况下,地役权归于消灭。

2. 因约定消灭事由的发生而消灭。地役权多数是由当事人签订地役权合同产生的,当事人之间的合同约定不仅可以决定地役权的发生,也可以约定消灭事由;如果消灭事由出现,则地役权归于消灭。

3. 供役地权利人依法解除地役权设定合同。当出现以下两种情形时,供役地权利人可以行使解除权,终止地役权设定合同,消灭地役权:(1)地役权人违反法律规定或合同约定,滥用地役权;(2)地役权人有偿利用供役地,约定的付款期间届满后在合理期限内经两次催告未支付费用。

4. 抛弃地役权。地役权作为一种民事财产权,可以由权利人加以处分,亦可由权利人进行抛弃。地役权可以是有偿的,也可以是无偿的,均不影响地役权人对地役权抛弃的自由。只是在地役权无偿的情形中,地役权人可以随时任意地抛弃,但在地役权有偿的时候,地役权人不得以抛弃地役权为由逃避自己的义务。在地役权有偿设立的情形下,权利人必须在支付合同所约定的地租后,才可以抛弃地役权。地役权人抛弃地役权的,地役权从其抛弃之时起消灭。

5. 权利混同。如果供役地和需役地为一人所有,或者是由一人依法实际支配两地并进行使用时,则地役权因发生权利混同而消灭。

6. 供役地或者需役地的灭失。地役权的存在是以供役地和需役地的存在为前提的,所以,在供役地或需役地发生灭失时,地役权也就不再存在了。

7. 土地的征收。国家基于社会公共利益的需要而征收需役地或者供役地,致使地役权失去存在意义或者无法行使时,地役权消灭。在土地被征收时,应当给予地役权人合理的补偿。

第七节　用益物权的其他类型

海域使用权、探矿权、采矿权、取水权、养殖权和捕捞权是我国《物权法》确定的六种准物权或称为准用益物权。准物权,是指设立在土地以外的其他自然资源上,民事主体依法定程序,并经有关行政主管部门许可后而享有的对自然资源进行占有、使用、收益以及一定处分的权利。由于这些权利必须经行政特许才能设立,又称为"特许物权"。与一般用益物权相比,准物权具有以下特点:(1)准物权的设立、行使目的,在很大程度上是为了社会公共利益,为了保证自然资源合理和可持续性的利用,而非仅仅为了保护权利人,具有公法性质。(2)准物权的取得与自然资源主管部门的行政许可相联系,自然资源使用权的行使与自然资源的行政管理相联系。(3)准物权涉及自然资源的开发利用,并且与国家的产业政策密切相连,致使准物权规则具有很强的变动性。

一、海域使用权

所谓海域,根据《海域使用管理法》第二条的规定:"是指中华人民共和国内水、领海的水面、水体、海床和底土。"所谓内水是指中华人民共和国领海基线向陆地一侧至海岸线的海域。我国《海域使用管理法》第二条第三款进一步规定:"在中华人民共和国内水、领海持续使用特定海域3个月以上的排他性用海活动,适用本法。"据此,海域使用权是指依法经批准获得的持续使用特定海域3个月以上的排他性的使用权。海域使用权具有以下特点:

1. 海域使用权属于国家,海域使用权须经行政审批设立。海域使用权是以国家作为所有权人,经行政审批设立的用益物权,此种用益物权是有偿且有期限的。审批机关为县级以上人民政府海洋行政主管部门。[①]

2. 海域使用权必须依登记而设立。我国在海域使用权的设立上是采取登记生效主义,未登记的,海域使用权不能产生。

3. 海域使用权可依法转让。根据我国《海域使用管理法》的规定,海域使用

[①] 参见吴高盛主编:《〈中华人民共和国物权法〉解析》,人民法院出版社2007年版,第246页。

权可以转让。具体表现为,可以与他人合资、合作经营而变更海域使用权人,可以以海域使用权出资,并且可以依法继承。

二、探矿权与采矿权

根据我国《矿产资源法实施细则》第六条规定,探矿权,是指在依法取得的勘查许可证规定的范围内,勘察矿产资源的权利。采矿权,是指在依法取得的采矿许可证规定的范围内,开采矿产资源和获得所开采的矿产品的权利。

探矿权、采矿权的设立必须依法进行。根据我国《矿产资源法》第三条的规定:"矿产资源属于国家所有,由国务院行使国家对矿产资源的所有权。地表或者地下的矿产资源的国家所有权,不因其所依附的土地的所有权或者使用权的不同而改变。""各级人民政府必须加强矿产资源的保护工作。勘查、开采矿产资源,必须依法分别申请、经批准取得探矿权、采矿权,并办理登记。"在权利设立上,是以国家作为所有权人,依审批程序为民事主体设立探矿权和采矿权。且这两种准物权均采取登记生效主义,须经登记权利才能设立。[①]

探矿权、采矿权转让受到很大限制。依《矿产资源法》第六条:"除按下列规定可以转让外,探矿权、采矿权不得转让:(1)探矿权人有权在划定的勘查作业区内进行规定的勘查作业,有权优先取得勘查作业区内矿产资源的采矿权。探矿权人在完成规定的最低勘查投入后,经依法批准,可以将探矿权转让他人。(2)已取得采矿权的矿山企业,因企业合并后、分立,与他人合资、合作经营,或者因企业资产出售以及有其他变更企业资产产权的情形而需要变更采矿权主体的,经依法批准可以将采矿权转让他人采矿。前款规定的具体办法和实施步骤由国务院规定。禁止将探矿权、采矿权倒卖牟利。"根据该法条的规定,探矿权、采矿权必须经批准才能转让,并且以获利为目的的自由转让是被禁止的。

三、取 水 权

取水权,是指自然人、法人或其他组织依法经批准取得的利用水工程(闸、坝、渠等)或者机械设施直接从江河、湖泊或者地下取水的权利。

我国法律规定,国家是我国水资源的唯一所有权人,农村集体经济组织的水塘和由农村集体经济组织修建管理的水库中的水,归各农村集体经济组织使用。

[①] 参见吴高盛主编:《中华人民共和国物权法解析》,人民法院出版社2007年版,第247~248页。

除法定情形外，自然人、法人或其他组织有权取水，但是应当通过审批，获得取水许可证。上述的法定情形包括：农村集体经济组织及其成员使用本集体经济组织的水塘、水库中的水；为家庭生活、畜牧饮用取水的；为农业灌溉少量取水的；用人力、畜力或者其他方法少量取水的。[①]

四、养殖权与捕捞权

所谓养殖权，指使用人经申请批准，在国家和集体所有的水域和滩涂从事养殖经营的权利。国家所有的水域、滩涂，由使用者向县级以上政府渔业主管部门提出申请，由本级政府核发养殖证，从事养殖经营。[②] 集体所有的或国家所有集体使用的水域、滩涂，依承包经营的方式，进行养殖经营。

所谓捕捞权，是指使用人经申请批准，在我国管辖的内水、滩涂、领海、专属经济区以及我国管辖的一切其他海域内从事捕捞水生生物、水生植物等活动的权利。国家对捕捞业实行捕捞许可证制度和捕捞限额制度。捕捞权的取得，必须通过相关部门的审批。在依法取得捕捞许可证，获得捕捞权后，权利人有权在特定的区域内捕捞水生动物、水生植物，取得所捕捞的水生动植物的所有权。捕捞权不得买卖、出租和以其他形式转让。

[①] 参见全国人大常委会法制工作委员会民法室编著：《〈物权法〉（草案）参考》，中国民主法制出版社2005年版，第367页。

[②] 参见杨立新主编：《大众物权法》，北京大学出版社2007年版，第136页。

第四编 担保物权

第十二章 担保物权概述

第一节 担保物权的概念和特征

一、担保物权的概念

担保物权是与用益物权相对称的他物权。担保物权是指，为了确保特定债权的实现，债务人或者第三人以自己的动产、不动产或权利为标的而设定的，当债务人不履行债务时，权利人有权就该财产变价并优先受偿的一种限制物权。这一概念表明担保物权具有以下属性：第一，担保物权是物权的一种，具有物权的性质和效力；第二，担保物权是在他人的财产上设立的物权，是他物权、定限物权；第三，担保物权以确保特定债权的实现为目的，是从物权；第四，担保物权以支配、取得担保财产的交换价值为内容，是价值权。

在一般情况下，债务人对于自己负担的债务，应当以其全部财产负履行义务，即以债务人的全部财产为其债务的总担保。当债务人不履行义务时，债权人有权请求人民法院依法定程序变卖债务人的财产，以其价金清偿债权。但因债权不具有排他性，对于同一债务人可能并存数个内容相同或不同的债权。这些债权人对于债务人的财产享有平等受偿的权利，如果债务人的财产不足以清偿总债权时，就要依各债权人的债权额按比例分配，债权人的债权就可能得不到完全清偿。另外，债权也不具有追及性，当债务人让与财产给他人时，该部分财产即失去担保的性质。这样可能会发生债务人以让与财产的行为而损害债权人债权的情况。为切实保证债权人债权的实现，有必要依靠特别担保方法，包括人的担保、物的担保和金钱担保。其中人的担保即为保证；金钱担保即为定金；物的担保则为担保物权。担保物权因具有物权性而区别于债权;因标的物的特定性、权利的公示性及实现上的优先性而区别于保证金、定金等担保方式;因具有在他人财产上设定的特点和内容的限制性而区别于所有权;因具有担保性和价值权性而区别于用益物权。

《物权法》第一百七十条规定:"担保物权人在债务人不履行到期债务或者发生当事人约定的实现担保物权的情形,依法享有就担保财产优先受偿的权利,但法律另有规定的除外。"担保物权是以直接支配特定的交换价值为内容,以确保债权实现为目的而设定的物权。担保物权制度是现代民法的一项重要制度,现代各国的民法典大多规定了此制度,有的国家甚至进行单独立法。联合国国际贸易法委员会、欧盟委员会、美洲国家经济组织等国际性组织还在酝酿将担保立法国际化、区域化。担保物权之所以受到各国及国际社会的普遍重视,是因为其在社会经济生活中发挥着以下重要作用:

第一,确保债权的实现。债权是债权人请求债务人履行一定给付行为的请求权,而债务人是否履行给付行为,完全取决于债务人的信用。如果债务人的信用较差,债权人实现债权就会面临较大的风险;如果债权人没有足够的手段规避这种风险,债权人就只有放弃某种民事活动,放弃民事活动的后果是整个社会经济活动的萧条和停滞。因此,如何规避交易风险,强化债权效力,确保债权实现是现代民商事立法的重要任务。现代立法为此设计了两种制度:一种是债的担保方式(如保证);另一种是物的担保方式(即担保物权)。这两种担保方式各有优点。担保物权制度的出现极大地强化了债权效力,减少了交易风险,可以有效确保债权实现。

第二,有利于促进社会的融资。① 在现代商业社会,由于商业风险的存在,往往使贷款者由于担心贷款不能得到偿还而拒绝贷款或者少贷款,这有可能导致融资活动的减少,反过来也会降低经营者发展生产的能力。对贷款者来说,担保物权制度可以减少其担心,放心贷款;对借款者来说,在其借款之前,通过提供担保物权可以补充其信用状况,增强融资的能力。所以,担保物权制度有利于社会融资活动的进行。我国《商业银行法》第三十六条规定,商业银行贷款,借款人应当提供担保。商业银行应当对保证人的偿还能力、抵押物、质物的权属和价值以及实现抵押权、质权的可行性进行严格审查。这里的"抵押权和质权"就属于担保物权。

---

① 参见谢在全:《民法物权论》(下),中国政法大学出版社1999年版,第531页。

在立法中,对担保物权的性质曾有不同意见,对是否在物权法中规定担保物权制度也有不同看法。否定观点认为,担保物权本质是一种债权,不是物权,不应当放入物权法中。物权法规定了担保物权,主要基于以下考虑:

1. 担保物权具有物权的特点。物权的本质特点是支配性,支配性不仅体现在对物的占有和处分上,还体现在对物的交换价值的支配和对物的处分行为的控制上。担保物权人对担保财产的交换价值具有支配性,他可以在没有义务人配合的情况下,拍卖、变卖担保财产。而且,未经担保物权人同意,担保人不能擅自处分担保财产,《物权法》对此作了明确规定,例如第一百九十一条第二款规定,抵押期间,抵押人未经抵押权人同意,不得转让抵押财产,但受让人代为清偿债务消灭抵押权的除外。即如在所有权与使用权分离的情况下,并不因为分离而否认所有权人对物的权利是物权。这恰恰体现了物权的重要特点。此外,将担保物权作为一种物权对待,是对其功能和作用的认可,是对债权保护的加强。

2. 担保物权依附于主债权,但从功能上讲,又独立于主债权。担保物权的优先受偿性,优先一般债权或者其他权利受偿,这就是物权对于债权的优先效力。

3. 基于现实的考虑。理论是为实践服务的,任何理论不能脱离现实。

4. 从国外的立法例看,确实有的国家没有将担保物权置于物权编,但绝大多数国家在立法上是将担保物权置于物权编之下。

二、担保物权的特征

(一)从属性

凡是为担保物权的实现而附加权益,均对所担保的债权具有从属性。担保物权既然是为确保债权实现而设立的,自然与所担保的债权形成主从关系,被担保的债权为主权利,担保物权为从权利。担保物权的从属性,可以从设立、移转、效力及消灭几个方面来认识。

第一,设立上的从属性。表现为:担保物权的设立,应以债权的存在为前提,担保物权不能脱离债权关系而单独设立。对此从属性,不能仅从其与债权成立的时序上来看,而主要应从其与债权的主从关系上来看。担保物权中的留置权因其发生条件的固有限制,仅能对既存债权成立担保,而抵押权与质权,则既可以担保既存的债权,也可以针对将来的债权或附加条件的债权而去设定,如最高额抵押权。但是在担保物权实行之际,必须有确定的债权存在。因此,纵然是担保将来的债权,担保物权与被担保的债权之间仍有主从关系。

第二,移转上的从属性。又称为处分上的从属性或附随性,是指担保物权原则上因所担保的债权的移转而移转。担保物权虽得因特别约定而脱离所保的债权单独归于消灭,却不得脱离债权而单独移转。

第三,效力上的从属性。是指担保物权的效力决定于所担保的债权,被担保的债权无效的,担保物权原则上也无效。此外,担保物权的效力范围也决定于被担保的债权;担保权人无权就担保物的变价价值得大于其债权范围的清偿。《物权法》第一百七十二条规定:"设立担保物权,应当依照本法和其他法律的规定订立担保合同。担保合同是主债权债务合同的从合同。主债权债务合同无效,担保合同无效,但法律另有规定的除外。"

第四,消灭上的从属性。指担保物权一般因所担保的债权的消灭而消灭。只有在发生债权人与债务人混同的特殊情况下,法律承认抵押权可以为所有权人的利益而存在(即成立所有人抵押权),不附随债权的消灭而当然消灭。

应当注意的是,担保物权在具有从属性的同时,也具有相对独立性,如:成立限额的担保物权、担保物权的设立行为可单独无效或因特定事由的出现而单独消灭等。

(二)价值权性

担保物权的价值权性,又称为变价性或换价性,是指担保物权以支配和取得担保物的交换价值为内容,而不是以对标的物的实体支配为内容。担保物权作为物权的一种,当然也具有支配性。但这种支配性并不体现在支配标的物的实体及其使用价值上,而体现在对标的物的处分及其交换价值的支配方面,最为典型的情形是抵押权人并不占有抵押物,却仍可在具备法定条件下支配抵押物的法律上的处分及其所得价款。在债务人届期不履行债务时,担保物权人无论是以拍卖、变卖担保物的价款受偿,还是与担保人协议以担保物折价受偿,均是以担保物的变换价值受偿债权的。这是担保物权与所有权及用益物权的主要区别,也是其担保债权实现功能的表现。

(三)特定性

担保物权的特定性,是指担保物权及其所担保的债权必须是特定的。担保物无论是动产、不动产或财产权利,在担保物权成立时都必须是明确而特定的,应与担保人的其他财产区别开来。担保物的特定性,原则上要求在担保物权设定时即已特定,但在企业财产集合抵押及浮动担保等情况下,担保物亦得于担保物权实行时方为确定。担保物权所担保的债权也须是特定的,而不能笼统地担保债务人的一切债务。在最高额抵押中,所担保的债权的具体数额虽在将来方能确定,但其种类、范围及最高限额仍须在担保物权设定时予以明确。

(四)追及性

担保物权为物权的一种,本身亦具有物权的追及效力,即当债务人不履行债务或担保物被他人非法占有时,担保物权人可追及物之所在,以保全并实现其权利。不过,在现代法上,为维护善意第三人的利益和交易的安全,对物权的追及效力作有一定的限制,对付出相应对价而取得担保标的物的善意第三人,担保物权人原则上不能行使追及权。

(五)物上代位性

担保物权的物上代位性,是指当担保物灭失、毁损而得到赔偿或补偿时,担保物权的效力及于该赔偿金或补偿金等代替物,担保物权人可就该代替物行使其权利。这是因为担保物权以支配担保物的交换价值为内容,以取得该价值而受偿债权为目的。在担保物的实体形态改变而其价值仍然存在时,担保物权人就其变化了的价值形态取偿,仍可达到同样目的。故此,当担保物因灭失、毁损、征收等而得到损害赔偿金或保险赔偿金、补偿费时,这些赔偿金或补偿费应作为原担保物的代替物,继续担保债权的实现。担保人依法转让或处分担保物所得之价款,亦同为原担保物的代替物,担保权人同样有物上代位权。

(六)优先受偿性

担保物权的优先受偿性,是指当债务人不履行债务或破产时,担保物权人可以就担保物的价值优先于其他债权人受到清偿。这是物权的优先效力在担保物权中的体现。各国担保制度中,均承认担保物权的这一特性。这是由于担保物权人得就担保物的价值优先受偿,这种担保才成为比人的担保(保证)更可靠、更优越的担保方式。[1]

---

[1] 参见刘保玉:《物权法论》,上海人民出版社2003年版,第341页。

第二节 担保物权的种类

现代大陆法系担保物权制度产生于罗马法,先后产生了三种不同类型的担保制度,即信托质或典当权、质权与抵押权。① 信托又称让与担保,是指债务人或第三人以要式买卖方式移转其物的所有权于债权人,债权人则基于信用而于债务人清偿债务后,将物归还于原物主。质权与抵押权制度的内容大体与现代质押、抵押权制度相同。1804年《法国民法典》开近代民法确立担保物权制度之先河,该法典第17编规定了质押,包括动产质权与不动产质权两项担保制度;第18编规定了优先权与抵押权制度。此后大陆法系国家的民法典中纷纷建立起担保物权体系。

依物权法定原则,担保物权的种类与内容,须以法律的规定为准。然而由于法律传统及国情的不同,各国法律上对担保物权的种类规定有所不同。其中抵押权、质权,是各国立法上公认的担保物权。抵押权的标的物原则上限于不动产及不动产权利。20世纪以来,因适应客观经济生活的需要,动产抵押也获得了普遍的承认。关于质权,立法上向来有动产质权与权利质权之分,另有些国家还规定有不动产质权。留置权在各国法律上的地位有所不同,有的国家规定的留置权为债权性留置权,而另有些国家将留置权规定为担保物权。在承认留置权为物权的国家中,有些立法上将其标的物限于动产,也有的承认有价证券和不动产上亦可存在留置权。至于优先权或先取特权,有的国家认为是担保物权的一种,也有的国家将其视为担保物权之外的一种特殊权利。另外,关于让与担保与所有权保留,立法上通常并不将其作为典型担保物权加以规定,理论上及实务上通常认其为非典型物的担保。

我国《担保法》中规定的担保物权有抵押权、质权与留置权三种。《物权法》中也主要规定了这三种物的担保方式;另外规定了动产浮动抵押制度。抵押权与质权通常只能依约定而设立,为约定担保物权,而留置权为法定担保物权;抵押权的标的物可以是不动产、不动产权利和动产,质权的标的物可以是动产或财产权利而不包括不动产,留置权的标的物则只能是动产。此外,我国法律上也有许多关于优先权的具体规定,但其性质,在理论上有不同认识。

---

① 参见钱明星:《物权法原理》,北京大学出版社1994年版,第97页。

一、法定担保物权与约定担保物权

这是根据担保物权的发生原因或成立方式的不同而作的分类。法定担保物权,是指无须当事人约定,而由法律直接规定或在符合法定条件时当然发生的担保物权。我国法律上规定的留置权为典型的法定担保物权,国外有些立法例上所规定的优先权以及法定抵押权、法定质权也属此类。约定担保物权又称意定担保物权,是指基于当事人设定担保物权的契约而成立的担保物权。我国法律上规定的抵押权与质权一般为约定成立的担保物权。约定担保物权较之法定担保物权在适用上更为广泛和普遍,由于这类担保物权一般具有媒介融资的作用,即以担保物权作为获取融资的手段,又称为融资性担保物权。

二、动产担保物权、不动产担保物权、权利担保物权与非特定财产担保物权

这是根据担保物权的标的不同而作的分类。不同财产上可成立何种担保物权,各国立法规定有所不同。依照我国法律规定,动产之上既可设定质权或成立留置权,也可设定抵押权;不动产及不动产用益物权仅可为抵押权的标的;其他可转让的财产权利之上可设定权利质权。至于非特定财产之上成立的担保物权,主要是指以内容时常变动的财产为标的而设定的企业担保或浮动担保,其性质属于特殊的抵押权。

三、留置性担保物权与优先清偿性担保物权

这是以担保物权的主要效力为标准而作的分类。留置性担保物权,又称为占有性担保物权,是指以债权人占有、留置担保物而迫使债务人履行义务为主要效力的担保物权,留置权、动产质权和某些由债权人占有权利凭证的权利质权即属此类。优先受偿性担保物权,又称为非占有性担保物权,是指以支配担保物的交换价值并从中优先受偿为主要效力的担保物权,抵押权及不占有权利凭证的权利质权即属此类。留置性担保物权,虽更为可靠,但有损物之使用价值,故其适用范围有一定的限制,而优先受偿性担保物权,能使物之使用价值与交换价值各得其所,因而更受推崇。

四、保全性担保物权与融资性担保物权

根据担保物与其所担保的债权之间有无牵连关系,担保物权可作此划分。

保全性担保物权,是指担保物权与所担保的债权之间有牵连关系并以保全该债权为主要功能的担保物权,留置权为其典型,某些优先权也具有保全特定债权的属性。融资性担保物权,是指担保物与其所担保的债权之间无须有牵连关系而纯为融资或保障等其他原因而发生的债权之实现而设定的担保物权,抵押权、质权均属此类。依此分类,即可将留置权与动产质权的不同特点描述清楚并区分开来。一般说来,法定担保物权多具有保全性特点,而约定担保物权均具有融资性特点;保全性担保物权只能为担保既存债权而成立,融资性担保物权则可为担保将来的债权而设定。

五、登记担保物权与非登记担保物权

这是根据担保物权的成立是否须经登记而作的分类。动产质权与留置权,本身以占有担保物为公示方式和成立要件,故不存在登记问题;法定担保物权如优先权,通常也无须经登记。因此,一般说来,只有约定担保物权中的非占有担保物权,须以登记为公示方法,非经登记,此种担保物权或者不能成立,或者不具有对抗第三人的效力。

六、典型担保物权与非典型担保物权

这是根据担保物权在担保期间是否移转财产所有权而作的分类。民法上规定的抵押权、质权、留置权属于典型担保物权。关于非典型担保物权的类型,学界观点不一,一般认为,所有权保留、让与担保属非典型担保物权。

第三节 担保物权的取得

《物权法》第一百七十条规定:"担保物权人在债务人不履行到期债务或者发生当事人约定的实现担保物权的情形,依法享有就担保财产优先受偿的权利,但法律另有规定的除外。"《担保法》第三十三条规定:"本法所称抵押,是指债务人或者第三人不转移对本法第三十四条所列财产的占有,将该财产作为债权的担保。债务人不履行债务时,债权人有权依照本法规定以该财产折价或者以拍卖、变卖该财产的价款优先受偿。"从两部法律的不同规定来看,《物权法》增加了当事人可以约定行使担保物权的情形的内容,扩展了行使担保物权的条件,便于债权人行使权利。在制作担保物权合同时,可以将交叉违约情况列为实现担保物权的情形。

一、基于法律行为而取得担保物权

取得担保物权的法律事实可以分为两类：法律行为与法律行为之外的法律事实。基于法律行为取得担保物权的情形又包括担保物权的设定和担保物权的让与。前者是指因设定行为而取得担保物权，包括通过双方法律行为（合同）与单方法律行为（遗嘱）设立担保物权。担保物权的让与是指在债权人将其债权转让给他人时，基于担保物权的从属性，如无特别之约定，担保物权随同债权而被转让，受让人因此取得担保物权。

（一）担保物权的设定

担保物权的设定尤其是通过合同设定担保物权是社会生活中最为普遍的取得担保物的方式。依据《担保法》第三十八条与第六十四条第一款，以合同的方式设定担保物权必须采取书面形式。此处所谓"合同"既可以是单独订立的书面合同，包括当事人之间的具有担保性质的信函、传真等，也可以是主合同中的担保条款（《担保法》第九十三条）。

在德国民法理论中，担保物权的设定行为属于物权行为，而当事人之间关于设定担保物权的约定则属于债权行为。依德国民法理论，在一个由主债权（如借贷合同）与担保物权构成的大的交易系统中应当存在四个法律行为：其一，借贷合同中的债权行为，该法律行为以贷款人负有交付金钱给借贷人的债务为内容；其二，借贷合同中的物权行为，该法律行为以金钱的所有权的移转为内容；其三，设定担保物权的约定，该债权行为以担保人负有设定担保物权的债务为内容；其四，担保物权的设定行为，该物权行为以担保物权的设定为其效果。在我国民法学界，就设定担保物权的约定与担保物权的设定行为之间的关系存在不同的观点。第一种观点坚持德国民法理论，区分四种不同的法律行为，明确有因性与从属性的差别；第二种观点认为，担保物权的设定行为就是单纯的物权行为，其中不存在所谓设定担保物权的约定这一债权行为；第三种观点认为，承认物权行为的独立性与无因性理论并无意义，在物权变动的立法模式中采取形式主义为上策，因此当事人关于设定担保物权的约定就是债权行为，而担保物权的设定就属于物权变动。上述三种观点的争论实际上只是我国民法理论界与实务界关于物权法在基于法律行为的物权变动模式中究竟应当采取形式主义、意思主义还是折中主义立法模式争论的一个具体表现而已。物权法最终采纳的观点,不承认债权行为与物权行为的区分,而是将抵押合同、质押合同都作为债权合同,同时将登记或者动产的交付作为发生物权变动效果的要件。

(二)担保物权的让与

基于从属性,当作为主权利的债权转让时,除非当事人有相反的约定,否则作为从权利的担保物权将一并发生转让,受让人因此不仅取得债权而且取得担保物权(《合同法》第八十一条)。不过,对于留置权而言,因该权利并非与债权而是与债权人相结合,为专属于债权人的权利,因此债权的让与并不导致留置权的让与。[①] 此外,抵押权、质权随同债权移转中,也存在一定的差异,此点容后详述。

二、非基于法律行为而取得担保物权

基于法律行为之外的法律事实取得担保物权属于非基于法律行为的物权变动,它是与基于法律行为的物权变动相对应的概念。区分二者主要在于:首先,基于法律行为的物权变动尤其是通过双方法律行为(合同)而引发的物权变动,在社会生活中最为普遍也最富争议,各国民事立法将其作为重点规范对象。而非基于法律行为的物权变动相对较少发生纠纷,其在民法中的地位相对而言不太重要。其次,物权法中的公示、公信原则,仅适用于基于法律行为的物权变动,对于非基于法律行为的物权变动,该原则几乎无适用余地。

在传统民法中,非基于法律行为的不动产物权变动主要是指因生产、继承、强制执行、征收、法律判决、先占、取得时效及其他依法而发生的不动产物权变动。该不动产物权变动,原则上无须登记即可发生物权变动的法律效果。[②] 然而,未登记之前,权利人不得通过法律行为处分该权利。[③] 如《瑞士民法典》第656条规定:"取得人在先占、继承、征收、强制执行或法院判决等情况下,得在登记前,先取得所有权。但是,非在不动产登记簿上登记,不得处分土地。"《韩国民法典》第187条以及我国台湾地区"民法典"第759条也作出了相同的规定。为什么非基于法律而发生的不动产物权变动,即使尚未登记就已经取得权利,没有登记却不能处分呢?原因在于:首先,非基于法律行为而发生的不动产物权变

[①] 参见史尚宽:《债法总论》,中国政法大学出版社2000年版,第720页。
[②] 例外的情形是超过取得时效而获得不动产物权。
[③] 参见梅仲协:《民法要义》,中国政法大学出版社1998年版,第518页。

动或是依据法律规定直接发生,如生产、继承,或是依据国家公权力发生,如强制执行,因此权利人无须通过登记来向外彰显此种物权变动,无须登记即发生物权的变动;[①]其次,如果严格地执行登记生效要件主义,对于上述物权变动也要求登记后才发生法律效力,既不符合社会现实,也无法有效地保障物权人的权利;最后,既然法律要求基于法律行为发生的不动产物权变动以登记为生效要件,因此在物权人取得物权后如欲通过法律行为处分该物权时自然需要办理登记,故此未经登记前权利人不得处分其物权。

基于法律行为之外的法律事实而取得担保物权主要包括以下几种情形:

1. 因法律规定而直接取得担保物权。例如留置权(《担保法》第八十四条;《合同法》第二百六十四条、第三百一十五条、第三百八十条;《中华人民共和国商法》第二十五条、第一百四十一条,第一百六十一条)、建筑工程的承包人的优先受偿权(《合同法》第二百八十六条)、民用航空器优先权(《中华人民共和国民用航空法》第十八条以下)、船舶优先权(《中华人民共和国海商法》第二十一条以下)。

2. 因继承而取得的担保物权。即被继承人死亡时,其债权连同担保物权一并为继承人所取得。

3. 因取得时效而取得担保物权。例如因取得时效而取得动产抵押权。

第四节 担保物权的存续

一、主债权时效届满与担保物权之存续

担保物权具有从属性,以债权的成立为前提,因债权的移转而移转,因债权的消灭而消灭。如此产生的问题是:当债权罹于时效后,具有从属性的担保物权是否因此而消灭?如果回答是否定的,那么担保物权是否能够不受制约地永久存续?这些问题不仅涉及诉讼时效期间经过后所产生的法律效果,也关系到担保物权从属性的突破抑或维持,成为各国民法理论与民事立法上的重要问题。

(一)各国、各地区立法例

1. 德国的立法例。担保物权的存续不因主债权罹于时效而受影响,也不存

---

① 参见徐开墅:《徐开墅民商法论文集》,法律出版社1997年版,第122~123页。

在单独的担保物权消灭期间。《德国民法典》第214条第1款规定：当债权的诉讼时效期限届满后，该债权的请求权并没有消灭，只不过债务人有权拒绝给付，这是一种技术意义上的抗辩权。债务人究竟是主张诉讼时效，还是想以其他的方式为自己辩护，应当由债务人自己决定。① 虽然此种时效抗辩权是永久性的，但是其发生的法律后果不如其他永久抗辩权那么强，它受到《德国民法典》第390条第2款中对已过时效的债权仍然可以抵消的规定的限制，而且如果债务人是在不知道时效已过的情况下履行债务的，其也不能再根据《德国民法典》第813条第1款的规定要求返还给付物。诉讼时效期间的经过并不导致作为债权核心内容的请求权的消灭，于是当该请求权上有一个附属的担保物权时，便产生了这样的问题，即由时效届满而产生的抗辩权是否可以妨碍请求权人从担保物权中获得相应的满足。《德国民法典》第216条第1款继续保留了该规定。这一规定表明，虽然因诉讼时效期限届满而使债务人获得了对抗债权人的抗辩权，但请求权本身并没有消灭；同时，物上保证人也不能援用该抗辩权来针对债权人，因此担保物权依然存在，并不自动消灭。② 从《德国民法典》的规定来看，当担保物权所担保的债权罹于诉讼时效时，法律实际上否定了抵押权、船舶抵押权、质权以及其他担保权的从属性。

2. 法国的立法例。部分担保物权具有单独的消灭期间，且在某些时候也因主债权的时效已过而消灭；部分担保物权所担保的物权不因时效期间届满而消灭。依据《法国民法典》第2180条第1款第4项的规定，优先权与抵押权因时效完成而消灭。但是依据同条第2款的规定，当债务人占有担保的财产时，该抵押权与优先权没有独立的时效，而仅因其所担保的债权的时效经过而消灭。同条第3款规定，如果抵押的财产由第三人占有的话，其本身并没有独立的时效，也不因主债权时效期间届满而消灭，抵押权与优先权仅因第三人对该财产的取得时效的完成而宣告消灭。至于债权罹于诉讼时效后，担保该债权的质权与留置权是否因此也归于消灭，法国民法没有规定；同时，法国民法也没有单独规定质权与留置权的时效。有学者认为，只要质物或留置物依然由债权人占有，那么债权的诉讼时效就不会经过，自然质权与留置权也不消灭。

3. 日本及韩国的立法例。担保物权因其所担保的债权罹于时效而归于消灭。采取此种立法例的国家主要是日本以及韩国。依据《日本民法典》第167

---

① 参见迪特尔·梅迪库斯：《德国民法总论》，法律出版社1998年版，第102页。
② 参见朱岩编译：《德国新债法：条文及官方解释》，法律出版社2003年版，第51页。

条规定:"债权因十年间不行使而消灭;债权或所有权以外的财产权,因二十年间不行使而消灭。"日本民法学说认为,如果消灭时效已经完成,且当事人已经援用了,那么将发生实体权利消灭的法律后果。①《日本民法典》第396条规定:"抵押权,除非与其担保的债权同时,不因时效而对债务人和抵押人消灭。"该规定表明,抵押权并不存在单独的时效,而只是因其所担保的债权已过诉讼时效而归于消灭,其理论依据就在于抵押权的从属性。一些日本学者认为不妥,因为这使得抵押权的效力变得非常薄弱。②

4. 我国台湾地区的有关规定。担保物权不因其所担保的债权已过时效而消灭,仅抵押权因单独的消灭期间而消灭。我国台湾地区"民法典"采取德国民法的理论,认为诉讼时效完成的法律效果为抗辩权的发生,即债务人得拒绝债权的给付请求。因此,该"民法典"第145条第1款规定:"以抵押权、质权或留置权担保之请求权,虽经过时效消灭,债权人仍得就其抵押物、质物或留置物取偿。"第2款规定:"前项规定,于利息及其他定期给付之各期给付请求权,经时效消灭者,不适用之。"该法第880条规定:"以抵押权担保之债权,其请求权已因时效而消灭,如抵押权人,于消灭时效完成后,五年间不实行其抵押权者,其抵押权消灭。"台湾地区"最高法院"认为,"民法典"第880条对抵押权因"除斥期间"而消灭的规定,该期间不存在中断或者不完成的问题,即"抵押权人于起诉后,未行使其抵押权,其除斥期间仍在继续进行中,不因已起诉或案件仍在法院审理中而中断进行。"

对于上述规定,有学者提出批评,如姚瑞光先生;但也有学者如史尚宽先生与谢在全教授赞同,认为抵押权虽属于一种物权,原则上不会因诉讼时效期间与除斥期间的经过而消灭,但抵押权属于不占有标的物的物权,自然不应长期不予行使,有害于抵押人的利益。"民法典以抵押权因除斥期间经过而消灭,更为便捷,似无不可之处。"

(二)我国民法理论界的不同观点以及司法解释的处理方法

对于担保物权是否因其债权罹于时效而归于消灭,理论上有肯定说与否定说。否定说认为,担保物权属于一种物权,虽然其从属于主债权,但是由于债权已过时效并非导致权利本身消灭(理论界与实务界的主流学说为抗辩权发生

---

① 参见[日]四宫和夫:《日本民法总则》,台湾五南图书出版公司1995年版,第334页。
② 参见姚瑞光:《民法物权论》,台湾作者印行,1999年,第277页。

说),因此担保物权的效力自然不受影响,仍然能够得以存续。[1] 肯定说认为,虽然担保物权不能因主债权时效的经过而消灭,但是如果在主债权时效期间届满之后,担保物权依然永久存续,既对提供担保的人不利,也不利于充分发挥物的效力以及维护社会经济的稳定,因此需要在法律上确定一个适用担保物权的除斥期间。[2] 持此种观点的学者中,又有根据抵押权与质权、留置权等的不同分别规定除斥期间的观点。

由于实践中主债权时效届满而引发的担保物权是否存在的争议很大,因此《担保法解释》第十二条第二款规定:"担保物权所担保的债权的诉讼时效结束后,担保权人在诉讼时效结束后的二年内行使担保物权的,人民法院应当予以支持。"依据该款再结合《民法通则》对诉讼时效的规定可知,"作为主债权担保的担保物权的存续期间为自主债权受到侵害之日起4年,即二加二。换言之,如果主债权诉讼时效一直没有完成,一直中断着,则担保物权一直存续。"[3]显然《担保法解释》的规定仿照了我国台湾地区"民法典"第880条的规定。但该解释并非仅规定抵押权的除斥期间,而是规定了所有权的担保物权的除斥期间。

(三)《物权法》之规定

我国《物权法》第二百零二条规定:"抵押权人应当在主债权诉讼时效期间行使抵押权;未行使的,人民法院不予保护。"也就是说,过了主债权诉讼时效期后,抵押权人丧失的是抵押权受人民法院保护的权利,即胜诉权,而抵押权本身并没有消灭;如果抵押权人自愿履行担保义务的,抵押权人仍可以行使抵押权。

从《物权法》的规定可以看出,随着市场经济的快速运转,如果允许抵押权一直存续,可能使抵押权人怠于行使抵押权,不利于发挥抵押财产的经济效用,制约经济的发展。因此,规定抵押权的存续期间,能够促使抵押权人积极行使权利,促进经济的发展。之所以没有将此规定放在担保物权一般规定的一章中,主要是因为,如果主债权诉讼时效期间届满质权人、留置权人未行使质权、留置权的,质权、留置权消灭,质权人、留置权人应当向出质人、债务人返还质押财产、留置财产,这对已经实际占有质押财产、留置财产的质权人、留置权人是不公平的。关于质权、留置权的问题,《物权法》根据各自权利的特点单独作了规定。

---

[1] 参见邹海林、常敏:《债权担保的方式和应用》,法律出版社1998年版,第179页。
[2] 参见吴合振:《担保物权审判实践应用》,人民法院出版社2002年版,第121页。
[3] 参见曹士兵:《中国担保诸问题的解决与展望——基于担保法及其司法解释》,中国法制出版社2001年版,第260页。

二、约定担保物权存续期限

对于当事人能否约定担保物权的存续期限,《担保法》没有给予明确规定,在理论上与实践中有不少的争议。否定说认为,当事人不能约定担保物权的存续期间(即抵押期间与质押期间),否则此种约定即属无效。因为,第一,从《担保法》的立法资料来看,立法者对于所谓的抵押期间、质押期间是持否定态度的。第二,抵押权、质权等属于物权的一种,则物权原则上不受当事人约定的期间的限制。如果允许当事人约定抵押权等担保物权的存续期间,直接与其物权性质发生冲突。第三,物权法中奉行物权法定原则,既然我国《担保法》明确允许当事人约定抵押期间或质押期间,那么当事人任意约定此等担保物权的存续期间就违反了物权法定原则。第四,承认当事人有权约定抵押期间与质押期间,人为地增加了担保成本,不利于担保市场的发展,容易导致债权风险的增加。第五,从实践上看,除第三人提供抵押的情况下约定抵押期限长于主债务履行期限、短于主债务诉讼时效具有实际意义外,其他情形下约定抵押期限并没有必要。第六,《担保法解释》第十二条第二款已经明确规定4年除斥期间,那么约定担保物权的存续期间就已经没意义了。

肯定说则认为:第一,明确规定抵押期间、质押期间等担保物权的存续期限是市场经济的内在要求。没有明确的抵押期间不符合市场经济追求效率与公平的内在要求,不利于经济交易的成功。第二,《担保法》中并没有明文禁止当事人约定抵押期限,而且该法第三十九条规定抵押合同的内容时允许当事人可以约定"认为需要约定的其他事项"。第三,物权并非均为无期限的权利,物权中除所有权、永佃权无存续期限外,其他的用益物权与担保物权均有存续期限。第四,当事人依据合同自由原则约定担保物权的存续期限既不违反物权法定原则,也不会有害于债权的保护。物权的期限并不属于物权法定的范围。第五,担保物权的从属性也不构成对约定担保物权存续期限的障碍,因为担保物权的从属性理论已经有了新的发展。① 持肯定说的学者进一步认为,以下担保物权存续期间的约定应属无效:其一,该期间短于或者等于主债务的履行期限;其二,约定抵押权存续期间至主债权受到清偿之日止。

前文已提及的物权法在此显然是采纳了否定说。不允许当事人自由约定抵押权的担保物权存续期限。

---

① 参见张清河、何志:《论抵押期间》,载《法律适用》1999年第10期。

第五节 担保物权与保证

一、担保物权与保证并存的效力

(一)担保物权与保证

担保物权与保证是两种不同的担保方式,担保物权是以一定的财产担保债权履行的担保方式,担保物权属于物的担保的范畴。保证是以第三人的信用保证债权的履行的担保方式,属于人的担保的范畴。当同一债权中,既有担保物权,又有保证时,物的担保人与保证人应当如何承担责任,是一个重大的理论与实践问题。

担保作为保障债权的履行手段,"它是给债权人的一种补充安全、增加受清偿的机会"。[1] 尽管在各国立法上,担保的种类并不完全相同,但是,从宏观的角度审视,各国立法例所确认的担保制度大致可以分为物的担保和人的担保两大种类。"物的担保和人的担保是为排除和减少债务人无清偿能力的威胁的两种不同方法,也是促使债务人履行其债务,保障债权人的债权得以实现的法律措施。"[2] 物的担保是指自然人或者法人以其自身的特定财产为自己或为他人的债务提供担保,其主要目的在于保障债权人的债权能够得到优先清偿。而人的担保是指当事人以外的自然人或者法人以其自身的一般财产和信誉为他人的债务提供的担保,是一种信用担保。因此,人的担保就是为了使债权人的债权能够得到保证,而通过增加债务人的方法,在债务人之外再增加第三人,由第三人提供信用来保证债权人的债权得以实现。人的担保实质就是第三人向债权人提供的一种信用担保。其中,物的担保的典型是担保物权制度,属于物权的范畴;人的担保的典型是保证制度,属于债权的范畴。

同一债权上亦可仅存保证或某一种类的担保物权,也可并存不同种类的担保物权和保证。当一项债权仅存某一种类的担保物权和保证时,在债权人的债权届期因债务人不能履行而未获清偿时,债权人依法通过实现债权的担保而达到债的清偿目的,当无问题。一旦债权的担保有不同种类的担保物权,或者某一种或某几种担保物权和保证共同构成时,则必产生很多问题。其一,在同一债权

---

[1] 沈达明:《法国德国担保法》,中国法制出版社2000年版,第1页。
[2] 同上。

中有数个担保物权并存时,债权人应当如何实现担保物权的问题;其二,当同一债权中担保物权与保证并存时,如何划分不同担保人的担保责任,担保权如何实现便成为一个不可回避的问题,亦即担保物权和保证的关系问题。

在同一债权中既有担保物权又有保证,即担保物权与保证并存时,二者之间的关系应如何界定,物的担保人和保证人应当如何承担责任,各国的民事立法对此采取了不同的态度。我国《担保法》第二十八条规定:"同一债权既有保证又有物的担保的,保证人对物的担保以外的债权承担保证责任。债权人放弃物的担保的,保证人在债权人放弃权利的范围内免除保证责任。"从《担保法》的规定看,我国在制定担保法时采取的是物保优先原则。《担保法解释》第三十八条规定:"同一债权既有保证又有第三人提供物的担保的,债权人可以请求保证人或者物的担保人承担担保责任。当事人对保证担保的范围或者物的担保的范围没有约定或者约定不明确的,承担了担保责任的担保人,可以向债务人追偿,也可以要求其他担保人清偿其应当分担的份额。同一债权既有保证又有物的担保的,物的担保合同被确认无效或者被撤销或者担保物因不可抗力的原因灭失而没有代位物的,保证人仍应当按合同的约定或者法律的规定承担保证责任。债权人在主合同履行期届满后怠于行使担保物权,致使担保物的价值减少或者毁损、灭失的,视为债权人放弃部分或者全部物的担保。保证人在债权人放弃权利的范围内减轻或者免除保证责任。"

从《担保法解释》来看,我国立法放弃了物保优先的原则,使担保物权与保证处于同等法律效力,物的担保人与保证人的地位一样,当债务人不履行债务时,债权人享有选择权。当保证与债务人自身提供物的担保并存时,《担保法解释》未作规定,仍适用《担保法》第二十八条的规定。这并不是基于物保优先的原则,其理由是"当物的担保是债务人自己提供时,要求债务人首先用自己提供的抵押财产来满足债权人的债权,在抵押财产不能全部满足债权时,对该债务提供保证的保证人来承担不足部分的清偿责任,无疑是正确的。因为,债务人是本位上的债务承担者,其他物的担保人及保证人仅是代替其承担责任,在他们承担了担保责任后,仍然对债务人享有求偿权。在债务人自己提供物的担保的情况下,首先处理该物清偿债务,可以避免日后的求偿权。"[1]法律这样规定的目的也是为了追求法律的效率。

---

[1] 参见最高人民法院编著的《〈关于使用担保法若干问题的解释〉理解与使用》。

(二)《物权法》的态度

我国《物权法》第一百七十六条规定:"被担保的债权既有物的担保又有人的担保的,债务人不履行到期债务或者发生当事人约定的实现担保物权的情形,债权人应当按照约定实现债权;没有约定或者约定不明确,债务人自己提供物的担保的,债权人应当先就该物的担保实现债权;第三人提供物的担保的,债权人可以就物的担保实现债权,也可以要求保证人承担保证责任。提供担保的第三人承担担保责任后,有权向债务人追偿。"针对现实中出现的问题,本条区分三种情况对同一债权上既有物的担保又有人的担保的情况作了规定:

1. 在当事人对物的担保和人的担保的关系有约定的情况下,应当尊重当事人的意思,按约定实现。

2. 在没有约定或约定不明确,债务人自己提供物的担保的情况下,应当先就物的担保实现担保权。因为如果债权人先行使人的担保,保证人履行保证责任后,还需要向最终的还债义务人即债务人进行追索。如果担保物权人先行使物的担保,就可以避免保证人日后再向债务人行使追索权,减少实现债权的成本和费用;而且在债务人自己提供物的担保的情况下,要求保证人先承担保证责任,对保证人也是不公平的。

3. 在没有约定或者约定不明确的,第三人担供物的担保,又有人的担保的情况下,应当允许当事人进行选择。这样规定主要是基于以下考虑:在没有约定或约定不明确时,第三人提供物的担保,又有人的担保的情况下,第三人与保证人处于保证人的平等地位,都不是还债的最终义务人,债务人才是最终义务人。因此,债权人无论是先实现物的担保还是先实现人的担保,物的担保人或者保证人都存在向债务人追索的问题。为保障债权人的债权得以充分实现,法律应当尊重债权人的意愿,允许担保权人在这种情况下享有选择权。

进一步讲,如果在多个担保人的情况下,其中一个担保人承担保证责任后,该保证人除了可以向债务人追偿外,是否可以向其他担保人追偿?对于这个问题争议很大。有人认为按物权法此条规定的精神,各担保人之间相互追偿是不妥的。第一,理论上讲不通。除非当事人之间另有约定,各担保人之间没有任何法律关系的存在,要求各担保人之间相互追偿,实质是法律强行各担保人之间设定相互担保。第二,从程序上讲费时费力、不经济。第三,履行担保责任的担保人不能向其他担保人追偿恰恰是公平原则的体现。除非当事人之间另有规定,每个担保人在设定担保时,都明白自己面临的风险:这种正常且可预见的风险必须由自己承担。第四,向其他担保人追偿可操作性很差。首先面临的一个问题就是如何确定追偿的份额。在保证与担保物权并存的情况下确定份额是很难的。有的认为,为平衡各担保人的利益关系,应当允许各担保人之间相互追偿。因为此问题不仅仅涉及人保物保之间的关系问题,也会涉及债权人抛弃担保物权对保证责任的影响。因此,如果不允许各担保人之间相互追偿,似乎更为不公平。

二、债权人抛弃担保物权对保证责任之影响

我国现行规则中的相关规定,主要集中在《担保法》及《最高人民法院关于适用〈中华人民共和国担保法〉若干问题的解释》中。《担保法》第二十八条规定:"同一债权既有保证又有物的担保的,保证人对物的担保以外的债权承担保证责任。债权人放弃物的担保的,保证人在放弃权利的范围内免除保证责任。"该条规定确立了保证人的优势地位,但其两款规定之间存在着逻辑矛盾。根据第一款的规定,当人的担保与物的担保并存时,保证人保证责任的最大范围为全部债权额减去物的担保所担保的数额。这样,当债权人放弃物的担保时,则不可能再根据第二款的规定,使保证人的责任在放弃权利的范围内再次免除。《最高人民法院关于适用〈中华人民共和国担保法〉若干问题的解释》第一百二十三条规定,数个担保物权担保同一债权时,债权人放弃债务人提供的物的担保的,其他担保人相应减免担保责任。该规定值得肯定。而《最高人民法院关于适用〈中华人民共和国担保法〉若干问题的解释》第七十五条,则涉及同一债权之数个抵押权之间的关系。该规定的第一款为第一百二十三条的规定所覆盖。第二款、第三款则规定了当事人对担保的债权份额或者顺序没有约定或者约定不明时,债权人有选择权,而且各抵押担保之间存在比例责任关系。但是,"当事人对其提供的抵押财产所担保的债权份额或者顺序没有约定或者约定不明"的规定,表明只要担保份额和担保顺序中有一项未约定或约定不明即可。这样,当对担保顺序有明确约定,而对担保份额未约定时,抵押权人仍可选择由谁先承担责任,当事人有关担保顺序的约定实际上无效,而这里并无合理的无效原因。我国有关共同保证的规则规定在《担保法》第十二条及《最高人民法院关于适用〈中华人民共和国担保法〉若干问题的解释》第十九条至第二十一条之中,其基本框架为:保证合同未约定保证份额的,即为连带共同保证,约定保证份额的,为按份共同保证。

许多国家或地区的民法中都存在与《担保法》第二十八条第二款相似的规

定,如《法国民法典》第 2037 条,《德国民法典》第 776 条、第 1165 条,《瑞士债务法》第 503 条第 1 款以及《日本民法典》第 504 条。不过这些国家的法律都不存在如同《担保法》第二十八条第一款的规定,因此明确保证人责任是具有重要意义的。因为不如此,当保证人在履行保证债务之后,将无法代位行使债权人的担保物权,进而导致追偿权落空。在担保法确立了物的担保先予实现的前提下,保证人只是对物的担保以外的债权承担保证责任,那么债权人放弃担保物权对于保证人根本就没有不利影响。相反,只有在采取物上保证人与保证人平等主义的立场下,《担保法》第二十八条第二款的规定才有意义,也才合理。因为当债权人先要求保证人承担保证责任之时,由于保证人在因改造保证债务而导致债务人被免除的债务范围内对债务人享有追偿权,且在该追偿权的范围内其有权代位行使债权人的债权及其物的担保。所以当债权人放弃该物的担保,保证人极有可能成为债务的最终承担者。因为如果债务人没有清偿能力且又放弃了物的担保,那么保证人无法通过代位行使债权人的担保物权而要求物上保证人进行相应的债务分摊,所以对其造成了损害,保证人应当相应地免责。

　　反过来,再讨论当债权人放弃保证担保对物上保证人的影响。在采取物的担保先予实行的情况下,债权人放弃保证担保应当说不可能影响物上保证人的担保责任,无非债权人自愿承受债权可能无法实现的风险而已。但是,在平等对待保证人与物上保证人的立场下,债权人放弃保证担保就完全有可能对物上保证人的担保责任产生一定的影响。因为基于公平原则,既然保证人在清偿后能够向物上保证人主张代位,那么就应当允许物上保证人在债权人实现担保物权或者代位清偿债务之后有权向保证人主张代位。

　　从该法第一百七十六条关于人保与物保的规定可以看出在物保与人保之间,物权法采纳的是平等原则,但在提供担保的第三人承担担保责任后,只规定了第三人有权向债务人追偿。

三、保证人、物上保证人之追偿与代位关系

　　《物权法》颁布之前,此问题一般参照《担保法》。《担保法》第二十八条第二款规定:"债权人放弃物的担保的,保证人在债权人放弃权利的范围内免除保证责任。"如何认定"债权人放弃权利的范围"涉及的就是保证人与物的担保人之间如何进行债务的分摊问题,这一点对于债权人与保证人都极为重要。但是,由于受到这一法条的影响,我国法院一般都是直接依据物的担保的债权范围来确定"债权人放弃权利的范围"的,这对于债权人显然是极不合理的。

(一)共同保证人之间的追偿与代位关系

共同保证可分为按份共同保证与连带共同保证。在按份共同保证中,各保证人所承担的保证份额有明确的约定,属于按份债务。因此,如果各个保证人按照保证合同约定的保证份额承担保证责任后,因其履行保证责任的范围内对债务人行使追偿权,此时不发生代位行使债权人对其他保证人的权利问题。但是,如果某一保证人承担的保证责任超出自己的范围,则超出的部分属于第三人清偿,对于其他保证人而言也发生消灭保证债务的效力。因此,该保证人不仅对于债务人享有追偿权,而且在超过自己份额的部分内代位行使债权人对其他保证人的权利。在连带共同保证中,因各保证人之间为连带债务关系,债权人可以要求任何一个保证人承担全部或部分的保证责任,所以某一连带保证人承担保证责任之后,既可以向债务人追偿也可以在追偿权的范围内代位行使债权人的权利,要求其他保证人进行分担。连带共同保证人之间在有约定分担比例的时候,按照约定进行分担,没有约定的则应当平均分担。

(二)物上保证人之间的追偿与代位关系

当同一债权存在多个第三人提供的物的担保之时,如果某一物上保证人因债权人实行担保物权或者代位清偿债务,则该物上保证人应当在何种范围内代位行使债权人对其他物上保证人的担保物权?对此,有两种观点。一种认为应当按照人数进行平均的代位;另一种观点认为,应依据各担保物的价值比例代位求偿。[①]

(三)保证人与物上保证人之间的追偿与代位关系

对于保证人与物上保证人之间的追偿与代位关系,理论与立法中有以下几种观点:

其一,应当按照保证人的人数确定分摊的债务数额。如果保证人与物上保证人为一人时应当作为一个人来计算,而且物上保证人有数人之时,只能对扣除保证人负担部分后的余额按照其各自财产价格实行代位。

其二,当保证人之外另有物上保证人之时,如果其中一人为清偿后,则在求偿权的范围内按照人数进行平均分摊,除非当事人另有约定。德、法以及我国台

[①] 参见郑玉波:《民法债编各论》(下册),台湾三民书局1999年版,第856页。

湾地区的一些民法学者采用此说。①

其三,应当按照保证人应负担的履行责任与抵押物的价值或者限定的金额比例确定。我国台湾地区"民法物权编修正草案"第879条第2、3款即采用此种观点。

第三种观点较为合理。一则此说符合物上保证人与保证人地位平等的原则;二则以保证人应负的履行责任与抵押物的价值或限定的金额比例确定,符合保证担保与担保物权的性质。

第六节 担保物权与《担保法》

一、《物权法》与《担保法》之比较

我国《物权法》第一百七十八条明确规定:"担保法与本法的规定不一致的,适用本法。"表明当某一担保物权问题《担保法》与《物权法》规定不同时,以《物权法》为准。但这并不表明《物权法》取代《担保法》,《担保法》继续有效。《物权法》不能取代《担保法》的根本原因在于《担保法》并不仅仅是担保物权法,还是担保债权法,如保证、定金,而且保证和定金在《担保法》中占有很大的分量,如果废除了《担保法》,这些重要的法律规范就无处安身了。所以,《物权法》通过后,《担保法》中债权担保的部分是不会受到丝毫影响的。需要讨论的只是《物权法》担保物权编与《担保法》担保物权部分的关系。就《物权法》和《担保法》相关的部分来说,二者的关系可以分为三种:吸收、补充、修改。吸收:对比《物权法》和《担保法》的条文,可以发现大部分法条大同小异。值得注意的是,在《担保法》里面,条文较多的"抵押权"部分被分成五节,眉目清楚;而在《物权法》中,"抵押权"部分只有两节,"一般抵押权"部分的内容就显得杂乱,不过整体的结构倒是更平衡了。补充:就制度创新而言,有些法条的内容是《物权法》独有的。最突出的莫过于《物权法》引入了动产浮动抵押制度,第一百八十一条、第一百八十九条、第一百九十六条对动产浮动抵押的概念、设立以及抵押财产的确定等方面作出了规定。另外一个创新之处在于肯定了最高额质押制度,第一百二十二条规定,最高额质押可以参照最高额抵押的规定。此外,值得注意的是,最高额抵押部分增加了很多新的内容,第一百九十四条就抵押权顺位问题

---

① 参见郑玉波:《民法债编各论》(下册),台湾三民书局1999年版,第857页。

作了专门规定。修改:《物权法》对《担保法》的修改幅度是相当大的,只是散落在各处。《物权法》对担保物权实现规则的修正主要体现为以下两个方面:其一,完善了担保物权的实现条件。根据我国现行规则的规定,只有在主债务人到期不履行债务时才能实现担保物权。《物权法》规定债务人不履行到期债务,或者发生当事人约定的实现担保物权的情形,债权人都可以实现担保物权。将实现担保物权的条件留由当事人去自由约定。其二,完善了担保物权实现的途径。按照现行规定,如果当事人不能就担保物权的实现达成协议,只能向人民法院提出诉讼,判决生效后再向法院申请执行,这种方式时间冗长,成本很高。《物权法》虽然没有采纳自力救济的途径,但对公力救济途径作了完善。其中规定,如果当事人不能就担保物权的实现方式达成协议,可以请求人民法院拍卖或者变卖,这一规定对债权人颇为有利。但是,这一规定需要修改民事诉讼法等程序规则才能贯彻到底,因为我国民事诉讼法及相关司法解释所规定的执行依据中,并无当事人间的担保合同等私权设定文书(经公证机关赋予强制执行效力者除外)。此外,《物权法》还根据担保法及其相关司法解释实施以来的经验,完备了最高额抵押制度,统一规定了不动产和动产抵押登记的效力,完善了有关担保物权设定、效力等各方面的规则。

总的来说,《物权法》的亮点很多,可总结为六个方面:一是增加了一类新型的抵押权即动产浮动抵押权(参见《物权法》第一百八十一条);二是极大地扩大了抵押财产的范围(参见《物权法》第一百八十条、第一百八十一条、第一百八十二条);三是废除了超额抵押的禁止性规定;四是在抵押权实现的事由上更加尊重当事人的意思(参见《物权法》第一百七十九条);五是有效地降低了抵押权实现的成本(参见《物权法》第一百九十五条);六是对实践中迫切需要解决的问题作出了相应的规定(参见《物权法》第一百八十二条、第一百九十四条、第二百条)。

二、《物权法》改进之意义及不足[①]

由物权法担保物权编的以上突破和进步可以看出:第一,担保物权几乎可以在所有种类的财产上设定,充分利用各类财产的交换价值,举凡存货、应收账款、将来取得的财产、集合物等,均不例外;第二,担保物权的设定比以前迅速、简单,

---

[①] 参见全国人大常委会法制工作委员会民法室编著:《物权法立法背景与观点全集》,法律出版社 2007 年版,第 611~696 页。

相对降低了融资成本,同时在非移转占有型担保中,担保人不丧失对担保物的占有,可以充分利用担保物,从而实现担保物的价值;第三,担保物权能用比以前更为有效的方法予以公示,对移转占有型担保而言,占有事实本身即足以公示,对非移转占有型担保而言,采取登记方法以使第三人知悉担保物权的存在;第四,明确了担保物上竞存权利之间的优先顺位,提高了担保物权人权利的可预见性;第五,制定了更为有效、迅速的担保物权实行程序。在债务人到期不履行债务或发生当事人约定的实现担保物权的情形时,担保物权人可以直接向人民法院申请执行,在一定程度上降低了担保物权人实现权利的成本。由此可见,物权法担保物权编给资本市场带来了更大的确定性,为市场主体取得贷款提供了更多的担保工具,从而促进了信用的授受,为经济的发展注入了活力。因此可以说,物权法担保物权编是经济发展的推动器。

但是我们也遗憾地看到物权法的一些不足之处,还有待进一步完善。第一,偏重于担保物权的从属性,忽略了流动性,担保物权难以重复利用。物权法基于对交易安全的关注,强调担保物权的从属性,明确排除当事人对从属性作出例外约定的可能。担保法对担保物权的从属性作了如下规定:"担保合同是主合同的从合同,主合同无效,担保合同无效。担保合同另有约定的,按照约定。"也就是说,担保法允许当事人对担保物权的从属性作出相反约定,这在一定程度上承认了担保物权的流动性,为以后的制度发展留下了空间。但《物权法》规定:"设立担保物权,应当依照本法和其他法律的规定订立担保合同。担保合同是主债权债务合同的从合同。主债权债务合同无效,担保合同无效,但法律另有规定的除外。"对《担保法》的上述规则作了重大修改。从属性固然可以减少债权人为保障债权所需要的各种成本,如信息成本、防范成本等,但却牺牲了担保物(特别是大型不动产和价值较大的其他财产)的交换价值。在现代担保物权法开始由"单纯的债权保全型向物权投资型发展"的背景下,物权法相关规则的设计没有考虑这一趋势,而且置重于担保物权的从属性、保全性,不能不说这为以后的制度发展增加了困难。

第二,设立程序较为繁杂,限制物权担保的普遍采用。物权法虽然对不动产统一登记作了原则性规定,但对动产和权利担保物权的统一登记问题未置明文。在比较法上,最应采行统一登记制的恰恰是动产和权利担保物权领域。动产和权利担保物权登记具有以下特点:一是登记部门多,电子化程度低,公示性差,担保物权优先顺位不够明确;二是登记内容复杂,登记成本高;三是法律没有规定某些担保物权的登记部门,一些担保登记无法完成。其结果是,当事人为了避免这些不便和开支,只好放弃登记。登记机关多元化,往往使当事人无法快速地了解这些信息,也为交易安全埋下了隐患。这些情况增加了融资成本和债权实现的不确定性。动产登记与不动产登记迥然不同的制度功能在物权法的制度设计中并没有得到充分体现。

第三,偏重于不动产担保物权,难以满足经济生活对担保的需要。物权法偏重于不动产物权制度,反映了农业社会和简单商品经济的制度需求。在担保物权制度中,制度层面上偏重于不动产担保物权,操作层面上企业融资高度依赖不动产担保,其结果是:一方面,银行抵押资产中房地产(不动产)比重过高,银行风险集中;另一方面,动产担保和权利担保的比重过低,大大缩小了担保范围,增加了中小企业融资的难度。

第四,有些规定较为原则,影响了相关制度的适用。如物权法就人的担保和物的担保并存时的责任分担作了如下规定:"被担保的债权既有物的担保又有人的担保的,债务人不履行到期债务或者发生当事人约定的实现担保物权的情形,债权人应当按照约定实现债权;没有约定或者约定不明确,债务人自己提供物的担保的,债权人应当先就该物的担保实现债权;第三人提供物的担保的,债权人可以就物的担保实现债权,也可以要求保证人承担保证责任。提供担保的第三人承担担保责任后,有权向债务人追偿。"同时《物权法》第一百九十四条第二款规定:"债务人以自己的财产设定抵押,抵押权人放弃该抵押权、抵押权顺位或者变更抵押权的,其他担保人在抵押权人丧失优先受偿权益的范围内免除担保责任,但其他担保人承诺仍然提供担保的除外。"第二百一十八条规定:"质权人可以放弃质权。债务人以自己的财产出质,质权人放弃该质权的,其他担保人在质权人丧失优先受偿权益的范围内免除担保责任,但其他担保人承诺仍然提供担保的除外。"由此可见,物权法在债务人自己提供物的担保的情况下采取了"物的担保优先于人的担保"的观点,在第三人提供物的担保的情况下采取了"物的担保与人的担保平等"的观点,并对后一种情况下保证人和物上保证人之间的追偿关系未置明文。在逻辑上应承认保证人和物上保证人之间担保责任的比例关系,保证人或物上保证人一方应债权人的请求承担担保责任后,就超过其所应分担的份额,对他方应有追偿权。

第五,《物权法》第一百七十八条规定:"担保法与本法的规定不一致的,适用本法。"通过比较我们发现,《物权法》与《担保法》担保物权各章(总则、抵押、质押、留置)并不是简单的新旧法的关系,物权法的实施并未废止担保法担保物权各章的规定,给法律的适用带来了困难。担保法关于动产抵押权的登记机关

(第四十二条)、动产抵押权的登记材料(第四十四条)的规定仍然有效。但在物权法之下,动产抵押权统一采取登记对抗主义,登记的理念与制度价值迥异于《担保法》,还适用《担保法》之下的"文件登记制",坚持复杂的登记内容和多元化的登记机关,是否妥适,尚值研究。《物权法》施行之后,各相关部门应及时出台配套规则。

第十三章 抵押权

第一节 抵押权的概念和特征

一、抵押权的概念

抵押权指债务人或者第三人不转移财产的占有,将该财产作为债权的担保,债务人未履行债务时,债权人依照法律规定的程序就该财产优先受偿的权利。债务人或者第三人为抵押人,债权人为抵押权人,提供担保的财产为抵押财产。如某人向银行申请贷款,并以自己的住房作抵押,这时银行即为抵押权人。

二、抵押权的特征

抵押权具有以下法律特征:

1. 抵押权为担保物权之一种

首先,抵押权是物权,具有绝对性、对世性、支配性、排他性、优先性、追及性等物权的基本属性,物权法的基本原则对抵押权也是完全适用的。在物权体系中,抵押权是对标的物的价值支配权而非实体支配权,抵押权以担保债权的实现为目的而非以对标的物使用收益为目的,因此抵押权属于担保物权。担保物权的从属性、价值性和物上代位性等,在抵押权中均有明确的体现。

2. 抵押权是在债务人或第三人提供的财产上设定的物权

抵押权制度发展之初,仅能在不动产上设定,而在动产上设定质权。因为早期社会中不动产的价值通常大于动产,且移转不动产的占有往往影响所有权人对该不动产的使用、收益。但现代社会生活中许多动产的价值远远大于不动产,且移转该动产的占有以供担保会影响所有权人的营业,因为为更有效地保障债权实现,法律也允许在一些特定的动产之上设定抵押权。至于可以作为抵押权客体的权利,主要是指所有权之外的不动产物权或者特许物权。传统大陆法系民法中可以用来抵押的权利主要就是地上权、永佃权、典权等。① 目前,我国可以用作抵押的权利包括:国有土地使用权,荒山、荒沟、荒丘、荒滩等荒地的土地使用权。

3. 抵押权是不移转对标的物的占有的物权

抵押权的成立与存续,不以移转标的物之占有为必要,在传统民法理论中,这是抵押权与质权、留置权的显著区别。抵押权的成立与存续不移转标的物的占有的原因在于:首先,设定抵押权后,抵押人仍能占有标的物而进行使用、收益及处分,这显然有利于抵押人。其次,抵押权人无须负担保管标的物的义务,但是能够获得完全的担保权,这一点对于抵押权人有利。最后,由于抵押权的标的物仍然保存在所有人的手中,并不妨碍抵押人对其进行保值与增值。

4. 抵押权是就标的物所卖得的价金而优先受偿的物权

优先受偿权的表现有:(1)附有抵押权的债权人,对抵押标的物的变价款有优先于无抵押权的债权人而受偿的权利;(2)对于债务人的其他抵押权人而言,先次序的抵押权人有优先于后次序抵押权人就抵押物所卖得价金受清偿之权;(3)债务人受破产宣告的,抵押权人有别除权,仍得就抵押物卖得之价金优先受偿。

第二节 抵押权的属性

一、抵押权的从属性

抵押权是就抵押物所卖得价金优先受偿的权利,因而抵押权必须从属于其所担保的债权而存在。抵押权随着债权的发生而产生;债权移转,抵押权随之移转;债权消灭,抵押权亦随之消灭。具体包括以下内容:

1. 发生上的从属性。抵押权成立上的从属性是指,抵押权的成立,以债权已经存在为前提,债权如果不存在,抵押权也不成立。既然,抵押权以有效的债权存在为要件,那么当抵押权所担保的债权不成立之时,抵押权也无由产生。即使抵押权已经办理了登记,因违反成立上的从属性,该抵押权也属于无效。抵押人有权行使排除妨害请求权而请求注销该抵押权登记。②

---

① 参见郑玉波:《民法物权》,中国政法大学出版社1999年版,第215页。
② 参见谢在全:《民法物权论(修订二版)》(中册),台湾作者印行,2003年,第379页。

2. 内容上的从属性。抵押权内容上的从属性表明：除非法律另有规定，抵押权成立之后，如果当事人对于抵押权所担保的范围已有明确的约定，则未经抵押人的同意，债权人与债务人不得加重抵押人的负担，否则超过的部分不属于抵押权担保的范围。即债权人只能在其债权范围内享有抵押权。如果抵押权担保的债权范围没有约定，则当债权增加或减少时，抵押权也会发生相应的变化。

3. 处分上的从属性。首先，抵押权不得与债权分离而为让与。其次，抵押权不得与债权分离而为其他债权的担保，即抵押权人不得单独以抵押权为其他债权设定权利质权。也就是说，抵押权人如对第三人负有债务，欲以抵押权为担保时，须连同债权一并设定担保，而成立附随抵押权的债权质权。

4. 消灭上的从属性。抵押权所担保的债权如因清偿、提存、抵消、免除等原因而全部消灭时，抵押权亦随之而消灭。只有在特殊情况下主债权因混同而消灭，产生所有人抵押时，抵押权不因主债权消灭而消灭。

二、抵押权的不可分性

抵押权的不可分性，是指在被担保债权未全部清偿之前，抵押权人可以就抵押物的全部行使权利。具体表现如下：

1. 抵押物一经分割或让与第三人时，抵押权并不因此而受影响。即抵押权人仍得对全部抵押物（包括被分割或转让部分）行使抵押权。

2. 抵押物部分灭失时，未灭失部分仍应担保着全部债权，并不因部分抵押物的灭失而使所担保的债权额受到影响。

3. 主债权纵经分割或转让，抵押权并不因此而受到影响，即各债权人仍得就其享有的债权额对全部抵押物行使抵押权。

4. 主债权部分消灭，抵押权人仍得就其剩余的债权对全部抵押物行使抵押权。应当注意的是，有学者指出，抵押权的不可分性并非抵押权的本质要求必须具备的性质，只不过是法律为了加强抵押权的担保作用而特别赋予的，因而对于抵押权的不可分性不能无条件地加以承认，而应在保证不损害抵押权人的合法利益的情况下，通过约定合理地排除抵押权的不可分性。

三、抵押权的物上代位性

抵押权的物上代位性是指当抵押物毁损、灭失，因而受有赔偿金或保险金时，抵押权人可就该赔偿金或保险金行使抵押权的性质。这里抵押物因毁损、灭失而获得的赔偿金或保险金被认为是抵押物的代替物或代位物。由于抵押权为支配抵押物的交换价值的权利,其以确保债权的优先受偿为目的,所以当抵押物毁损、灭失后,如有交换价值存在,无论其形态如何,仍应为抵押权所支配的交换价值,只不过是因抵押物的毁损、灭失而使该交换价值提前实现而已。况且该交换价值既然是抵押权所支配的交换价值,则抵押权效力及于其上,就其经济实质而言,抵押权仍具有同一性。所以,抵押权的效力及于代替物上,不仅与抵押权作为价值权的本质相符,而且还可以避免抵押权因抵押物的灭失而消灭,抵押人却可以保有赔偿金或保险金利益的不公平状态。

第三节 抵押财产

一、概　述

抵押财产也称为"抵押权的标的物"。《担保法》从允许与禁止两方面规定了抵押财产的范围。这种立法模式被称为"法定主义",其成因在于:首先,保护我国经济制度的基础的需要。其次,保护社会公共利益的需要。最后,保障人民生存权的需要。

在市场经济发达的法治国家,民事领域的一个根本观念就是:凡是法律没有禁止的都是允许的。我国社会中公有财产大量存在,为了防止国有资产流失,法律对这些财产进入交易领域设立了某些限制。因此,《担保法》上明确规定了可以抵押的财产与禁止抵押的财产。对于没有规定可以抵押的财产,即使设定了抵押权,由于无法律依据,负责办理登记的行政机关不便管理,所以可能不予登记,审理抵押权纠纷的法院也可能认定该财产的抵押无效。

在对抵押物的范围的规定问题上,《物权法》依然采取了与《担保法》相同的模式,即一方面规定哪些财产可以抵押,另一方面规定哪些财产禁止抵押。但是,《物权法》就抵押财产范围的规定,有三点不同于《担保法》。第一,《物权法》对于可以设定抵押权的动产的范围作出了更为清晰的规定,即"生产设备、原材料、半成品、产品"以及"交通运输工具";第二,《物权法》明确规定了一些正在建造的财产可以设定抵押,即正在建造的建筑物、船舶、航空器;第三,《物权法》在对允许抵押的财产作兜底性规定时使用的是"法律、行政法规未禁止抵押的其他财产"的表述,而《担保法》的表述却是"依法可以抵押的其他财产"。这种变化的意义非常大,因为设定抵押权是一种民事活动,而在民事活动领域中一个最基本的原则就是"法律没有禁止的就是允许的"。

二、允许抵押的财产①

《物权法》第一百八十条规定:"债务人或者第三人有权处分的下列财产可以抵押:(一)建筑物和其他土地附着物;(二)建设用地使用权;(三)以招标、拍卖、公开协商等方式取得的荒地等土地承包经营权;(四)生产设备、原材料、半成品、产品;(五)正在建造的建筑物、船舶、航空器;(六)交通运输工具;(七)法律、行政法规未禁止抵押的其他财产。抵押人可以将前款所列财产一并抵押。"本条规定表明,财产抵押必须符合两个条件:第一,债务人或者第三人对抵押财产有处分权;第二,是本条规定的可以抵押的财产。债务人或者第三人对抵押财产有处分权,包括:(1)债务人或者第三人是抵押财产的所有权人;(2)债务人或者第三人对抵押财产享有用益物权,法律规定该用益物权可以抵押;(3)债务人或者第三人根据法律、行政法规规定,或者经过政府主管部门批准,可以将其占有、使用的财产抵押。"抵押人可以将前款所列财产一并抵押",如企业可以将企业的动产、不动产及其某些权利作为一个整体进行担保。但是,企业将财产一并抵押时,各项财产的数量、质量、状况和价值都应当是明确的。

《物权法》第一百八十一条规定:"经当事人书面协议,企业、个体工商户、农业生产经营者可以将现有的以及将有的生产设备、原材料、半成品、产品抵押,债务人不履行到期债务或者发生当事人约定的实现抵押权的情形,债权人有权就实现抵押权时的动产优先受偿。"本条是关于浮动抵押的规定。可以看到在浮动抵押中,企业可以以现有的以及未来可能买进的机器设备、仓库库存产品、生产原材料等动产担保债务的履行。

《物权法》第一百八十二条规定:"以建筑物抵押的,该建筑物占用范围内的建设用地使用权一并抵押。以建设用地使用权抵押的,该土地上的建筑物一并抵押。抵押人未依照前款规定一并抵押的,未抵押的财产视为一并抵押。"本条关于房地产抵押关系的规定,表明我国在处理房地产关系时的一个重要原则"地随房走或者房随地走"。所谓"地随房走"就是转让房屋的所有权或者使用权时,建设用地使用权同时转让。所谓"房随地走",就是转让建设用地使用权时,该土地上的房屋也就一并转让。

---

① 参见江平:《中华人民共和国物权法精解》,中国政法大学出版社2007年版,第231~236页。

三、禁止抵押的财产①

《物权法》第一百八十三条规定:"乡镇、村企业的建设用地使用权不得单独抵押。以乡镇、村企业的厂房等建筑物抵押的,其占用范围内的建设用地使用权一并抵押。"第一百八十四条规定:"下列财产不得抵押:(一)土地所有权;(二)耕地、宅基地、自留地、自留山等集体所有的土地使用权,但法律规定可以抵押的除外;(三)学校、幼儿园、医院等以公益为目的的事业单位、社会团体的教育设施、医疗卫生设施和其他社会公益设施;(四)所有权、使用权不明或者有争议的财产;(五)依法被查封、扣押、监管的财产;(六)法律、行政法规规定不得抵押的其他财产。"我国对耕地实行特殊保护,严格限制农用地转为建设用地。由于抵押权的实现会带来建设用地使用权转让的后果,对农村建设用地的抵押不作任何限制,可能出现规避法律,以抵押为名,目的在于将农村集体所有的土地直接转为城市建设用地的情况。法律虽然允许乡镇、村企业的建设用地使用权随厂房等建筑物一并抵押,但对实现抵押权后土地的性质和用途作了限制。《物权法》第二百零一条规定:"以乡镇、村企业的厂房等建筑物占用范围内的建设用地使用权抵押的,实现抵押权后,未经法定程序不得改变土地所有权的性质和土地的用途。"也就是说,即使乡镇、村企业的建设用地使用权随其厂房等建筑物被拍卖了,受让的土地仍然属于农村集体所有。如果该土地原为工业用途,未经有关部门批准,买受人不能将该土地用于商业、旅游和住宅建设。

第四节 抵押权的取得

抵押权的取得,主要因法律行为即抵押权的设定而取得,也可因抵押权的转让与继承而取得。一般情况下,主要因当事人双方订立抵押合同而设定取得抵押权。在抵押权的取得这一问题上,最值得关注的为两点:一是抵押合同问题;二是抵押登记问题。

一、抵押合同

《物权法》第一百八十五条规定:"设立抵押权,当事人应当采取书面形式订

---

① 参见江平:《中华人民共和国物权法精解》,中国政法大学出版社2007年版,第237~239页。

立抵押合同。"并且要求:"抵押合同一般包括下列条款:(一)被担保债权的种类和数额;(二)债务人履行债务的期限;(三)抵押财产的名称、数量、质量、状况、所在地、所有权归属或者使用权归属;(四)担保的范围。"第一百八十六条规定:"抵押权人在债务履行期届满前,不得与抵押人约定债务人不履行到期债务时抵押财产归债权人所有。"

当事人可以在合同中约定抵押担保的范围只包括主债权及利息、违约金、损害赔偿金和实现抵押权的费用中的一项或几项,也可以约定对上述各项都承担担保责任。担保的范围依合同约定确定;当事人对担保的范围没有约定的,抵押人就应当对主债权及其利息、违约金、损害赔偿金和实现担保物权的费用承担担保责任。合同除包括前四项内容外,当事人之间可能还有其他认为需要约定的事项,比如抵押财产的保险责任由谁承担,抵押人如果提前偿还债权向谁提存,发生纠纷后是否申请仲裁等等,这些内容也可以在协商一致的情况下在抵押合同中约定。

《物权法》第一百八十六条规定:"抵押权人在债务履行期届满前,不得与抵押人约定债务人不履行到期债务时抵押财产归债权人所有。"《担保法》第四十条规定:"订立抵押合同时,抵押权人和抵押人在合同中不得约定在债务履行期届满抵押权人未受清偿时,抵押物的所有权转移为债权人所有。"法理上称这一规定为禁止流质抵押。《物权法》也作了同样规定。原因如下:抵押权人与抵押人签订流押合同,从形式上看好像是自愿,但实质上是否自愿、是否受到胁迫是很难判断的。第二,禁止流押的规定不仅追求对抵押人的公平,也要保证对抵押权人公平。如果流押合同订立后,因抵押财产价格缩减导致债权无法满足,对债权人也是不公平的。第三,流押合同订立后,当事人双方是否依照约定履行了合同,不履行的原因是什么,可能相当复杂。如果因抵押权人的原因造成债务不履行,抵押权人又可以将抵押财产直接转为自己所有,可能会引发更大的麻烦,带给当事人双方特别是债务人更高的成本。

二、抵押登记

依照我国《担保法》第三十八条规定:"抵押人和抵押权人应当以书面形式订立抵押合同。"据此,抵押权的设定应以书面为之。[①] 另依《担保法》第四十一

[①] 各国对抵押登记有不同的称谓,有的称为抵押合同登记,有的称为抵押物登记,我国《担保法》称为抵押物登记。其实,抵押登记属于权利登记,而不是财产登记,因为登记所显示出的是抵押物上存在的权利状态,而非财产的性质和状态。

条、第四十二条和第四十三条的规定,以土地使用权、房屋、其他地上附着物、林木、航空器、船舶、车辆、企业设备和其他动产抵押时,只有经过有关主管部门的登记,抵押合同才能成立。以其他财产进行抵押时,当事人可以自愿办理抵押物登记,抵押合同自签订之日起生效。但是,担保物权如未办理登记,不得对抗第三人。

《物权法》对抵押登记问题作了明确的规定。该法第一百八十七条规定:"以本法第一百八十条第一款第一项至第三项规定的财产或者第五项规定的正在建造的建筑物抵押的,应当办理抵押登记。抵押权自登记时设立。"财产抵押是重要的民事法律行为,法律除要求设立抵押权要订立书面合同外,还要求对某些财产办理抵押登记,不经抵押登记,抵押权不发生法律效力。需要进行抵押登记的财产为:(1)建筑物和其他土地附着物;(2)建设用地使用权;(3)以招标、拍卖、公开协商等方式取得的荒地等土地承包经营权;(4)正在建造的建筑物。不动产抵押登记,可以使得抵押财产的物上负担一目了然,使实现抵押权的顺序清楚明确,有利于预防纠纷,保护债权人和第三人的合法权益,维护交易安全,保障经济活动的正常进行。

《物权法》第一百八十八条规定:"以本法第一百八十条第一款第四项、第六项规定的财产或者第五项规定的正在建造的船舶、航空器抵押的,抵押权自抵押合同生效时设立;未经登记,不得对抗善意第三人。"[1]第一百八十九条规定:"企业、个体工商户、农业生产经营者以本法第一百八十一条规定的动产抵押的,应当向抵押人住所地的工商行政管理部门办理登记。抵押权自抵押合同生效时设立;未经登记,不得对抗善意第三人。"[2]《物权法》对不动产物权变动采取登记生效主义,即不动产物权的设立、变更、转让和消灭应当办理登记,不办理登记,不发生物权效力;而对于动产物权变动却采取登记对抗主义,即动产物权的设立、变更、转让和消灭不登记不得对抗善意第三人。

此外,依照法律规定取得之抵押权,称为法定抵押权,不须登记,即生抵押权取得之效力。但法定抵押权仅限于个别情形,非有法律的明文规定,不得发生。依法律规定而发生的物权,不经占有或登记即直接发生效力,因为授予权利人该

---

[1] 应当指出的是,我国《海商法》和《民用航空法》对船舶抵押权和民用航空器抵押权采取登记对抗主义(见《海商法》第十三条、《民用航空法》第十六条),这与《担保法》第四十一条和第四十二条关于航空器、船舶抵押登记效力的规定不一致。但依《担保法》第九十五条之规定,应优先适用于《海商法》和《民用航空法》。

[2] 《担保法》这一规定似乎不妥,登记应是抵押权生效要件,并非抵押合同的生效要件。

权利的是法律,而法律当然具有与登记等相同的公示效力。我国《担保法》第三十六条规定,以国有土地上的房屋设定抵押的,该房屋占用范围内的国有土地使用权应同时抵押。相反,以国有土地使用权设定抵押的,其上的房屋亦应随之设定抵押。

第五节　抵押权担保的债权范围及效力所及标的物的范围

一、抵押权担保债权的范围

抵押权所担保债权的范围,是抵押权人实行抵押权时,所得优先清偿的范围,对债务人、抵押人或抵押物第三取得人而言,则是为使抵押权消灭所必须清偿的债务范围。抵押权所担保债权的范围属于当事人意思自治的范畴,但如当事人未有约定时,则须依照法律之规定,我国《担保法》第四十六条规定,抵押权所担保债权的范围,包括主债权及利息、违约金、损害赔偿金和实行抵押权的费用。抵押合同另有约定的,从其约定。

二、抵押权效力所及标的物的范围

所谓抵押权的效力及于标的物的范围,即抵押权人实行抵押权时可依法予以变价的标的物的范围。一般来讲,抵押权效力主要应针对抵押物,但为了维护抵押权标的物的经济效用及其交换价值,以及兼顾双方当事人之利益,对标的物以外的其他物或权利,在一定条件下,也应纳入抵押权标的物的范围。所以多数国家的立法例,就抵押权标的物的范围,稍予扩张。抵押权的效力除及于双方当事人约定用于抵押的抵押物外,还及于下列财产和权利:(1)从物;(2)从权利;(3)孳息。

就天然孳息而言,原物的天然孳息在未分离前为原物的出产物,是原物的一部分,自然是抵押权标的物的范围。对于天然孳息的不当分离,我国台湾地区"民法"第863条的规定,抵押权之效力,及于抵押物扣押后由抵押物分离之天然孳息。依我国台湾地区的有关规定,抵押权的实行可直接进入强制执行程序,故扣押即为抵押权实行。由此,抵押权的效力不得及于着手实行抵押权之前已由抵押物分离的天然孳息。因为抵押权系不转移占有标的物的担保物权,抵押权设定后,抵押人并未丧失其使用收益权,所以抵押人仍有收取天然孳息的权利。须注意的是,上述所指天然孳息,均指抵押人可以收取的权利而言,至于因第三人而产生的天然孳息,则应以该第三人有无收取权来判断。若系地上权、租赁权等有收取权的第三人,则其天然孳息自非抵押权效力所及。若属于第三人无权占有抵押物所产生的天然孳息,因该孳息已因附合而成为抵押人所有,自然仍属抵押人的天然孳息。就法定孳息而言,是否为抵押权效力之所及,与上述的天然孳息适用同一规则,也应依扣押之前后而分别判定。所特别者,抵押权人尚应履行通知之义务,抵押权的效力才能及于该法定孳息。我国《担保法》第四十七条第一款规定,抵押权人未将扣押抵押物的事实通知应当清偿法定孳息的义务人的,抵押权的效力不及于该孳息。

第六节 抵押权的实现

一、抵押权实现的概念

根据《物权法》第一百九十五条规定:"债务人不履行到期债务或者发生当事人约定的实现抵押权的情形,抵押权人可以与抵押人协议以抵押财产折价或者以拍卖、变卖该抵押财产所得的价款优先受偿。协议损害其他债权人利益的,其他债权人可以在知道或者应当知道撤销事由之日起一年内请求人民法院撤销该协议。抵押权人与抵押人未就抵押权实现方式达成协议的,抵押权人可以请求人民法院拍卖、变卖抵押财产。抵押财产折价或者变卖的,应当参照市场价格。"

抵押权的实现,是指债务履行期间届满债务人未履行债务时或者发生当事人约定的实现抵押权的情形,抵押权人通过依法处理抵押财产而使债权获得清偿。抵押权实现与否,属于抵押权人的权利而非义务。

二、抵押权实现的条件

抵押权实现的条件有:(一)抵押权有效存在;(二)债务履行期届满债权人未受清偿或者发生当事人约定的实现抵押权的情形;(三)抵押权的实行未受到法律上的特别限制。

物权法完善了担保物权的实现条件。根据《担保法》的规定,只有在主债务人到期不履行债务时才能实现担保物权。《物权法》规定债务人不履行到期债务,或者发生当事人约定的实现担保物权的情形,债权人都可以实现担保物权。将实现担保物权的条件留由当事人去自由约定。如以浮动抵押为例:根据《物权法》规定,浮动抵押是以抵押人现有以及将有的动产作抵押,抵押期间,抵押人在正常经营范围内可以自由处分其动产,债务人到期不履行债务的,抵押权人是以实现抵押权时的动产优先受偿。如果只允许抵押人在债务人到期不履行债务时才能实现抵押权,可能会由于抵押人在经营过程中的非正常经营行为或者恶意的行为,造成抵押权实现时抵押财产大量减少,无法对抵押权人的债权起到担保作用,从而损害抵押权人的利益。允许抵押权人与抵押人约定提前实现抵押权的条件,抵押权人就可以在抵押合同中对抵押人的某些行为进行约定,一旦抵押人违反约定从事了这些行为,满足了约定的实现抵押权的条件,抵押权人就可以提前实现抵押权,以保障自己的债权得到清偿。

三、抵押权实现的方式[①]

按照《物权法》第一百九十五条规定,对《担保法》抵押权实现规则的修改,完善了担保物权实现的途径,提供了三条抵押财产的处理方式供抵押权人与抵押人协议时选择:(一)折价方式;(二)拍卖方式;(三)变卖方式。

按照《担保法》第五十三条第一款规定,如果当事人不能就担保物权的实现达成协议,抵押权人可以与抵押人协议以抵押物折价或者以拍卖、变卖该抵押物所得的价款受偿。如果双方达不成协议,只能向人民法院提出诉讼,即先通过诉讼程序获得确定的胜诉判决,判决生效后再向法院申请执行。这种方式时间冗长,成本很高。

《物权法》规定,如果当事人不能就担保物权的实现方式达成协议,可以直接向人民法院申请拍卖或者变卖。这种方式确实大大降低了担保物权实现的成本,因而,大大降低了折扣率,提高了资产融资能力。上述规定的积极意义应当给予肯定。但是,这一规定对实际执行面临的道德风险,未能从程序上给予有效防范。《物权法》规定,"抵押财产折价或者变卖的,应当参照市场价格。"令人担忧的是,这将可能成为国有资产流失的一大缺口:(1)对市场价规定只是参照价。参照市场价应当有一个浮动范围的限制,才有利于在有关当事人利益之间找到平衡点。(2)抵押权人与抵押人协议以抵押财产折价优先受偿,可能造成国有银行财产流失。折价方式势必使银行拥有一堆无法变现、或者变现可能极小、或者变现价值极低的商品。(3)在变现环节上可能造成国有债务人资产的

---

① 参见江平:《中华人民共和国物权法精解》,中国政法大学出版社2007年版,第254~256页。

流失。抵押权人与抵押人协议以拍卖、变卖该抵押财产优先受偿,可能为有关当事人恶意串通损害国家利益或第三人利益,留下了可乘之机。尤其是变价过低,债务人和债权人利益都受到了损害,而只为购买者带来了利益。(4)"协议损害其他债权人利益的,其他债权人可以在知道或者应当知道撤销事由之日起一年内请求人民法院撤销该协议"的规定,撤销权不仅应当赋予其他债权人,还应当赋予所有人——国家(有关机关)。(5)从形式上看似乎降低了抵押权实现的成本,但是,可能增加了道德成本;而道德成本的支出可能又是以财产支付为对待给付的。这势必刺激了寻租行为。因为通过作价、变卖形式进行操作,没有公信力,有关国有单位的当事人的法定代表人,如此操作将要冒很大的政治风险,可操作性弱。除非将来能够通过其他立法程序加以完善。(6)只有事后监督,缺乏事前和事中监督。《物权法》第五十六条规定:"国家所有的财产受法律保护,禁止任何单位和个人侵占、哄抢、私分、截留、破坏。"第五十七条规定:"履行国有财产管理、监督职责的机构及其工作人员,应当依法加强对国有财产的管理、监督,促进国有财产保值增值,防止国有财产损失;滥用职权,玩忽职守,造成国有财产损失的,应当依法承担法律责任。""违反国有财产管理规定,在企业改制、合并分立、关联交易等过程中,低价转让、合谋私分、擅自担保或者以其他方式造成国有财产损失的,应当依法承担法律责任。"上述规定虽然已经注意到了对国有财产的保护,但是还远远不够。充其量也只是一般保护,或者是事后监督。未能建立相应的预防机制,进行事前监督和事中监督。

第七节 抵押权消灭

抵押权消灭的原因可分为一般原因与特殊原因。抵押权消灭的一般原因就是指抵押权与其他物权所共同的消灭原因,主要就是混同与抛弃两种。这里主要论述抵押权消灭的特殊原因。抵押权独有的消灭原因就是抵押权消灭的特殊原因,主要有以下几种。

一、主债权消灭

抵押权具有消灭上的从属性,因其担保的主债权的消灭而消灭。如果主债权因履行、混同、提存、免除等原因而全部归于消灭,则抵押权也全部消灭;如果主债权仅仅是部分消灭,抵押权人仍可就抵押权的全部行使其抵押权。这是抵押权的不可分性的体现。

二、抵押权实现

因债务人届期不履行债务导致抵押权人实行抵押权的,该抵押权因实现而归于消灭,无论抵押物的变价能否完全清偿被担保债权。

三、抵押物灭失

抵押物的灭失可以分为相对灭失与绝对灭失、部分灭失与全部灭失。相对灭失即抵押物所有权主体的变更,这并不导致抵押权的消灭,因为抵押权具有物上追及效力。绝对灭失包括事实上的灭失即抵押物因自然力的作用而不复存在,以及法律上的灭失即抵押物因征用而被消灭,此时抵押权因抵押物的消灭归于消灭。但是抵押物因灭失而获得赔偿金、保险金以及补偿金时,抵押权继续存在于这三类抵押物的代位物上,并不消灭。

四、抵押物期间届满

《物权法》颁行之前,抵押权作为一种物权,不因所担保的债权诉讼时效而消灭。但从稳定民事法律关系的需要出发,担保法确定了其存续期间,该期间在性质上属于除斥期间,即前文担保物权的诉讼期间所论及的"二加二"制度。鉴于我国《物权法》第二百零二条规定:"抵押权人应当在主债权诉讼时效期间行使抵押权;未行使的,人民法院不予保护。"抵押权人在主债权诉讼时效期间内未行使抵押权的,人民法院不予保护,也即抵押权人丧失的是抵押权受人民法院保护的权利,即胜诉权。

第八节 浮动抵押权

一、浮动抵押权的概念

《物权法》规定了一种新型的抵押方式,即其第一百八十一条规定的"浮动抵押"。[①] 依据该条,经当事人书面协议,企业、个体工商户、农户可以将现有的

[①] 全国人大常委会法制工作委员会民法室编著:《物权法立法背景与观点全集》,法律出版社2007年版,第636页。

以及将有的动产抵押,债务人不履行到期债务或者发生当事人约定的实现抵押权的情形,债权人有权就约定实现抵押权时的动产优先受偿。浮动抵押权(Floating Charge)也称为"企业担保"、"浮动担保"或"浮动债务负担",它是指抵押人以其现有的和将来所有的财产作为债权的担保,当债务人不履行债务时,债权人有权以抵押人尚存的财产优先受偿。浮动抵押制度最早出现在英国法中。在英国法上,浮动抵押就是指有关公司将现在以及将来的某一类资产抵押给银行,例如,商品、存货或者应收账款等流动资产。1870年,英国上诉法院在判决中认为,公司可以抵押现有的和将来取得的全部财产,但抵押权人不得干预公司的经营管理。自此,浮动抵押制度正式确立。在浮动抵押的抵押财产被确定(英文"crystallization",有些人翻译为"结晶"或"封押")之前,公司有权照常营业并使用所抵押的资产。其具有以下几项特征:第一,浮动抵押只能由注册公司提供,个人、独资商号和合伙商号不能提供浮动抵押。第二,总的来说,设定浮动抵押的资产是公司无法设定固定抵押的剩余资产部分,该部分的资产多是流动资产,有时也包括无形的固定资产。第三,浮动抵押是一种衡平法上的抵押,在封押之前浮动抵押处于"休眠(dormant)"的状态,该抵押没有什么效应,公司可以正常营业。第四,浮动抵押不是一个特定的抵押,在封押之前可以说是不完整的抵押。第五,在浮动抵押封押之前,公司有权在正常营业情况下,出售及处理浮动抵押资产,如出售、租赁甚至抵押给他人。第六,尽管浮动抵押已经封押,抵押人此后获得的财产仍然属于该抵押的范围。第七,一旦公司浮动抵押的资产被封押,那么除非经过债权人即抵押权人的同意,否则公司就不能再处置这些资产了。

《物权法》之所以规定这样一种新型的抵押权,主要是基于以下考虑:首先,浮动抵押制度有利于促进企业融资,尤其是拓宽了广大中小企业的融资渠道,从而能促进我国经济的发展。此外,从我国目前的实践来看,一些政府投资项目和公司的大型开发项目在进行国际融资时,世界银行、亚洲开发银行等国外银行经常要求以项目公司的整体资产和未来收益设定浮动抵押,这种浮动抵押常常与账户质押联系在一起,银行可以监管项目公司的账户。其次,浮动抵押也有效地简化了抵押手续,节省了大量的人力、物力,降低了抵押成本。在设定浮动抵押的时候,当事人只需要制定浮动抵押的书面文件并进行登记,不需要制作公司财产的目录表,也不需要对公司财产分别进行公示。同时,在浮动抵押期间,抵押人新取得的动产,不需要任何手续就可以成为浮动抵押的标的物。最后,浮动抵押有利于提供抵押的民事主体进行正常的商业活动,因为该制度最大的优点就是,如果没有出现法定或者约定的事由,抵押人在日常经营管理活动中,可以对其设定抵押的财产进行处分,抵押权人不得干预。

我国物权法吸收借鉴了英国法上的浮动抵押制度,并作出具有特色的一些规定。从物权法本条来看,我国物权法上的浮动抵押权具有以下几个特点:

1. 抵押人的特殊性。设定普通抵押权的人可以是自然人、法人或者其他组织。而设定浮动抵押的只能是企业、个体工商户和农户(这与英国法仅限于注册公司有所不同)。所谓企业包括具有法人资格的企业,最典型者如公司,也包括非法人企业,如合伙企业、中外合作经营企业等。个体工商户是指公民以个人财产或者家庭财产作为经营资本,依法经过核准登记,并在法定范围内从事非农业性经营活动的个人或者家庭。农户即农村承包经营户,依据《民法通则》第二十七条:"农村集体经济组织的成员,在法律允许的范围内,按照承包合同规定从事商品经营的,为农村承包经营户。"

2. 抵押客体不同。普通抵押权仅以现存的各类财产,如动产、不动产以及某些权利为客体。而浮动抵押权的客体仅限于抵押人的流动资产,在英国法上包括公司的原材料、成品、商品、应收账款甚至某些无形资产如商誉。但是,我国物权法允许设定浮动抵押的财产只能是动产,既包括抵押人现有的动产,还包括抵押人将来所有的动产。

3. 抵押权的效力不同。在普通抵押权中,抵押人于抵押期间未经抵押权人的同意,不得转让抵押财产,除非受让人代为清偿债务而消灭抵押权。但是,在浮动抵押权中,抵押期间,抵押人用于抵押的动产是变动不居的,可以流入也可以流出。换言之,抵押人可以出售、出租甚至抵押这些动产。但是,一旦发生法定浮动抵押财产的确定事由时,该抵押财产才被特定化,抵押人未经抵押权人同意不得随意处置。

二、抵押财产的确定

按《物权法》规定,债权人有权就实现抵押权时的动产优先受偿。这一规定表明了三层意思:一是,抵押期间,抵押财产处于不确定状态。抵押人可以自由处分抵押权财产,只有约定或者法定的实现抵押权的条件成熟时,抵押财产才确定。二是,实现抵押权时确定的抵押财产与设立抵押权时的财产不必相同,通常也不会相同,对于抵押期间处分的财产不能追及,新增的财产要作为抵押财产,债权人就实现抵押权时确定的抵押财产享有优先受偿的权利。三是,同一财产既有浮动抵押,又有固定抵押的,实现抵押权所得价款,按照《物权法》第一百九十九条的规定清偿。即:(一)抵押权已登记的,按照登记的先后顺序清偿,顺序相同的,按照债权比例清偿;(二)抵押权已登记的先于未登记的受偿;(三)抵押权未登记的,按照债权比例清偿。

三、浮动式财团抵押与固定式财团抵押

财团抵押是近代以来随着资本主义企业发展而不断要求融资资金的产物。在现代市场经济条件下,财团抵押具有十分重要的意义。① 财团抵押分为浮动式财团抵押与固定式财团抵押两种。前者主要为英美法系国家所采用,以英国的浮动担保为其代表;后者主要为大陆法系国家所采用,以德国铁路财团抵押为其典范。浮动式财力抵押前面已有介绍,不再赘述。固定式财团抵押主要为现代大陆法系各国所采用。较之浮动式财团抵押,它有三项特征:其一,列入抵押财团范围的财产属于企业现有的资产,随企业经营而变化的流动资产,不属于抵押财团之范围;其二,财团抵押的设定,须将作为抵押标的物的财团做成目录,使抵押标的物范围特定化;其三,财团抵押一经成立,企业对其财产的处分即受严格限制。即企业财产一旦组成财团设定抵押,构成财团的各个物或权利,将不得与财团任意分离。

这两种模式的财团抵押,可以说各有利弊。浮动式财团抵押更有利于企业的经营和发展,而固定式财团抵押更有利于保护担保权人的利益。就操作而言,浮动式财团抵押简便易行,而固定式财团抵押则较为麻烦。

第九节 最高额抵押权

一、最高额抵押权的概念与特征

最高额抵押,是指抵押人与抵押权人协议,在最高债权额限度内,以一定期间内连续发生的债权作担保。② 最高额抵押具有以下特点:

1. 最高额抵押所担保的债权额是确定的,但实际发生的债权额是不确定的。设定最高额抵押时,债权尚未发生,为保证将来债权的实现,抵押权人与抵押人协议商定担保的最高债权额度,抵押人以其抵押财产在此额度内对债权作担保。

---

① 参见陈信勇:《物权法》,浙江大学出版社2004年版,第256页。
② 参见上书,第255页。

2. 最高额抵押是对一定期间内连续发生的债权作担保。所谓一定期间,是指发生债权的期间,抵押人对这个期间发生的债权作担保。所谓连续发生的债权,是指实际发生的债权次数是不确定的,并且是接连发生的。可见,最高额抵押以一次订立的抵押合同,进行一次抵押物登记就可以对一个时期内多次发生的债权作担保,省时、省力、省钱,加速资金流通,有利于促进经济发展。

3. 最高额抵押只适用于贷款合同以及债权人与债务人就某项商品在一定期间内连续发生交易而签订的合同。规定某项商品在一定期间内连续发生的交易可以适用最高额抵押方式,主要是为了简化手续,方便当事人,有利于生产经营。

4. 最高额抵押的主合同债权不得转让。最高额抵押所有担保的债权在合同约定的期间内经常发生变更,处于不稳定状态,如果允许主合同债权转让,必然会发生最高额抵押权是否随之转让的问题,以及对以后再发生的债权如何担保等问题。在我国市场机制尚未完善的情况下,为保障信贷和交易安全,暂规定最高额抵押的主合同债权不得转让。

二、最高额抵押权的设定[①]

《担保法》第六十二条规定:"最高额抵押除适用本节规定外,适用本章其他规定。"《物权法》第二百零七条规定:"最高额抵押权除适用本节规定外,适用本章第一节一般抵押权的规定。"因此,最高额抵押权与普通抵押权在设立的程序与设立的内容上基本相同,但是存在以下特殊性:

(一)适用范围的限定性

从《担保法》相关规定来看,最高额抵押权须为借款合同或者当事人就某项商品在一定期间内连续发生交易而签订的合同所产生的债权而设定,因此其适用范围具有一定的限制性。所谓借款合同是指借款人向贷款人借款,到期返还借款并支付利息的合同。实践中,对此种合同附最高额抵押权担保的情形最为常见。但物权法并未限定最高额抵押权适用的范围。

(二)合同条款的特殊性

1. 最高债权额限度的约定。无论是普通抵押还是最高额抵押权都必须由抵押人与抵押权人签订书面抵押合同。设定最高额抵押权的合同与设定普通抵

---

① 参见孙宪忠:《物权法》,社会科学文献出版社2004年版,第300页。

押权的合同都包括被担保的主债权种类以及抵押物的名称、数量、质量、状况、所在地、所有权权属或者使用权权属等内容。但是由于最高额抵押权担保的是不特定的债权,因此,在设定最高额抵押权的合同中应当包括最高债权额限度。

2. 决算期的约定。最高额抵押权设定合同中通常具有决算期间的约定。决算期也称"确定期日",它是使得最高额抵押权所担保的不特定债权得以特定的日期。决算期并非最高额抵押合同的必备条款,可由当事人自行约定;如果没有约定或约定不明,则为了避免抵押人因最高额抵押权的持续存在而负担过重,法律上应作相应的限制。国外的做法主要有两种:一是规定抵押权人或者抵押人可以随时要求确定最高额抵押权所担保的债权额;二是规定一个债权确定的法定期间,如日本民法典规定,最高额抵押人最高额抵押权设立时起经过三年,可以请求确定债权。

《物权法》第二百零六条第二款规定:"有下列情形之一的,抵押权人的债权确定:……(二)没有约定债权确定期间或者约定不明确,抵押权人或者抵押人自最高额抵押权设立之日起满二年后请求确定债权。"可见我国立法采纳了第二种做法。

三、最高额抵押权的效力

(一)最高额抵押权担保的债权范围

就普通抵押权所担保的债权范围而言,当事人可以合意确定,即使没有约定还可以依据法律规定加以确定。然而,最高额抵押权所担保的债权在抵押权设立时并没有确定具体的数额,只是确定了一个最高债权额限度以及一定的期间。在最高额抵押权所担保的债权没有确定之前,债权数额可以随时增减变化,即"最高额抵押权担保债权的新陈代谢"。最高额抵押权所担保的债权仅以现在及将来债权为限,而不能回溯至过去的债权。当最高额抵押权确定时,如果实际债权额不足最高额的,以实际债权额为抵押权所担保的债权额;如果实际债权额超过最高额的,则以最高额为抵押权所担保的债权额。但根据《物权法》第二百零三条第二款规定:"最高额抵押权设立前已经存在的债权,经当事人同意,可以转入最高额抵押担保的债权范围。"

(二)最高额抵押权内容的变更

1. 变更最高债权额限度

顺序在先的最高额抵押权人与抵押人变更最高债权额限度,有两种情形,将最高债权额限度增加或者将最高债权额限度减少。如为减少,则对后顺位的抵押权人的利益没有危害，不存在问题。根据《担保法》第八十二条及《物权法》第一百九十四条的相关规定，人民法院不认可当事人对最高额抵押合同的最高限额的变更。即对增加的部分，在先最高额抵押权人不能享有优先受偿权。

2. 变更决算期

当事人变更决算期既可能是将决算期提前，也可能是将决算期推后。如同变更最高债权额限度一样，担保法与物权法，均不能影响后顺位的抵押权人的利益。

(三) 最高额抵押权的转让

《担保法》第六十一条规定："最高额抵押的主合同债权不得转让。"最高额抵押是对一定期间内连续发生的债权作担保，而不是单独对其中的某一项债权担保，而且最高额抵押所担保的债权在合同约定的担保期间经常变更，处于不稳定状态，如果允许最高额抵押担保的主合同债权转让，必然发生最高额抵押权是否可以转让、如何转让，以及如果几个债权分别转让于不同的权利主体时，最高额抵押权由谁行使等会导致一系列复杂问题。《物权法》第二百零四条规定："最高额抵押担保的债权确定前，部分债权转让的，最高额抵押权不得转让，但当事人另有约定的除外。"本条规定表明：最高额抵押所担保的主债权确定后，主债权在约定的最高限额内就抵押财产优先受偿，此时最高额抵押与一般抵押没什么区别。因此，根据一般抵押权随主债权的转让而转让的原则，主债权转让的，最高额抵押权一并转让。那么最高额抵押担保的主债权确定前，最高额抵押权是否随部分债权的转让而转让呢？因为最高额抵押是对一定期间内连续发生的所有债权作担保，而不是单独对其中的某一个债权作担保。因此，最高额抵押权并不从属于特定债权，而是从属于主合同关系。部分债权转让的，只是使这部分债权脱离了最高额抵押权的担保范围，对最高额抵押权并不发生影响，最高额抵押权不在最高额债权额限度内，对已经发生的债权和将来可能发生的债权作担保。因此，最高额抵押担保的主债权确定前，部分债权转让的，最高额抵押权并不随之转让，除非当事人另有约定。

第十节　抵押权的顺位

一、顺位确定标准

抵押权的顺位(或称次序、顺序)，是指抵押人因担保两个或两个以上债权，就同一财产设定两个或两个以上的抵押权时,各抵押权之间优先受偿的先后次序。简言之,即同一抵押物上多个抵押权之间的关系或抵押权相互之间的效力。①

《担保法》依据登记对于抵押权设定的影响不同,而分别对于抵押权顺位的确定作出了如下规定:(1)以登记为生效要件的抵押权,依据登记的先后顺序确定清偿顺序;顺序相同的,按照债权比例清偿。(2)以登记作为对抗要件的抵押权,如果均进行了登记的,则依据登记的先后顺序确定清偿顺序;如果部分登记了,部分未登记,则已经登记的优先于未登记的;如果均未进行登记,则依据合同生效时间的先后顺序;顺序相同的,按照债权比例清偿。

二、抵押权与价值权②

同一不动产上有多数抵押权存在时,各抵押权就抵押物卖得价金之优先受偿次序,必须依一定之标准决定,此即抵押权相互间之优先次序。此项次序一般是依登记之先后定之。此即次序升进主义;而次序固定原则指同一不动产上有多数抵押权存在时,其次序不仅须依登记之先后定之,且先次序抵押权消灭时,后次序抵押权固定于原次序,并不升进之原则。

抵押权次序究竟采升进原则或固定原则,与抵押权本质论的近代发展,有密切关联。近代抵押权随着资本主义的发展,自保全抵押权逐渐向投资抵押演进与推移。保全抵押下的抵押权,系以确保债务之履行为目的,故此项抵押权是债权之从权利,机能上仅在作为保全信用之手段,确保债权人能取得应获得之财产价值。其特征为:(1)抵押权是以人之信用为基础之附加行为。(2)抵押权所支配的财产价值与债权所欲达成的财产价值同一。(3)抵押权乃是强化债权之效力。(4)从属于担保债权,具有从属性,无法成为个别独立之权利,于交易市场上流通。

投资抵押下的抵押权,是将其所支配的抵押物的交换价值,在金融交易市场上流通,扮演投资者金钱投资媒介的角色。此种抵押权是以价值权(Wertrecht)为本质,小即不支配标的物之实体,而系以取得其交换价值为目的的财产权,在概念上恰与物质权或实体权(Substanzrecht)相对应。实体权系支配标的物的实体,以取得其用益价值为目的之财产权、地上权、永佃权等用益物权即是。此种

---

① 参见姚瑞光:《民法物权论》,台湾作者印行1999年版,第221页。
② 参见刁胜先:《论抵押权的价值化》,载《东华大学学报》2001年第2期。

抵押权与以人的信用为基础的债权分离,自实体权中脱出,发展成为独立的价值权,将所支配的标的物的交换价值,作为投资对象,并在金融市场上流通。抵押权本质上应属价值权的见解,俨然已成为今日之通说。简言之,抵押权的价值权本质论,以其作为认识抵押权的客观性质,因而具有法解释学上之功能,固有一定的价值。但以价值权导出投资抵押,进而据为抵押权立法的唯一指针,仍有待商讨。

三、顺位的让与、变更与抛弃

《物权法》第一百九十四条规定:"抵押权人可以放弃抵押权或者抵押权的顺位。抵押权人与抵押人可以协议变更抵押权顺位以及被担保的债权数额等内容,但抵押权的变更,未经其他抵押权人书面同意,不得对其他抵押权人产生不利影响。债务人以自己的财产设定抵押,抵押权人放弃该抵押权、抵押权顺位或者变更抵押权的,其他担保人在抵押权人丧失优先受偿权益的范围内免除担保责任,但其他担保人承诺仍然提供担保的除外。"

抵押权作为抵押权人享有的一项权利,抵押权人可以放弃抵押权从而放弃其债权就抵押财产优先受偿的权利。抵押权人不行使抵押权或者怠于行使抵押权的,不得推定抵押权人放弃抵押权。抵押权人放弃抵押权,不必经过抵押人的同意。抵押权人放弃抵押权的,抵押权消灭。

抵押权的顺位是抵押权人优先受偿的顺序,作为抵押权人享有的一项利益,抵押权人可以放弃其顺位,即放弃优先受偿的次序利益。抵押权人放弃抵押权顺位的,放弃人处于最后顺位,所有后顺位抵押权人的顺位依次递进。但在放弃抵押权顺位后新设定的抵押权不受该放弃的影响,其顺位仍应在放弃人的抵押权顺位之后。

根据《物权法》的本条规定,抵押权的变更,未经其他抵押权人书面同意变更抵押权,对其他抵押权人产生不利影响的,变更无效。而第二款,是针对被担保的债权既有以债务人自己的财产作抵押的抵押担保又有其他担保的情形而作出的特别规定。

第十四章 质 权

第一节 质权概述

一、质权概念

质权是指债权人为了担保债权的实现就债务人或第三人移交占有动产或权利,于债务人不履行债务时所享有的优先受偿的权利。[1] 其特征为:

1. 具有一切担保物权具有的共同特征:从属性、不可分性和物上代位性。

2. 质权的标的是动产和可转让的权利,不动产不能设定质权。质权因此分为动产质权和权利质权。金钱经特定化后也可以出质,债务人或者第三人将其金钱以特户、封金、保证金等形式特定化后,移交债权人占有作为债权的担保,债务人不履行债务时,债权人可以以该金钱优先受偿。

3. 质权是移转质物的占有的担保物权,质权以占有标的物为成立要件。

二、质权与抵押权区别

作为担保物权的一种,质权具有物权性、担保性、从属性、不可分性及优先受偿性等特质,与抵押权相同。但是作为一种独立的担保物权制度,质权与抵押权存在相当大的差异:

1. 成立与生效要件不同

依多数国家法律的规定,抵押权的成立须经登记,但无须抵押人将抵押物交付债权人占有;而质权的成立与生效,则以出质人将质物移转于债权人占有为必要。

2. 标的物不同

抵押权的标的物为不动产、不动产用益物权及动产;而质权的标的物则为动

---

[1] 质权制度的沿革及发展趋向参见柳经纬主编:《物权法》,厦门大学出版社2000年版,第231~232页。

产和不动产用益物权以外的其他财产权利。

3. 担保的机能不同

抵押权为非占有性担保物权,以优先受偿效力来发挥担保作用,因其不移转抵押物的占有,因而不具有对物的留置效力;而质权除有优先受偿效力外,还具有对标的物的占有、留置效力,由质权人直接控制标的物。

三、质权分类

1. 动产质权、不动产质权和权利质权

根据质权的标的物不同所作的分类。物权法中即采用此分类。动产质权是以动产为标的物设定的质权,是质权的原型。权利质权是以债权或者用益物权以外的其他财产权利为标的的质权。权利质权是从动产质权中派生出来的一种现代质权形式,在成立方式、效力范围和实现方法等方面均有其自身的特点,其地位日渐重要。不动产质权是以不动产为标的物设定的质权。我国不承认不动产质权。

2. 民事质权、商事质权和营业质权

根据质权所适用法律规范的属性不同所作的分类。在民商分立的国家,质权可分为民事质权与商事质权,前者是适用民法的质权,后者指适用商法的质权,两者并无实质区别。我国采取民商合一,故不存在民事质权与商事质权之分。

营业质权,是指以质押借贷为营业而适用当铺业管理规则的特殊质权。从事质押营业者一般称为当铺,也即典当行。营业质押是指债务人以一事实上财物交付于债权人(当铺)作担保,向债权人进行金钱借贷,在一定期限内,债务人清偿债务后可取回担保物;期限届满而债务人不能清偿的,担保物即归债权人所有,或者由债权人以其价值优先受偿。

3. 占有质权、收益质权和归属质权

这是根据质权的内容不同而作的分类。占有质权,指质权人对质物原则上只能占有而不得使用、收益的质权,动产质权大都属之。收益质权指质权人不仅可占有质物,而且可对质物使用、收益的质权。归属质权指以质物代偿债务的质权,即质权人于债务届期债务人不清偿债务时有权以质物所有权抵偿债务的质权。

第二节 动产质权

一、动产质权的概念与特征

动产质权,指债务人或者第三人将其动产移交债权人占有,将该动产作为债权的担保。债务人不履行债务时,债权人享有依法以该动产折价或者以拍卖、变卖该动产的价款优先受偿的权利。动产质权具有以下特征:(1)动产质权为担保物权;(2)动产质权以动产为标的物;(3)动产质权设定须移转标的物的占有;(4)质权人有权在债务人不履行债务时以质物所得的价金优先受偿。

二、动产质权的取得

动产质权的取得同样可以基于法律行为和基于法律行为以外的事实而取得。动产质权的设立是动产质权基于法律行为取得的主要方式。

(一)设立书面合同

《物权法》第二百一十条规定:"设立质权,当事人应当采取书面形式订立质权合同。质权合同一般包括下列条款:(一)被担保债权的种类和数额;(二)债务人履行债务的期限;(三)质押财产的名称、数量、质量、状况;(四)担保的范围;(五)质押财产交付的时间。"订立质权合同应当采用书面形式。对于设立动产质权合同未采用书面形式的,依据《合同法》第三十六条的规定,一方已经履行主要义务,对方接受的,该合同成立。同时该条对动产质权合同的主要内容作了规范。质押财产交付的时间是质权合同中的重要内容,质物的交付直接关系到质权的生效。根据本法的规定,质权自质物实际交付质权人时发生效力。《物权法》第二百一十一条规定:"质权人在债务履行期届满前,不得与出质人约定债务人不履行到期债务时质押财产归债权人所有。"如同抵押权一样,质权合同同样禁止流质契约。

(二)交付标的物

1. 交付是质权的成立要件,不交付标的物的质权不成立,但是出质人应当承担过错责任。债务人或者第三人未按质押合同约定的时间移交质物的,因此给质权人造成损失的,出质人应当根据其过错承担赔偿责任。

2. 交付包括现实交付、指示交付和简易交付,但不包括占有改定。出质人代质权人占有质物的,质押合同不生效;质权人将质物返还于出质人后,以其质权对抗第三人的,人民法院不予支持。

3. 交付的标的物与合同约定不一致的,以交付的为准。

三、动产质权的效力

动产质权的效力包括对担保债权范围的效力、对标的物的效力、对质权人、出质人的效力,试分述如下:

(一)对担保债权范围的效力

担保的债权有约定的依约定,没有约定的,质押担保的范围包括主债权及利息、违约金、损害赔偿金、质物保管费用和实现质权的费用。

(二)对标的物的效力

1. 从物的效力,质权的效力及于从物,但是从物没有交付的,对从物无效。
2. 对孳息,质权人有权收取孳息,以孳息清偿收取孳息的费用、利息和主债权。

(三)对质权人的效力

1. 质权人的权利:(1)占有质物。质权人有权在债权受清偿前占有质物。(2)收取孳息。(3)转质。质权人在质权存续期间,为担保自己的债务,经出质人同意,以其所占有的质物为第三人设定质权的,应当在原质权所担保的债权范围之内,超过的部分不具有优先受偿的效力。转质权的效力优于原质权。质权人在质权存续期间,未经出质人同意,为担保自己的债务,在其所占有的质物上为第三人设定质权的无效。质权人对因转质而发生的损害承担赔偿责任。(4)处分质物并就其价金优先受偿。(5)费用支付请求权。有请求出质人支付保管标的物之费用的权利。(6)保全质权的权利质物有损坏或者价值明显减少的可能,足以危害质权人权利的,质权人可以要求出质人提供相应的担保。出质人不提供的,质权人可以拍卖或者变卖质物,并与出质人协议将拍卖或者变卖所得的价款用于提前清偿所担保的债权或者向与出质人约定的第三人提存。
2. 质权人的义务:(1)保管标的物;(2)质权消灭时返还质物的义务。

(四)对出质人的效力

出质人的权利:(1)出质人在质权人因保管不善致使质物毁损灭失时,有权要求质权人承担民事责任。(2)质权人不能妥善保管质物可能致使其灭失或者毁损的,出质人可以要求质权人将质物提存,或者要求提前清偿债权而返还质物。将质物提存的,质物提存费用由质权人负担;出质人提前清偿债权的,应当扣除未到期部分的利息。(3)债务履行期届满,债务人履行债务的,或出质人提前清偿所担保的债权的,出质人有权要求质权人返还质物。

四、动产质权的消灭

动产质权的消灭原因,除抛弃、混同、标的物被征收等之外,还包括以下几种情况:

1. 因主债权消灭而消灭。质权所担保的债权因清偿或其他原因而消灭者,质权作为担保物权亦随同其消灭。

2. 因实行而消灭。质权实行后,无论其所担保的债权是否受完全清偿,质权均归消灭。

3. 质权因质物的返还而消灭。质权的成立与存续,以质权人占有质物为必要,因此如质权人任意将质物返还于出质人时,质权便归于消灭或者不得对抗第三人。但是,质物的返还导致质权消灭,必须是出于质权人之意思的任意返还,如是被出质人所侵夺,则不生消灭质权的效力。

4. 因质权人丧失质物的占有且不能回复而消灭。所谓丧失占有,指质物因遗失、被盗、被侵夺或其他情形,质权人已丧失事实上的管领力,如不能请求返还时,动产质权自应消灭。但是,质权人虽已丧失占有,但如能依物上请求权请求返还时,质权仍不消灭。

5. 因质物的灭失而消失。但如果因灭失而受有赔偿金、保险金等代替物,因质权具有物上代位性,质权人仍能以该代替物取偿。

第三节 权利质权

一、权利质权的概念和特征

权利质权是指为担保债务的履行,将债务人或第三人所享有的权利移转给债权人占有,在债务人届期不履行债务时,债权人有权将该权利处分以优先受偿的权利,亦称"准质权"。① 债务人或者第三人为出质人,债权人为质权人,移交的权利为质押财产。我国《担保法》和《物权法》分别规定了权利质押和权利质

---

① 参见陈信勇:《物权法》,浙江大学出版社2004年版,第270~271页。

权。担保法侧重于描述债权人(质权人)、债务人和(或)出质人的相互关系,更多地表现出合同关系色彩。物权法侧重规定债权人(质权人)的质权效力,即在质押权利价值范围内,债权人(质权人)享有优先于其他债权人获得清偿的法律效力。权利质权只是一种担保而不是保险,不能认为只要设定权利质权,就能确保当事人的经济利益不受损失。权利质权的核心是价值担保,而票据、股票、债券等财产的价值并不是恒定不变的,诸多现实原因都会实质性地影响到权利质权的实现程度。比如,我们可以选择在商标权上设立质权,但商标使用权人利用注册商标制造假冒伪劣商品,商标权价值就会随之降低,从而影响到质权人的实际利益。总的来说,权利质权中可转让的权利是指除了所有权和用益物权外的财产权,它作为无形财产,在现代社会日益具有重要意义。《担保法》、《物权法》规定的可质押权利多是与市场经济联系较为密切的权利。法律明确规定这些权利可以质押,有助于促进债权实现,从而能促进资金融通,繁荣市场经济。特别是现代市场经济中无形财产日益增加的现实,以及大量票据、提单的产生,让权利质押成为企业融资手段的新亮点。

《物权法》的相关规定规范了可以出质的权利类型及其成立与对抗要件:

(一)可以出质的权利类型

《物权法》第二百二十三条规定的可以出质的权利大致分为:1. 汇票、本票、支票、债券、存款单、仓单、提单。2. 依法可以转让的基金份额、股权。3. 依法可以转让的注册商标专用权、专利权、著作权等知识产权中的财产权。4. 应收账款。5. 法律、行政法规规定可以出质的其他财产权利。

(二)权利质权的成立要件和对抗要件[①]

1. 票据与公司债权交付作为成立要件,背书作为对抗要件:(1)以汇票、支票、本票出质,出质人与质权人没有背书记载"质押"字样,以票据出质对抗善意第三人的,人民法院不予支持。(2)以公司债券出质的,出质人与质权人没有背书记载"质押"字样,以债券出质对抗公司和第三人的,人民法院不予支持。

2. 登记作为成立要件:(1)以上市公司的股份出质的,质押合同自股份出质向证券登记机构办理出质登记之日起生效。(2)以非上市公司的股份出质的,

---

① 参见江平:《中华人民共和国物权法精解》,中国政法大学出版社2007年版,第287~294页。

质押合同自股份出质记载于股东名册之日起生效。(3)以依法可以转让的商标专用权、专利权、著作权中的财产权出质的,出质人与质权人应当订立书面合同,并向其管理部门办理出质登记。质押合同自登记之日起生效。

3. 关于权利质权的特别规定:(1)以票据、债券、存款单、仓单、提单出质的,质权人再转让或者质押的无效。(2)以载明兑现或者提货日期的汇票、支票、本票、债券、存款单、仓单、提单出质的,其兑现或者提货日期后于债务履行期的,质权人只能在兑现或者提货日期届满时兑现款项或者提取货物。(3)以依法可以转让的商标专用权、专利权、著作权中的财产权出质的,出质人未经质权人同意而转让或者许可他人使用已出质权利的,应当认定为无效。因此给质权人或者第三人造成损失的,由出质人承担民事责任。

二、权利质权的设定

物权法扩大了能够设定质权的权利的范围,在权利质权的客体上新增加了两类重要的财产权利,即基金份额与应收账款。

1. 基金份额可以设定质权。依据《物权法》第二百二十三条第四款,债务人或者第三人有权处分的且可以转让的基金份额,能够作为权利质权的客体。所谓"基金份额"即"证券投资基金份额",它是指基金份额持有人依照基金合同的约定和法律的规定按照其所持份额针对基金财产享有的收益分配权、清算后剩余财产取得权和其他相关权利。我国《证券投资基金法》第七十条规定,基金份额持有人享有下列权利:(一)分享基金财产收益;(二)参与分配清算后的剩余基金财产;(三)依法转让或者申请赎回其持有的基金份额;(四)按照规定要求召开基金份额持有人大会;(五)对基金份额持有人大会审议事项行使表决权;(六)查阅或者复制公开披露的基金信息资料;(七)对基金管理人、基金托管人、基金份额发售机构损害其合法权益的行为依法提起诉讼;(八)基金合同约定的其他权利。由于基金份额实质上是基金份额持有人享有的分享基金财产受益、参与分配清算后的剩余基金财产等财产权利,且可以依法转让或申请赎回,所以《物权法》明确规定可以以基金份额设定权利质权。

2. 应收账款可以设定质权。《物权法》第二百二十三条第六款,允许债务人或者第三人以应收账款设定质权。所谓应收账款,是指未被证券化的(即不以流通票据或者债券为代表的)、以金钱为给付标的的现有以及将来的合同债权,包括:其一,非证券化的以金钱为给付标的的现有债权,如卖方销售货物后形成的对买方的价金债权、出租人出租房屋后对承租人的租金债权、借款人对贷款人的借款债权等。其二,各类经营性收费权,如收费公路的收费权,农村电网收费权以及城市供水、供热、公交、电信等基础设施项目的收益权,公园景点、风景区门票等经营性服务收费权等。

应收账款能否设定质权,存在很大的争议。有反对者认为,不应当允许以应收账款设定质权。因为应收账款在企业法人资产中两个属性最明显,第一就是不确定性。所谓不确定性,就是企业在经济活动中,应收账款变动很大,不少商品经销商拿去销售而以应收账款的形式放在账上,卖不出去价值变化会很大。第二就是它的风险性。很多企业的衰败就是从应收账款收不回来开始。再如,有的学者认为,应收账款是一种合同,以"公路、桥梁收费权"和"应收账款"融资,属于典型的"债权转让",是合同法上的制度,而与物权法上的"权利质权"制度无关。允许以这两项权利设立权利质权,在理论上是错误的,在实践上是有害的。

我国《物权法》采纳了应收账款可以设定质权。首先,实践有需要。目前应收账款和存货是多数企业拥有的资产,总价值量非常大。据统计,2003年我国应收账款和存货的总价值已经达到十万多亿元。况且实践中已经有不少企业开始将应收账款作为质权的客体。其次,从国外立法和实践来看,很多国家和地区都是允许以应收账款设定质权的。例如,在美国,小企业有担保物的贷款中,70%左右是由应收账款或存货单独担保或共同担保的。此外,根据世界银行对全球130多个经济实体的调查,只有22个经济实体在法律上不支持把应收账款作为担保物,物权法实施前,中国即为其中之一,其他国家包括刚果、多哥、约旦、老挝等,其经济制度的发展水平远远低于中国。在国际性交易中,应收账款融资已经应用得非常普遍,联合国国际贸易法委员会已经颁布了《2001年联合国国际贸易中应收账款转让公约》。各国的商业银行专门成立了应收账款担保联盟,制定共同的规则,以促进应收账款融资。最后,固然应收账款质押存在一定的风险,但是这完全是当事人自由决定的事情,法律的任务是降低交易风险,而不是干预当事人的交易自由。

3.《物权法》明确了设立权利质权的生效要件。在以往的实践中,设定权利质权时究竟以权利凭证的交付为生效要件,还是以登记为生效要件,一直存在争论。以票据质押为例,法律本身就相互冲突,自相矛盾。《担保法》第七十六条规定:"以汇票、支票、本票、债券、存款单、仓单、提单出质的,应当在合同约定的期限内将权利凭证交付质权人。质押合同自权利凭证交付之日起生效。"显然,交付权利凭证才是票据质权设定的生效要件,至于设质背书充其量只是对抗要件而已。然而,《票据法》第三十五条第二款却规定:汇票可以设定质押;质押时应当以背书记载"质押"字样。被背书人依法实现其质权时,可以行使汇票权利。因此,许多人认为设质背书才是票据质权设定的生效要件。

此次,物权法有效地解决了这个问题。《物权法》第二百二十四条规定:"以汇票、支票、本票、债券、存款单、仓单、提单出质的,当事人应当订立书面合同。质权自权利凭证交付质权人时设立;没有权利凭证的,质权自有关部门办理出质登记时设立。"这一规定表明:首先,以票据、债券、存款单、仓单、提单等出质时,原则上以权利凭证的交付作为质权的生效要件,即质权自权利凭证交付给质权人时设立。其次,在没有权利凭证时,则以登记作为质权的生效要件。例如,记账式国库券和在证券交易所上市交易的公司债券等都因实现无纸化而没有权利凭证,如果要以之设定质权,必须到有关部门进行出质登记,质权自登记时设立。所谓"有关部门"包括中央国债登记结算有限责任公司、中央证券登记结算有限责任公司等。例如,记账式国库券必须到中央国债登记结算有限责任公司办理出质登记,而在证券交易所上市交易的公司债券则须到中央证券登记结算公司办理出质登记。

《物权法》这一规定可以促进交易的快捷。因为就汇票、支票、本票、债券、存款单、仓单、提单而言,因其已经被证券化,所以具有与动产相类似的法律地位,完全可以通过权利凭证的交付作为质权的生效要件,以贯彻物权的公示原则。只有对于那些尚未证券化的权利,才需要通过登记加以公示,表明权利质权的产生或消灭。

4. 明确了以股权设定质权时的登记机关。

按照《担保法》第七十八条的规定,以股票出质的,应当到证券登记机构办理出质登记,而以有限责任公司的股份出质的,适用公司法股份转让的有关规定。质押合同自股份出质记载于股东名册之日起生效。但是,由于我国的股权类型众多,既有上市公司股权,又有非上市的股份有限公司的股权、有限责任公司的股权,结果出现有些股权如非上市的股份公司的股权设定质权时应当到哪个登记机关登记,不清楚。另外,从实践来看,担保法规定将有限责任公司的股权出质登记方式确定为记载于股东名册也具有很大的不合理性。因为在股东名册上的记载,不具有明显的公开性,公示效果不强,不便于第三人查询。此外,也容易出现伪造和篡改登记的问题。

《物权法》结合新修订的《公司法》的有关规定,该法第二百二十六条第一款规定:以证券登记结算机构登记的股权出质的,质权自证券登记结算机构办理出质登记时设立；以其他股权出质的，质权自工商行政管理部门办理出质登记时设立。所谓证券登记结算机构登记的股权，指的就是上市公司的股权、公开发行股份的公司的股权、非公开发行但股东在200人以上的公司的股权等。而其他股权，指不在证券登记结算机构登记的股权，包括有限责任公司的股权、非公开发行的股东在200人以下的股份有限公司的股权等。之所以规定其他股权设质时登记机关为工商行政管理部门，主要是考虑到所有依法设立的公司都必须在工商行政管理部门办理登记，按照法律规定，公众可以向公司登记机关申请查询公司登记事项，公司登记机关应当提供查询服务。所以将股权出质登记机关确定为工商行政管理部门，可以很好地落实物权的公示公信原则，能够让第三人迅速、便捷、清楚地了解到股权上存在的负担。

三、权利质权的效力

1. 证券质权的效力

证券质权的效力及于证券上所载明的全部权利，质权人既享有证券上的权利，同时也必须承担相应的义务。证券质权人享有以下权利：第一，收取孳息的权利；第二，留置证券的权利；第三，保全质权的权利；第四，限制出质人与第三人行为的权利；第五，优先实现质权的权利。在享有权利的同时，质权人也有义务保全出质的证券债权，不使其消灭。

2. 股权质权的效力

股权质权的效力表现在股权质权人的权利和义务两个方面。股权质权人享有以下权利：第一，分配盈余收取权；第二，股票代位物上的代位权；第三，股票的占有和留置权；第四，优先受清偿权。股权质权人也应当承担相应的义务，如质权人应妥善保管股票的义务，在股权质权中出质人负有不得转让股份的义务。

3. 知识产权质权的效力

知识产权质权人一般享有以下权利：第一，对出质知识产权转让和许可使用的同意权；第二，对出质知识产权许可使用费的收取权；第三，对知识产权质权的实行权。其应承担的义务包括：不得擅自使用出质知识产权的客体；应当允许出质人或被许可使用人在原有范围内继续使用出质的知识产权；被担保债权因清偿、抵消等原因而消灭后，知识产权质权人有通知质押登记机关注销登记的义务。

4. 一般债权质权的效力

一般债权质押对于质权人的效力表现为，质权人享有留置债权证书的权利；

限制出质人与第三人之间的行为的权利;收取孳息的权利;转质权;质权受侵害时的请求权;直接收取质权标的债权以受偿的权利。其义务包括:保全设质债权的义务;返还债权证书的义务。

四、权利质权的消灭

权利质权的消灭除一般质权消灭的原因外,还根据设质权利不同,而具有特殊的原因。如证券质权消灭的特别原因主要在于:一是第三人原始取得证券权利;二是证券的返还。股权质权消灭的原因主要有被担保的债权消灭、股票的任意返还、股票占有的丧失等。知识产权消灭的原因主要有被担保债权的消灭、出质知识产权的消灭、质权的实现等。一般债权质权消灭的原因主要是担保的主债权消灭,设质债权消灭和质权的实现。

第十五章 留置权

第一节 留置权

一、留置权的概念

《物权法》第二百三十条规定:"债务人不履行到期债务,债权人可以留置已经合法占有的债务人的动产,并有权就该动产优先受偿。""前款规定的债权人为留置权人,占有的动产为留置财产。"表明留置权指债权人已经合法占有的债务人的动产,债务人不按照合同约定的期限履行债务时,债权人依法享有的留置该财产,以该财产折价或者以拍卖、变卖该财产的价款优先受偿的权利。

二、留置权的特征

留置权的主要特征如下:

第一,留置权发生两次效力,即留置标的物和变价优先受偿。

第二,留置权具有不可分性,即债权得到全部清偿之前,留置权人有权留置全部标的物。

第三,留置权实现时,留置权人必须确定债务人履行债务的宽限期。

第二节 留置权的构成要件

我国民事立法对留置权的规定取法大陆法系的物权质性的立法模式,规定为一项法定的担保物权。[1] 对留置权构成要件,有四种学说主张:(1)六要件说。史尚宽先生主张留置权成立须:①债权人占有一定动产;②须为债务人之动产;

---

[1] 参见梁慧星主编:《中国物权法研究》(下),法律出版社1998年版,第1004~1006页。

③标的物须为动产;④占有人须有债权;⑤须债权与动产有牵连之关系;⑥须债权已届清偿期。(2)区分说。区分积极要件和消极要件。积极要件包括:①债权人占有属于债务人之动产;②须债权之发生与该动产有牵连关系;③须债权已届清偿期。消极要件有动产因侵权占有,违反公序良俗等内容。(3)三要件说。该说主张留置权的产生须债权已届清偿期;债权人占有债务人的财产;债权与债权人占有之财产存在牵连关系。同时又主张留置权发生之限制及排除。(4)四要件说。该说主张留置权成立要件包括:①债权人对债务人的债权已经发生并履行期届满;②债务人逾期不履行债务;③债权人占有债务人提供的动产;④债权人占有的动产与债权的发生有牵连关系。

一、债权人合法占有债务人的动产

世界大多数国家的立法例和学说主张都承认债权人占有债务人提供的动产作为留置权成立的要件。留置权是一项法定担保物权,但是"法定"仅是具有法律意义上的识别,在现实生活中,仍须债权人占有债务人提供的动产进行公示、公信,完善物权的效力。鉴于留置权的成立无须通过当事人的民事法律行为设立,亦不需登记,且债权人对留置的标的物享有留置权的情况下,债务人并不丧失对被留置的标的物的处分权。为了保证留置权成为真正意义上的担保物权,确保控制和支配被留置的标的物的交换价值,从而保障债权人的债权实现,必须债权人占有债务人提供的动产,从事实上强制管领债务人提供的动产,排除债务人对该标的物的干涉和侵夺。因此,可以说,债权人占有债务人提供的动产是留置权成立的物质的、基础的和关键的要件。

二、债权与动产间的牵连关系

虽然各国家的民事立法有差别,但对留置权都规定了债权与债权人占有的动产具有牵连关系。[①]《瑞士民法典》第895条第1项规定,债权已到期,按其性质该债权与留置的标的物有关联时,债权人在受清偿前,可留置因债务人的意思由债权人占有的财产或有价证券。《日本民法典》第295条第1项规定:他人物

[①] 《德国民法典》第273条:"(1)债务人根据与其债务发生的同一法律关系,对债权人有已届清偿期的请求权时,以债的关系无其他约定者为限,得在履行其应得的给付之前,拒绝清偿其债务(留置权)。(2)有交付物权义务的人,在为物件支付费用或由此物件所生的损害而已届清偿期的请求权时,享有相同的权利,但债务人因故意为不法行为而取得物件者,不在此限。"

的占有人,就该物产生债权时,于其债权受清偿时,可以留置该物。瑞士民法将"牵连关系"界定为"按其性质该债权与留置的标的物有关联",而日本民法则限定为"该物产生的债权"。我国台湾地区"民法"第928条将牵连关系规定为"债权之发生与该动产有牵连关系"。比较而言之,日本民法和我国台湾地区"民法"对牵连关系的规定较为相似,与瑞士民法规定相比,凸显了债权与动产之间的因果关系。我国台湾地区学者和日本学者对"牵连关系"的理解和主张,见仁见智,均有相当的合理性。

《物权法》在第十八章对留置权作出了比较全面系统的规定,并且在吸收《担保法》有关规定的基础上作出了极具意义的新规定。《物权法》第二百三十一条规定:"债权人留置的动产,应当与债权属于同一法律关系,但企业之间留置的除外。"

(一)扩大留置权适用范围

《物权法》颁布之前,《担保法》第八十二条和第八十四条采取了所谓的法定留置原则,即一方面留置权只能适用于"债权人按照合同约定占有债务人的动产"的情形,另一方面合同债权人可以留置债务人的动产应由法律规定。这样一来,导致我国的留置权只能适用于五类合同债权的担保,即只有在因保管合同、运输合同、加工承揽合同、仓储合同、行纪合同中发生债务人不履行债务的,债权人才享有留置权。除此之外,其他债权关系中的债权人都不享有留置权。

《担保法》严格控制留置权的适用范围,[①]但同时也规定,法律规定可以留置的其他合同,适用前款规定,为扩大留置权范围留下余地。随着我国社会主义市场经济体制的完善,法律严格地限制留置权适用范围的做法显然难以适应社会主义市场经济体制的发展。因为现有的列举不仅没有穷尽我国现行法上的一些也应产生留置权的合同,如租赁合同,且更难囊括实践中各种无名合同,例如旅店合同。此外,各国或各地区的做法都只是要求留置权所担保的债权与债权人占有的物之间存在牵连关系,而不是逐一地列举哪些合同中债权人享有留置权(参见《瑞士民法典》第895条第1款、《日本民法典》第295条第1款、《俄罗斯民法典》第359条第1款)。有鉴于此,《物权法》改变了《担保法》的规定。我国《物权法》第二百三十条第一款规定:"债务人不履行到期债务,债权人可以留置

[①] 参见最高人民法院:《关于贯彻执行〈中华人民共和国民法通则〉若干问题的意见(试行)》第一百一十七条。

已经合法占有的债务人的动产,并有权就该动产优先受偿。"这样就意味着,债权人对于"已经合法占有的债务人的动产",于债务人不履行到期债务时即享有留置权。留置权的适用范围显然就被大大扩张了。不仅债权人依据合同关系而合法占有的债务人的动产可以被留置,而且债权人基于其他法律关系而合法占有的债务人的动产也可以被留置,如基于无因管理之债而占有的他人的动产,当受益人不偿付管理人由此而支付的必要费用时,管理人也有权留置该动产。我们相信,《物权法》的这一新规定必将为实践中当事人充分发挥留置权的担保功能奠定了坚实的基础。

(二)适应商业交往的需要特别规定了商事留置权[①]

留置权最为重要的一种分类就是民事留置权与商事留置权。[②] 这是依据适用的法律不同作出的划分,前者适用民法(主要就是民法典)的规定,而后者适用商事法的规定。与民事留置权相比,商事留置权是因商事交易而生,注重的是适应商业交往的一些独特需求。二者的区别主要体现在:首先,主体不同。商事留置权适用于商人之间因双方的商业行为而产生的债权,因此其主体即债权人与债务人都必须为商人,而民事留置权无此要求。其次,成立要件上不同。民事留置权要求债权的发生与债权人占有的债务人的动产具有牵连关系,而商事留置权一般不作此要求。商人之间因营业关系而占有的动产及其因营业关系所产生的债权,无论实际上是否存在牵连关系都视为存在牵连关系,只要该动产是债权人因商业行为而占有的。为了加强商业交易中的信用,确保交易的安全,故扩大了牵连关系的范围,各国商法典遂有此规定。再次,留置物的归属不同。除非存在适用善意取得的可能,否则民事留置权中被留置的动产必须是债务人的,而商事留置权中债权人留置的动产可以不是债务人的,即便债权人明知该动产并非债务人的,商事留置权依然有效存在。例如,日本商法中代理商、买卖行纪的商事留置权的成立不以留置物是否属于债务人所有为必要(参见《日本商法典》第51条)。最后,效力不同。在一些外国法上,商事留置权的效力强于民事留置权。例如,在日本法上,民事留置权仅具有留置效力而无优先受偿效力,故而于债务人破产时留置权不具有别除效力,而商事留置权却被视为特别的先取特权(参见《日本破产法》第93条)。

---

① 参见江平:《中华人民共和国物权法精解》,中国政法大学出版社2007年版,第296页。
② 参见梁慧星:《中国物权法研究》(下),法律出版社1998年版,第1004~1006页。

我国没有商法典,通说主张民商合一,因此在《物权法》颁布之前,一般意义上的商事留置权并不存在,而只有海商法确立了一种独特的商事留置权即船舶留置权(《海商法》第二十五条第二款)。但是,《物权法》为了适应商业交往的需要,在我国民事立法上首次承认了一般意义上的商事留置权。

三、债务人不履行债务或不能履行债务

债权人对债务人的债权已发生并且履行期届满之所以作为留置权的成立要件,是因为:(1)留置权是法定担保物权,是为担保一定的债权的实现而设置,并且是由法律明文直接规定的。若无债权的发生,则不存在担保的债权,留置权设定的基础就不存在。(2)当债权发生后,债务人是否按约履行给付,并不确定。若赋予债权人在债务履行届满前行使留置权,则违背了留置权基于公平而设立的法理,强制债务人提前清偿债务,损害其期待利益,也诱发债权人滥用权利。同时,这也是鼓励债权人违约,损害交易安全和干涉当事人的约定,与私法自治原则不相符。史尚宽先生指出,"占有标的物者之债权尚未届清偿期,其物返还之义务行届履行期时,如就占有标的物认有留置权,则结果债务人之债务未届清偿期,而于期前将依留置权间接被强制履行,甚为不公"。[①] 当然此条件也应有例外之情况,也即债权人对债务人的债权履行期限尚未届满,但是债务人已经明确表示不履行债务或者以自己的行为表明届期无法履行债务。此时如仍要求须于债务履行期限届满方可行使留置权,将对债权人严重不利且有失公平。

四、无法定或约定之障碍

上文述及物权法扩大了留置权的适用范围,没有明文列举留置权的适用范围。而在《物权法》第二百三十二条中规定:"法律规定或者当事人约定不得留置的动产,不得留置。"对留置权的适用范围作出限制。第一,法律规定不得留置的,依照其规定。如果法律基于公序良俗等原因明确规定某些情形下不得留置或者某些财产不得留置,则须依照该法律规定,不得成立留置权。第二,当事人约定不得留置的,按照约定。对于当事人已经明确约定不得留置的动产,都不能成立留置权。如承揽合同当事人事先在合同中约定排除留置权,则在定做人未向承揽人支付报酬或者材料费等价款时,承揽人也不得留置完成的工作成果,而应当依债权本身的效力提起追索价款及违约金的诉讼。留置权属于法定担保

---

① 史尚宽:《物权法论》,中国政法大学出版社2000年版,第500页。

物权,法律之所以允许当事人通过约定加以排除,主要是由于留置权的目的是基于公平原则,为了保护债权人的利益,担保债权的实现,并未涉及公共利益或者其他第三人的利益,如果债权人基于意思自治而自愿放弃这一权利,法律自然无须干涉。

第三节　留置权的效力

一、留置权担保债权的范围

留置权是法定担保物权,对于留置权所担保的债权范围,应当是由法律明确规定,而不能由当事人约定。我国《担保法》第八十三条规定:"留置担保的范围包括主债权及利息、违约金、损害赔偿金、留置物保管费用和实现留置权的费用。"根据此规定,留置权所担保的债权范围包括以下几个方面:

1. 主债权。主债权是指留置权人基于合同而发生的要求债务人履行主要义务的权利,有时又被称为原债权或本债权。如承揽合同中定作方应当支付报酬,即是指债权人的主债权。

2. 利息。利息是主债权的法定孳息,既包括主债权履行期内的利息,也包括迟延履行时的迟延利息。

3. 违约金。违约金是合同当事人违反合同时,依照法律规定或合同的约定应向对方支付的款项,也是违约方应承担的民事责任。

4. 损害赔偿金。损害赔偿金应当包括债务人违反合同时所致的损害赔偿金和因留置物的瑕疵所导致的损害赔偿金。

5. 留置物的保管费用。此费用是指留置权人留置标的物期间,因保管留置物所支出的必要费用。

6. 实现留置权的费用。此笔费用是指留置权人因行使优先受偿权所发生的费用,如拍卖留置物时的申请费用、拍卖费等,留置物折价时的评估费用等。

二、留置权标的物的范围

留置权效力所及的标的物范围,一般包括主物、从物、孳息以及代位物等。

1. 主物。主物是留置权得以成立时债权人占有的动产。债权人占有的动产为不可分物时,留置权的效力及于该物的全部。债权人占有的动产为可分物时,债权人留置的留置物的价值应相当于债务的金额,留置权的效力仅及于债权人留置的财物,而不及于债权人占有的全部动产。

2. 从物。留置物如为主物,留置权的效力也及于从物。但是由于留置权以占有标的物为成立条件,只有在从物也为债权人占有时,留置权的效力才能及于从物。若债权人只占有主物而未依合同占有从物时,从物不在留置权效力所及范围之内。

3. 留置物的孳息。债权人在留置期间,可收取留置物的孳息,因此留置物的孳息也为留置权的效力所及范围之内。《物权法》第二百三十五条规定:"留置权人有权收取留置财产的孳息。前款规定的孳息应当先充抵收取孳息的费用。"值得注意的是,留置权人对收取的孳息只享有留置权,并不享有所有权。收取的孳息应当首先充抵收取孳息的费用,然后再充抵债务及其利息。

4. 留置物的代位物。留置权有优先受偿的效力,且优先受偿为留置权的基本权能之一,因此留置权具有物上代位性,留置权的效力当然也就及于留置物的代位物。如因留置物灭失所得的赔偿金,即为留置权效力所及。

三、留置权人的权利和义务

留置权对留置权人的效力,表现为留置权人的权利和义务,是留置权的主要效力。

(一)留置权人的权利

1. 留置物的占有权

留置权人对留置物有占有的权利,在其债权未受偿前,得扣留留置物,拒绝一切返还请求。这是留置权的基本效力。留置权人对留置物的占有权受法律的保护,任何人不得侵害留置权人的占有权。在留置物受到不法侵害时,不论侵害人为何人,留置权人享有物上请求权,得请求法院保护。

2. 留置物孳息的收取权

留置权人于其占有留置物期间,对于留置物的孳息有收取的权利。留置权人收取留置物的孳息并不直接取得孳息的所有权,而只能以收取的孳息优先受偿。一般说来,留置权人收取的孳息应先充抵收取费用,次充抵利息,最后充抵原债权。

3. 对留置物必要的使用权

由于留置权为担保物权,留置权人虽得占有留置物,但原则上对留置物不得为使用收益。在留置期间,留置权人未经留置物所有人同意擅自使用、出租、处

分留置物的,因此而给留置物所有人造成损失的,由留置权人承担赔偿责任。但在下列两种情形下,留置权人对留置物具有使用权:

第一种情形为保管上的必要。于保管留置物所必要的范围内,留置权人得使用留置物。但是,留置权人的此种必要使用的目的,仅以保存留置物为限,而不得以积极地取得收益为目的,当然,若因留置权人必要使用而产生收益时,留置权人也得收取之,并以之充偿债权。

第二情形为经留置物所有人同意。经留置物所有人同意时,留置权人当然也得使用留置物。于同意的范围内留置权人的使用权受法律保护。

4. 必要费用之返还请求权

由于留置权人对留置物并无用益权,却有妥善保管的义务,因此留置权人为保管留置物所支出的必要费用,是为物的所有人的利益而支出的,自应得向物的所有人请求返还。所谓保管的必要费用,是指为留置物的保存及管理上所不可缺的费用,如养护费、维修费等。所支出的费用是否为必要,应依支出当时的客观标准而定,而不能以留置权人的主观认识为标准。

5. 就留置物变价优先受偿权

依我国相关法律、法规的规定,留置权人有优先受偿权,于一定条件下,得就留置物变价优先受清偿。

(二)留置权人的义务

留置权人的义务主要有以下三项:

1. 留置物的保管义务

《担保法》第八十六条规定:"留置权人负有妥善保管留置物的义务,因保管不善致使留置物灭失或者毁损的,留置权人应当承担民事责任。"留置权人应以善良管理人之注意,保管留置物。留置权人对保管未予以善良管理人之注意的,即为保管不善。因此而致使留置物毁损、灭失的,应承担民事责任。留置权人于占有留置物期间是否尽了必要的注意,其采取的措施是否得当,对留置物的损失是否有过错,应由留置权人负举证责任。留置权人在保管留置物时需债务人予以协助的,其得请求债务人协助。如债务人应留置权人的请求却不予以协助,对由此而造成的留置物的毁损、灭失,债务人不得向留置权人请求损害赔偿。

2. 不得擅自使用、利用留置物的义务

留置权人原则上并无使用留置物的权利,相反留置权人负有不得擅自使用、利用留置物的义务。除为保管上的必要而为使用外,留置权人未经债务人同意的,不仅不得自己使用留置物,也不得将留置物出租或提供担保。

3. 返还留置物的义务

当留置权所担保的债权消灭时,留置权人有义务将留置物返还于债务人。在债权虽未消灭,但债务人另行提供担保而使留置权消灭时,留置权人也有返还留置物的义务。留置权人违反返还留置物的义务的,构成非法占有,应向债务人或所有人承担民事责任。

四、留置物所有人的权利

这里的留置物所有人是指对留置物享有处分权的人,既包括物的所有人,也包括对留置物享有经营权的人。留置权对留置物所有人的效力,主要表现在以下两方面:

1. 留置物所有人并不丧失对留置物的权利。留置物被债权人留置后,留置物所有人并不因此而丧失留置物的所有权。因此,留置物所有人自仍得处分留置物,或出卖,或赠与,均无不可。但留置物所有人对留置物的处分不能影响留置权。

2. 留置物所有人的权利行使受到一定限制。因留置权的成立,留置权人留置留置物,留置物所有人的权利行使也就必然受到一定限制。在一般情况下,留置物的所有人不仅自己不能对留置物占有、使用、收益,而且也不能将留置物用于质押和出租。

第四节 留置权的实行

《物权法》第二百三十六条规定:"留置权人与债务人应当约定留置财产后的债务履行期间;没有约定或者约定不明确的,留置权人应当给债务人两个月以上履行债务的期间,但鲜活易腐等不易保管的动产除外。债务人逾期未履行的,留置权人可以与债务人协议以留置财产折价,也可以就拍卖、变卖留置财产所得的价款优先受偿。留置财产折价或者变卖的,应当参照市场价格。"

一、留置权行使的条件[①]

根据《物权法》的规定,留置权行使的条件如下:

[①] 参见最高人民法院:《关于贯彻执行〈中华人民共和国民法通则〉若干问题的意见(试行)》第一百一十七条对留置权行使条件的规定。

1. 留置权人须给予债务人以履行债务的宽限期。债权已届清偿期债务人仍不履行债务,留置权人并不能立即实现留置权,而必须经过一定的期间后才能实现留置权。[1] 这个一定的期间,称为宽限期。宽限期限多长,涉及债权人与债务人利益的平衡问题。期限过长,不利于留置权人实现债权;期限过短,不利于债务人筹集资金,履行义务。为此,根据实践经验和公平原则,本条规定,留置权人与债务人应当约定留置财产后的债务履行期间;没有约定或者约定不明确的,留置权人应当给债务人两个月以上履行债务的期间,但鲜活易腐等不易保管的动产除外。即留置权人留置财产后,便可以与债务人自由协商一定的债务履行期限,与担保法规定的这一期限"不得少于两个月"不同,物权法没有明确规定双方约定的期限长短,只要双方当事人协商达成一致即可。如果留置权人与债务人对于宽限期限没有约定或者约定不明确的,留置权人可自行确定宽限期限,但不得少于两个月,除非留置财产为鲜活易腐等不易保管的动产。

2. 债务人于宽限期内仍不履行义务。债务人在宽限期内履行了义务,留置权归于消灭,留置权人当然不能再实现留置权。否则,留置权实现。

二、留置权行使的标的物范围

留置权人行使留置权具有不可分性,同留置物是否可分以及债权的价值高低无关。不论债权的价值高低,以及留置物是否可分,债权人均可以对全部留置物行使权利。留置物的分割、部分灭失或者毁损、债权的分割、让与或者部分清偿,对留置权的行使不发生影响。只要债权没有获得全部清偿,债权人就可以对留置物的全部行使权利。但是,留置权是基于债权人和债务人之间的利益均衡,并依照公平原则而创设的法定担保物权,留置权的行使在相当程度上应当符合公平原则。因此,当留置物为可分物时,债权人留置其占有的与其债权价值相当的债务人的财产,在观念上才能说做到了公平。总之,留置权人行使留置权,其效力及于留置物的全部;但是,当留置物为可分物时,留置权人只能对价值相对于债务金额的留置物行使权利。因此,《物权法》第二百三十三条规定:"留置财产为可分物的,留置财产的价值应当相当于债务的金额。"

三、留置权行使的形态

根据《物权法》第二百三十六条的规定,留置权的行使包括"扣留"和"处

---

[1] 我国台湾地区"民法"第936条中规定,在债权人不能为通知的情况下,债权人在债权届期经过两年后,可以变价留置物。

置"两个形态。留置权发生后,债务人履行债务迟延,留置权人有权继续占有债务人的财产,以对抗债务人的财产返还或者给付请求权。此时债权人通过占有管领留置物、收受留置物的孳息、为保管而使用留置物,但不得对留置物进行处置而变价受偿。此为留置权行使的第一个形态。留置权人"扣留"债务人的财产后,应当通知债务人履行债务,债务人在合理期间内仍不履行义务的,债权人可以将"扣留"的财产以合理的价格变卖或者拍卖,以优先受偿,此为留置权行使的第二个形态。因此,留置权的行使包括"扣留"和"处置"两种形态。

四、留置权处置取偿的方法

依照物权法的规定,留置权处置取偿的方法有三种,即折价、拍卖和变卖。留置权人可以与债务人协商采取哪种方法实现留置权,一般情况下,双方当事人可以先协议将留置财产折价以实现其债权,如果无法达成协议,留置权人可以依法拍卖或者变卖留置财产,并以拍卖或者变卖所得的价款优先受偿其债权。

1. 折价。折价是指留置权人与债务人协议确定留置财产的价格,留置权人取得留置财产的所有权以抵消其所担保的债权。这种方法比较简单,但必须双方当事人协商一致,否则就应当采取拍卖或者变卖的方法。

2. 拍卖。拍卖是指依照拍卖法规定的拍卖程序,于特定场所以公开竞价的方式出卖留置财产的方式。拍卖的公开性和透明度都比较高,但费用较高。

3. 变卖。变卖是指以一般的买卖形式出卖留置财产的方式。由于拍卖的费用较高,有的双方当事人不愿意负担这一费用,因此采取费用较为低廉的变卖方式。

第五节 留置权的消灭

一、另行担保的提出

留置权的作用在于担保债权受偿,若债务人为债务另行提供了有效的担保,留置权即无存续的必要。根据《物权法》第二百四十条的规定,留置权人对留置财产丧失占有或者留置权人接受债务人另行提供担保的,留置权消灭。债务人另行提供担保导致留置权消灭的,应当满足以下条件:一是债务人另行提供的担保应当被债权人接受,若债权人不接受新担保的,留置权不消灭。二是债务人另行提供的担保所能担保的债权应当与债权人的债权额相当。由于留置权是以先行占有的与债权有同一法律关系的动产为标的物,留置物的价值有可能高于被担保的债权额,但债务人另行提供的担保所能担保的债权不以留置物的价值为标准,一般应与被担保的债权额相当。当然在双方当事人协商一致的情况下,债务人另行提供的担保所能担保的债权也可以低于或者高于债权人的债权额。

二、留置物占有的丧失

留置权产生的前提条件是债权人对债务人财产的合法占有。留置权人的这种占有应当为持续不间断的占有,否则,留置权就会因占有的丧失而消灭。国外民法和我国台湾地区的"民法"均对此作了规定。《日本民法典》规定,留置权因占有丧失而消灭。我国台湾地区"民法典"规定,留置权因占有之丧失而消灭。需注意的是,若留置权人非依自己的意愿暂时丧失对留置财产占有的,留置权消灭。但这种消灭并不是终局性的消灭,留置权人可以依占有的返还原物之诉要求非法占有人返还留置物而重新获得留置权。

三、债权清偿期的延缓

留置权的实行,以债权已届清偿期而未受清偿为要件,因此,债权人若嗣后同意延缓债权的清偿期时,不能再认为债务已届期而未履行,因而也就欠缺了留置权的成立要件,原已发生的留置权应归于消灭。但其后债务人于延续期届满时仍未履行其义务的,若符合留置权发生的其他条件,则可再行成立留置权。债权人也不妨于同意延期清偿的同时,与债务人协议以原留置权设定质权。

第十六章　非典型担保和担保物权的竞合

优先权制度等非典型担保制度，物权法并没有规定。但是了解实践中这些非典型担保制度的存在及其特征，对于我们更好地掌握担保物权，大有裨益。

第一节　优先权

一、优先权的概念和立法例

优先权，又称为先取物权或优先受偿权，是指债权人依照法律规定对债务人的财产享有优先于其他权利人受偿或者优先取得的权利。优先权是法律为保障某些特定权利的实现而规定的一种特殊权利，其作用在于破除债权人平等原则，以强化对某些特殊权利的保护，以维护社会的公平和正义。

优先权制度发端于罗马，"优先权"这一名词亦译自外文，拉丁文为"Privilegia"，法文为"Privileges"，日本译为"先取特权"，有台湾地区学者认为，日本所译之先取特权并不能表达优先受偿之意义，若译为优先权，虽较先取特权为妥，但按照台湾地区对此权利之特别规定，以及此种权利的内容为权利人有优先受偿之权利，如译为优先权，尚不能将其含义完全表达，因此以译为"优先受偿权"较为适宜。

罗马法创设的优先权制度，分成为人而设和为事而设两类。为人而设的优先权又分为债权人利益而设和为债务人利益而设两种，其内容是享有此种优先权的债权人于债务人的财产不足清偿其债务时，有优先于其他债权人受偿的权利。为人而设的优先权不随债权的移转而移转，后发展为法定抵押权。[1]《法国民法典》继受罗马法的优先权制度，将优先权与抵押权一起确认为担保物权。《德国民法典》虽也继受罗马法，但并未规定优先权制度。

---

[1] 参见郑玉波：《现代民法基本问题》，三民书局1980年版，第142～143页。

二、优先权的性质

以法国法为蓝本的大陆法系各国民法,均不同程度地接受了优先权制度,将其确认为一项独立的担保物权。德国民法虽亦深受罗马法之影响,但因其认为优先权系特种债权所有之一效力,不认其为一种独立的权利,其主要的规定让于破产法,唯以法定质权之名,有类似的两三规定而已,[①]并未建立独立的优先权制度。以德国法为蓝本的大陆法系各国民法,也多未专门规定优先权制度,唯有日本民法例外。日本民法亦认为优先权为一项独立的担保物权,仿效法国民法中的优先权制度,于《日本民法典》第二编物权第八章中对之加以专章规定,题为"先取特权",与各担保物权并列。此外,亦有不少国家认为优先权只是特殊债权之间的清偿顺序,而非一项权利,故只在程序法中从债权清偿顺序的角度来规定优先权的内容,如我国除在特别法中规定了个别具体优先权制度外,仅在《民事诉讼法》和《企业破产法(试行)》中将优先权作为特殊债权的清偿顺序予以规定,并未确定为一种独立的权利。

有学者认为特别优先权除其成立无须当事人约定外,在其他方面类似于抵押权,故又可称之为法定抵押权,是指与债务人特定动产或不动产有牵连关系的特定种类的债权按照法律的规定直接享有的优先受偿权,[②]也即认为特别优先权即法定抵押权。但是,特别优先权与法定抵押权毕竟是两种不同的制度,仍然存在着明显差异:(1)在适用范围上,特别优先权要远远大于法定抵押权,如上所述,特别优先权包括动产优先权和不动产优先权,其中又有很多种类的优先权,而法定抵押权作为基于法律规定而生之抵押权,其标的物仅限于不动产,而且仅与不动产优先权中的某些种类相重合;(2)在效力上,两者虽然都有权优先于一般债权人受偿,但就与一般抵押权(法定抵押权仅能与一般抵押权发生竞合)的受偿次序而言,不动产特别优先权原则上优先于一般抵押权受偿[③];而法定抵押权在实务上常依与一般抵押权成立时间的先后,来决定其受偿次序。[④]优先权旨在破除债权平等原则,赋予特殊债权人以优先于其他债权人而受清偿的权利,以保护这些具有特殊社会基础的债权人,其设立的社会基础,或者是基

---

① 参见史尚宽:《物权法论》,台湾荣泰印书馆1957年版,第230页。
② 参见李开国:《民法基本问题研究》,法律出版社1997年版,第371页。
③ 参见金世鼎:《民法上优先受偿权之研究》,载刁荣华主编:《现代民法基本问题》,台湾汉林出版社1981年版,第159页。
④ 参见谢在全:《民法物权论》(下),中国政法大学出版社1999年版,第693~695页。

于公共利益和国家利益的要求，或者是基于一定社会政策的要求，或者是基于"共有"观念、"质权"观念的要求，或者是基于维护债务人生存权的需要而设立，具有较强的公益性，是一项极具社会使命任务和人道主义精神的法律制度。

三、优先权的法律特征

优先权在性质上应为一项独立的担保物权，已有学者对此作了精辟论述。优先权既非特殊债权的一种效力，也非仅是特殊债权的优先清偿顺序，而是一项单独的实体性权利，而且，优先权具有法定性、优先性、支配性、排他性、一定的追及性、变价受偿性、物上代位性、从属性、不可分性等担保物权的性质，因此是一种传统的担保物权。

第一，法定性。优先权法定性包含两方面含义，一是优先权产生依法律规定，不允许当事人随意创设，如果其法定要件具备，优先权就当然产生。各国对于该项权利大多采纳列举主义。二是优先权位次也多采用列举的法定顺序主义或依法特别规定的位次。

第二，物上代位性。优先权人对债务人因其标的物的变卖、租赁、灭失或毁损而应受的金钱或其他物也可行使，如果其标的物因第三人侵权而毁损灭失的，有优先权的债权人对于其所受的赔偿金优先受偿。

第三，从属性。优先权是担保物权，以债权为主权利，优先权为从权利，没有债权，优先权就不能独立存在。债权转移消灭，优先权亦转移消灭。优先权的从属性关系，使得优先权不得与债权分离而让与，也不得从债权分离而为其他债权担保。

第四，不可分性。优先权是以债权和作为标的物的债务人财产的存在为前提，可以就债权的全部和标的物的全部行使权利。当债权一部分消灭或标的物一部分灭失，对优先权不发生影响。这种不可分性与抵押权的不可分性是相同的。

第五，不以占有和登记为要件。优先权人就债务人的财产售出后的价款优先受偿，不需要对债务人财产占有，从而与留置权和质权相区别；也不需要对财产进行登记，从而与抵押权相区别。

第六，变价受偿性。优先权人利益的实现，不是直接通过占有债务人财产发生所有权转移而实现，而是首先使债务人财产售出转换为价款，再从价款中实现清偿。

四、优先权的种类

关于优先权的种类,法国和日本民法大体亦仿罗马法,将优先权分为一般优先权和特别优先权。一般优先权是指存在于债务人全部财产上的优先权,特别优先权则是存在于债务人特定财产上的优先权,依其客体的不同,又可分为动产优先权和不动产优先权。动产优先权按照立法理由,从法国民法典看,大致分成四类:(一)基于明示或暗示设定的质权而创设的优先权。包括:1. 质权人优先权。债务人将其动产交付债权人作为债务担保时,债权人对该动产享有优先权,但须具备一定条件,债额达到 500 法郎时,债权必须以公证书或私证书来设定。2. 旅馆优先权。旅馆对旅客所携带的行李或其他物件有优先权。3. 运送人优先权。运送人对于托运人因运输合同所产生的债权,就托运的货物有优先权。(二)基于因债权人加入债务人财物而增值或增加所创设。包括:1. 动产出卖人优先权。对于尚未付款的动产的价款,如果动产在债务人占有中,出卖人就该动产应先于买受人的其他债权人受清偿。2. 种籽出卖人优先权。种籽出卖人对于买受人就种籽的收获有优先权。3. 不动产出租人优先权。对因租赁合同产生的债权,出租人对承租人置于不动产上的物件有优先权。(三)基于保存费用而产生的优先权。债权人支出保存费用,而使债务人财产得以保存的,债权人对于债务人所保存的财物的价款有优先权。(四)基于公平正义原则而设立的优先权。如被害人对于加害人因损害赔偿保险所得保险金有优先权。

五、优先权的效力

(一)优先受偿效力

此为优先权之中心效力。法律设立优先权的目的就是为了使优先权人能够从标的物价值中优先得到清偿。无论是一般的债权人申请强制执行,还是其他担保物权人为实行担保而进行拍卖的场合,优先权人都有从卖得的价金中优先受偿的权利。债务人破产时,一般优先权人可以从破产财团中优先接受清偿,特别优先权人享有别除权。此外,优先权人并不单单像这样在债权人申请强制执行或债务人破产场合下被动地优先受偿,为了优先受偿,优先权人自己可以拍卖标的物,[①]对于某些动产特别优先权人,还享有占有留置标的物的权能。

---

① 参见[日]远藤浩、川井健:《新版民法》(3),有斐阁双书,第 32 页、第 50~53 页、第 45~46 页。

(二)物上代位效力

优先权效力不仅存在于其标的物上,而且还可以及于标的物的出卖价金以及由灭失而生的赔偿金、保险金等替代物之上。由于一般优先权不是建立在特定标的物上,而是在债务人的总财产上成立的,所以一般优先权无所谓物上代位性问题,物上代位性主要是针对特别优先权而言。对于不动产特别优先权,在登记的情况下,即使标的物卖给第三人,该优先权也不消灭,优先权人可以不必从所得价金中优先受偿,而直接追及至该标的物。与此相反,对于动产特别优先权,则不能追及该标的物,因此,在价金上成立物上代位权对动产优先权人来说就具有相当重要的意义。优先权人对标的物的替代物行使物上代位权时,在其替代物支付或交付之前,应实行扣押。

(三)优先权与第三取得人的关系

当优先权的标的物被第三人取得后,优先权人与第三取得人之间的关系,因标的物不同而不同:(1)当标的物为动产时,无论是一般优先权还是动产特别优先权,在标的物被让渡给第三人的场合,虽然并不影响优先权,但一旦交接第三人,优先权对该标的物则不能行使了。当然就该标的物之价金优先权人可以行使物上代位权,但不能对抗善意第三人,其目的在于保护善意第三人的利益,以维护交易安全。(2)当标的物为不动产时。不动产特别优先权与第三取得人之间的关系,取决于权利登记的先后顺序,登记在先的效力优先。

第二节 让与担保

一、让与担保的概念与特征

让与担保是大陆法系德日等国沿袭罗马法上的信托行为理论并吸纳日耳曼法上的信托成分,经由判例学说而逐渐发展起来的一种非典型物之担保制度。让与担保在德日民法上虽未规定,但学说与实务上均承认之。在德国,让与担保在实践中的作用甚至已经超过了动产质押权,成为动产担保物权中最为活跃的形式。在我国台湾地区,学说与实务亦承认此种担保形态。让与担保以其自身所具有的巨大社会功能而逐渐被各国判例和学者所接受,并一跃成为担保法领域中的重要担保方式。让与担保具有如下积极社会功能[①]：一是与动产质权与动产抵押权相比较，让与担保的动产标的物仅以具有让与性为足够，范围甚广，且于设定让与担保后，通常仍由设定人占有，保留其用益权，故正可弥补典型担保制度的缺失，适应现代商业社会活动的需要；二是让与担保可为不能设定典型担保的标的物与集合财产，提供最佳融资渠道，以发挥其担保价值；三是让与担保可节省抵押权与质权实行之劳费，并避免拍卖程序中换价过低的不利。

让与担保有广义与狭义之分，广义的让与担保包括买卖式担保与让与式担保。买卖式担保，指以买卖的形式进行信用之授受，授信者并无请求返还价金的权利，但受信者则享有通过支付一定金额而请求返还自己所让与的标的物的权利。这种买卖式担保在日本被称为"卖渡担保"。狭义的让与担保，即让与式担保，指债务人将标的物财产权转移与债权人，当事人之间存在债权债务关系，债权人享有请求债务人履行债务的权利，在债务人不履行债务时，债权人可以就标的物取偿。这种让与式担保在日本被称为"让渡担保"。

让与担保的性质，有不同的学说。（1）授权说。该说认为债务人仍然保留有标的物的所有权，让与担保的设定只不过是将担保物的换价权或处分权授予给债权人而已，所以让与担保权人虽然在外观上是所有权人，但当事人之间并没有真正转移所有权的意思。（2）质权说。该说认为应以质权作为让与担保的法律构成。德国学者基尔克认为尽管立法者的最初意旨在于通过公示原则来阻止隐藏的质权，但是让与担保最终战胜了这一点并通过习惯法奠定了自己的地位，所以，让与担保的法律构成不应当再限于以往那样通过将完全的所有权委托给债权人并使其担负债权性义务的形式，即"所有权绝对转让＋债权的约束"的构成，而应当顺应让与担保的习惯法的潮流，采取赋予债权人以担保权即质权人地位的构成。（3）抵押权说。该说由日本学者米仓明教授所提倡，该说认为，在让与担保的标的物为动产时，其设定值是在该标的物上设定抵押权；在标的物为不动产时，也可以作相同的解释。（4）担保权说。该说在抵押权说的基础上，提出将让与担保设定为担保权的构成，必须具有与担保权相适应的公示方法，而不应当承认那种以占有改定来替代的方法，并进而提出让与担保应当具有的具体的公示方法。该说由于强调让与担保以完全的担保权为基础，并且提出相应的公示方法，从而成为目前日本学界的通说。

[①] 参见史尚宽：《物权法论》，中国政法大学出版社 2000 年版，第 425 页。

二、让与担保的设定

让与担保以当事人双方订立书面合同的方式设定。

1. 让与担保的双方当事人

让与担保的双方当事人为担保提供人和担保权人。担保设定人是提供财产担保的一方当事人，可以是债务人，也可以是第三人。但应为所提供担保财产的所有人或正当权利人。担保权人，为享有担保权的一方当事人，一般为债权人。

2. 让与担保的标的物

由于让与担保是以清偿担保债务为目的，并且必须将担保物的财产权移转于担保权人，因此，其标的物就应以具有转让性的财产权为限。

3. 让与担保所有权的移转

让与担保中因须将标的物的所有权或其他权利移转于担保权人，因此让与担保权的成立须有权利移转行为。如该项权利移转以登记为生效要件，则担保权应自办理权利移转登记时成立，在登记原因中应注明为让与担保。在不以登记为权利移转生效要件的，担保权应自标的物交付担保权人时成立。但因在让与担保中，当事人通常同时订立有租赁合同或者借用合同，以占有改定方式代实际交付，因此，自租赁合同或借用合同生效之日起让与担保权亦成立。

三、让与担保的效力

（一）对内效力

1. 让与担保的债权范围

当事人可自由约定让与担保的债权范围，在当事人没有约定或约定不明时，担保范围包括原债权、利息、迟延利息和实现担保权的费用。

2. 让与担保标的物的范围

让于担保标的物的范围主要包括：主物、从物及担保物灭失时的变形物或代位物。

3. 对标的物的占有及使用收益

对标的物的占有由当事人约定，没有约定或约定不明时一般由设定人占有。这体现了当事人的意思自治。

关于标的物的收益，一般认为，在债务人占有标的物的情况下，标的物上的收益归属债务人，但当债权人占有标的物的情况下，关于其收益的归属，日本学者认为，应先以收益抵充费用和利息，若有剩余，则抵充原本之清偿。但在流质型让与担保场合,在发生流质效果之时,应认为收益连同担保标的物一并由债权人终局取得。

我国立法及理论一贯坚持流质契约禁止,为保持我国立法的一致性,在把让与担保写入法典时应规定:标的物的收益由当事人约定,没有约定或约定不明时,按以下原则处理:当标的物由债务人占有时,由债务人取得收益,当标的物由债权人占有时,其收益首先抵充利息和收取费用,若仍有剩余,则可抵充本金。

4. 担保权人的优先受偿权

债务到履行期后,债务人不清偿债务,债权人可对让与担保标的物实行优先受偿。优先受偿的实行方法有清算型和流质型两种。当债务人不按期履行债务时,标的物所有权将直接归担保权人所有。后来,担保权构成论居主流地位,流质型方式被否认掉,现一般采用的是清算型的实行方式。而清算型分为处分清算型和归属清算型。处分清算型是将标的物进行变价,债权人从变价所得的价款中优先受偿。归属清算型是指债权人债务人先对标的物进行评估或交评估机构进行评估,评估后,标的物归债权人所有,标的物价值超过担保债权额部分,由债权人返还。

我国法律是禁止流质契约的,因此流质型不符合我国现状,我国立法应采用归属清算型,至于具体应采用何种方式,我们应借鉴我国台湾地区模式,即当事人对让与担保的实行方式有约定的,依其约定;没有约定的,担保权人在归属清算型和处分清算型中任选一种方法实行之,并无原则特例之分。

(二)对外效力

1. 当事人处分标的物时与第三人的关系

因让与担保的设定采用一定的公示方式,当双方当事人履行一定的公示方式(即对抗要件)时,当一方当事人处分标的物损害另一方利益时,另一方依对抗要件可向第三人主张权利,处分人与第三人的处分行为无效。

当双方当事人没有完成一定的对抗要件时,若第三人为善意,则第三人受善意取得制度的保护,受损害的一方则向处分人请求损害赔偿。

2. 担保权人与设定人的第三债权人的关系

(1)设定人的债权人申请强制执行的场合

当设定人的债权人对标的物申请强制执行时,应当赋予担保权人提出异议之诉的权利。因为让与担保是一种性质非常特别的担保,让与担保权的实行可以依当事人合意的方式而无须经过公开拍卖等程序。我们知道让与担保产生的一个原因就在于：当事人发现法定程序不能获得充分的卖得价款。如果被担保债权的充分满足将因其他债权人强制执行标的物的偶然出现而无法实现，则让与担保就丧失了其担保机能。肯定担保权人的异议之诉的第二个原因就是让与担保设定一般都是以标的物的评价额与被担保债权额均衡为前提，肯定第三人异议之诉不会对设定人的债权人利益有损害。但是，当标的物的价值明显大于被担保债权额时，法官应驳回当事人的异议之诉，当事人此时只能提起优先受偿之诉。

(2) 在设定人破产场合

在设定人破产的情形下，让与担保权人在破产程序上行使的权利到底是取回权还是别除权，学界对此争论很激烈。

让与担保权人享有的仅是别除权，这是由让与担保的实质内容决定的。尽管让与担保在外观的法律形式上体现为标的物所有权的移转，但是担保权人对标的物只享有担保权，设定人并没使标的物所有权终局的归属于让与担保权人的意思。让与担保权人只能就其担保物优先受偿，不足部分作为破产债权。

3. 设定人与担保权人的第三债权人的关系

(1) 担保权人的债权人申请强制执行。在让与担保存续期间，如让与担保权人的债权人对担保标的物申请强制执行，设定人对第三人可否提起异议之诉，对此，有两种不同的主张：第一种主张认为，因为担保权人已取得担保标的物的所有权，所以，当担保权人的债权人对标的物申请强制执行，设定人不得提出异议之诉。第二种主张认为，设定人在清偿期对于担保权人所负债务，可以其对担保权人享有的标的物返还请求权，提起异议之诉。

(2) 担保权人破产。当担保权人破产时，设定人可行使取回权。让与担保权人破产时，若债务已届清偿期，破产管理人可行使担保权。设定人只有在清偿其对担保权人所负债务的情况下，可取回让与担保标的物，否则，将由让与担保人的破产管理人就让与担保优先受偿，如果标的物价额超过被担保债权额，发生清偿金的，超过部分不应作为破产财产，设定人可请求支付。如果让与担保人破产时债务未届清偿期，设定人可行使取回权，但取回权的行使仍以设定人偿还债务为前提。如设定人未偿还债务，因债务尚未届清偿期，让与担保权人不得将担保财产纳入破产财产，此时设定人可要求担保权人将担保财产区别开来，让与担保权人对设定人的让与担保债权构成破产财产的一部分，可由破产管理人于债务届清偿期时行使。

四、让与担保的消灭

(一)让与担保权消灭的原因

1. 被担保债权消灭

让与担保是一种从权利,附属于主债权,主债权消灭,从权利也一并消灭。

2. 让与担保标的物灭失

当让与担保标的物灭失时,让与担保权随之消灭,但标的物灭失而出现替代物时,则发生物上代位,让与担保权存续于替代物上。

3. 让与担保的实行

当让与担保已届清偿期,如让与担保设定人未履行债务,债务人依让与担保约定就让与担保标的物行使优先受偿权,让与担保因此归于消灭。

(二)让与担保权与按揭的关系

英美法系没有让与担保的概念,在英美法中,与大陆法上让与担保概念相对应的概念是按揭。两者的相同之处在于:(1)两者的起因和目的相同。按揭与让与担保并非学者虚构,它们皆是因交易实践的需要而产生,并最终为判例所承认。英美法上的按揭的确立,以 1475 年英国的里托顿以 mortgage 一词为改进后的格兰维尔式担保命名为标志;大陆法系上的让与担保的确立,以 1880 年 10 月德国帝国法院"为担保目的之买卖"的判例为标志。二者目的都是为了担保债权的清偿,而非移转担保物的所有权。(2)二者都要进行权利的移转。按揭人和让与担保设定人都要将担保标的物的权利移转于债权人,债权人成为形式上的所有人。(3)都是为了充分发挥担保物的效用。不动产按揭,按揭人可以继续占有并利用该不动产。在动产让与担保的情形下,设定人也可以继续占有、使用该动产。(4)实现方式上具有经济性。在债务人到期不能清偿债务时,按揭权或让与担保权需要实现时,都可以由权利人直接取得担保标的物的财产权,从而省去典型担保的实现上的麻烦和费用。

但二者也有着显著的不同之处:[1](1)二者产生的背景不同。两者的不同之处在于,按揭是由格兰维尔式担保经过质权(死质)—普通法权原移转担保—衡

---

[1] 有关按揭的含义及抵押的异同,可参见李宗锷:《香港合约法与公司法》,商务印书馆(香港)有限公司 1986 年版,第 194 页;参见李宗锷:《香港房地产法》,商务印书馆(香港)有限公司 1988 年版,第 161 页;参见何美欢:《香港担保法》(上册),北京大学出版社 1995 年版,第 181 页。

平法权原移转担保—登记公示制度与清算原则导入发展而来的;让与担保是由罗马法上的信托和日尔曼法的所有质、新质发展而来的。

(2)适用标的范围不同。按揭主要适用于不动产。而让与担保适用标的范围十分广泛。

(3)公示方式不同。按揭设立后必须在规定时间内向特定机关进行登记;而让与担保的公示方式多样:不动产采用登记方法;动产有主张登记的,有主张不登记的。

(4)标的物由谁占有不同。按揭标的物在普通法上的所有权虽然绝对移转归债权人所有,但在按揭合同规定的清偿期内,按揭人可以受寄托人或承租人名义占有、使用标的物,按揭人的占有在衡平法上被视为间接消极的占有;而让与担保所有权移转后,既可以通过占有改定方式由设定人占有、使用,也可以由担保权人占有,但不能使用。

(5)有无宽限期不同。按揭中,债务清偿期届至而债权人未获清偿时,债权人应给债务人一定的履行宽限期,宽限期届满债务人仍未履行的,按揭权人既可以拍卖、变卖标的物以其价金优先受偿,也可以向法院申请取消按揭人衡平法上的赎回权,从而获得标的物所有权;而让与担保权人在债务不履行时,无须给予债务人一定履行宽限期,就可以标的物的变价款优先受偿。

(6)赎回权行使的期限不同。按揭人赎回权行使的最后期限是按揭权人与第三人成立变卖标的物合同之前;而让与担保赎回权的行使必须在设定人和让与担保权人约定的期限内。

(7)对标的物有无处分权不同。按揭人可以对担保标的物进行占有与使用,但不可处分;让与担保设定人既可以对标的物进行占有、使用,还可依约进行处分。

第三节 所有权保留

一、所有权保留的概念、性质与特征

(一)所有权保留的概念

所谓所有权保留,是指双务合同尤其是分期付款买卖合同中,出卖人依约定以保留标的物所有权的方式担保买受人价金之给付或其他义务之履行。对所有权保留之性质,理论界与实务界均有两种不同看法,一说认为,所有权保留在法

律上为一种附条件的所有权移转。此为德国和日本的学说,此种理论并未将所有权保留作为担保买卖价金取偿的担保权对待,仍然将之作为一种特殊买卖对待,即所有权保留买卖为所有权随着买卖价金的付清而移转于买受人。另一说认为,所有权保留为非典型担保物权,其主旨在于通过保留标的物所有权以期保障买受人能按期支付价款或履行其他义务。

所有权保留也是一项源远流长的制度,有学者考证在罗马法上即有了类似的制度。至19世纪末,伴随着工业革命而来的供求膨胀使信用经济勃然兴起,分期付款买卖成为流行的交易方式,所有权保留作为与分期付款买卖紧密结合的担保方式,重又获得发展,并成为现代法上普遍承认的一项制度。现代法上,无论大陆法系还是英美法系国家,大都对所有权保留制度设有明文规定,如《德国民法典》第488条规定:"动产的出卖人在支付价金前保留所有权者,在发生疑问时应认为,所有权的移转以支全部价金前保留所有权者;在发生疑问时应认为,所有权的移转以支全部价金为停止条件,并在买受人对支付价金有迟延时,出卖人有解除契约的权利。"我国台湾地区的"动产担保交易法"中,沿袭美国的制度,将所有权保留制度称为附条件买卖,并作为动产担保方式之一而加以规定。

(二)所有权保留的性质、特征

1. 所有权保留的性质

所有权保留的法律性质如何,理论上有争议。主要有三种观点:一是附停止条件的所有权移转说。认为所有权保留的性质为附停止条件的法律行为,其效力随着条件的成就而成熟;二是担保物权说。认为出卖人所保留的所有权,实质上系一种担保物权,与质权相类似;三是所有权共有说。认为出卖人将标的物交付买受人的同时,所有权的一部也随之移转于买受人,形成出卖人与买受人共有一物的所有权形态。第一种观点,侧重于所有权保留制度的构造;第二种观点,侧重于所有权保留制度的实际功能;第三种观点,主要是从双方的法律地位上来看的。《德国民法典》第455条的规定,原本采纳附停止条件的所有权移转说。但在当代德国民法实践中,附条件买卖合同中的所有权保留,已被普遍用来作为买卖关系中的物权担保制度,[①]即出卖人手中的所有权,就成为其实现价金请求权这一债权的担保物权。

所有权保留制度既有物权性又有债权性,是物权制度与债权制度的有机结

---

① 参见孙宪忠:《德国当代物权法》,法律出版社1997年版,第345页。

合。因买卖关系中所有权附条件的移转,为债法买卖合同中的问题,故而多数国家立法上将其置于债权法中来规定。不过无论将所有权保留制度规定于物权法或债权法,均不影响从另一方面研究其性质。所有权保留虽为一种物的担保方式,但由于缺乏公示性,一般无追及性、排他性等物权属性,因此属于非典型物的担保方式。

2. 所有权保留的特征

(1)所有权保留是一种非典型物的担保。所有权保留并非法律明确规定的物的担保方式,而是一种于交易习惯中发展起来的具有担保作用的交易方式。

(2)所有权保留是担保出卖物的价款债权的物的担保。

(3)所有权保留是当事人于买卖合同中约定的物的担保。所有权保留条款是当事人在买卖合同中特别约定的,是买卖合同本身的内容之一,而不是在买卖合同之外另行设定的一种担保。

二、所有权保留的效力

所有权保留对第三人的效力,应分情形分别研讨:

(一)当标的物以登记为物权公示方法时

当标的物为以登记为物权公示方法的不动产或如车辆、船舶、航空器之类的特别动产时,出卖人将标的物再行转让给第三人且办理了产权变更登记手续,第三人能否取得标的物所有权,应视所有权保留是否已为登记而定。若所有权保留已为登记,基于该登记的预告登记性质,买受人的期待权具有物权效力,具有排他效力,能对抗与其请求权内容相同的物权处分,第三人不能取得标的物所有权;若该所有权保留未为登记,则买受人的期待权不能对抗第三人,第三人可取得标的物所有权。

(二)当标的物以占有为物权公示方法时

当标的物为不以登记而以占有为物权公示方法的一般动产时,出卖人于所有权保留成立之后再将标的物所有权让与第三人,第三人能否取得标的物所有权? 这可先就所有权保留是否已为登记,再就标的物占有状况进行具体分析。根据所有权保留的登记对抗主义设定原则,若所有权保留已为登记,则第三人不能取得标的物所有权;若所有权保留未为登记,则一般情形下第三人可取得标的物所有权,但还应视标的物的占有情形而定:

(1)一般情形下,标的物由买受人占有使用,此时出卖人转让标的物就只能通过指示交付的方式交付标的物,第三人从外观上无相信出卖人为标的物所有权人的客观理由,因而负有查明标的物权属状况的谨慎义务,第三人未尽此义务查明标的物权属(小额动产的所有权保留适用书面成立主义)即有过失,不能对抗买受人而取得标的物的所有权。

(2)若买受人取得标的物的实际占有后因标的物瑕疵而将其送交出卖人修理,或出卖人原本就是以占有改定的方式交付标的物,则标的物实际由出卖人占有,此时第三人无从判断标的物上是否附有买受人期待权,可适用善意取得原则,第三人可取得标的物所有权。

第四节　担保物权的竞合

一、担保物权竞合的概念和条件

(一)担保物权竞合的概念

担保物权的竞合,也称为物的担保冲突,指在同一标的物上同时存在数个不同种类的担保物权时,各担保物权的效力优先问题。担保物权的竞合有广义与狭义之分。狭义的担保物权竞合,是指在同一标的物上同时存在数个不同种类的担保物权,包括同一物上的抵押权、质权、留置权、优先权及其他非典型物的担保(所有权保留、让与担保)之间发生的竞合,即所谓的"一物保数债"的现象。广义的担保物权竞合,还包括不同种类的担保方式担保同一债权的现象,即"一债数保"的现象。一般来说,"一债数保"即在为同一债权设定数项物上担保权时,债权人可依当事人约定的担保额而行使权利,各个担保物权之间一般不发生应优先行使何种担保权问题。在此,只讨论"一物保数债"的狭义的担保物权竞合情况。

担保物权的竞合不同于担保物权的并存。所谓担保物权的并存,是指同一标的物上存在数个同一种类的担保方式以担保不同债权的现象,即"重复担保"问题。该问题的解决属于同一种担保权的顺序问题,在此情形下,各个权利人依其担保权的先后顺序而行使权利,不发生何种担保权应优先的问题。

(二)担保物权竞合的条件

1. 同一标的物上同时存在数个不同种类的担保物权

只有在同一标的物上存在数个不同种类的担保物权时,才会发生担保物权的竞合。同一物上也可能存在数个同一种类的担保物权,此属担保物权的并存,不属于担保物权的竞合。所谓同时存在数个物上担保权,是指于实现担保物权时,在标的物上存在着不同种类的物上担保权,而不是指标的物上曾先后存在过数个担保权。若虽同一标的物上存在过不同种类担保权,但于实现物上担保权时,其他担保权已经消灭而仅存有一个,当然也就不发生担保物权的竞合。因此,担保物权的竞合,与各个担保物权的成立时间无关。

2. 各个物上担保权人不为同一人

担保物权的竞合不仅须为担保权客体的竞合,且其权利主体须不为同一人。所谓权利主体不为同一人,是指数个不同种类的担保物权所担保的并非同一个债权。因为在同一权利主体有不同的担保物权时,则属于数个担保物权担保同一债权,而不是不同的担保物权担保不同的债权。也因为如此,虽然在同一债权上就同一标的物有两项以上担保物权时,也属于同一标的物同时为数个不同的法律关系的客体。但并不为我们这里所说的物上担保的竞合,而是广义的担保物权的竞合。

二、抵押权与质权的竞合

因抵押权是不移转标的物占有的,而质权是以移转标的物占有为成立要件,所以在设定抵押权后,抵押人得将标的物再用于质押,成立质权,因为于此情形下,后设定的质权无害于抵押权。此时当发生抵押权与质权的竞合。通说认为,抵押权的效力应优先于质权,因为抵押权成立在前。但是若抵押权属于可不予登记即成立而当事人又未为抵押权登记的,则因未登记的抵押权不具有对抗第三人的效力,未登记的抵押权虽成立在前,质权的效力也应优先于抵押权。

出质人于设定质权后可否再设定抵押权呢,即先质后押呢?对此有不同的规定和观点。有的认为,在同一动产上先设定质权后又设定抵押的,因为质权因占有标的物而生效力,而抵押权人于债务人不履行债务时也得占有抵押物以行使抵押权,这样如抵押权人的债权清偿期先行届至,则抵押权人实行其占有就与质权人的占有效力发生冲突,所以,基于先设定质权后设定抵押权会发生实行上的困难,于设定质权后不可再设定抵押权。有的认为,在同一动产上设定质权后可再设定抵押权,因为尽管若抵押权实现在前时,抵押权人为实现抵押权而占有标的物时会与质权人的占有发生冲突,但这也是可以解决的,可以于抵押权实现所得的价款中先提取质权担保额,或先行清偿质权人债权,或将其提存。在一般情况下,设定质权后不宜设定抵押权,但也并非不可设定抵押权。若当事人同意于出质的财产上再设定抵押权时,抵押权与质权竞合,于此情形下,质权的效力应优先于抵押权。唯应注意的是,在我国的司法实践中,同一财产法定登记的抵押权与质权并存时,抵押权人优先于质权人受偿。但也有学者认为,在抵押权和质权同时设定时出现的竞合,若抵押权未登记,则应当认为质权具有优先效力;若抵押权的登记和质权的占有移转同时完成,则基于物权的公示公信原则,应当认为两者具有同等效力,应按债权比例受偿。

三、抵押权与留置权的竞合

《物权法》第二百三十九条规定:"同一动产上已设立抵押权或者质权,该动产又被留置的,留置权人优先受偿。"这表明,在同一动产上,无论留置权是产生于抵押权或者质权之前,还是产生于抵押权或者质权之后,留置权的效力都优先于抵押权或者质权。也就是说,留置权对抵押权或者质权的优先效力不受留置权人在留置动产时是善意还是恶意的影响。此处恶意并非恶意串通,而指的是留置权人对同一动产上已存在的抵押权或者质权知情。本条原则上规范了抵押权、质权与留置权竞合时的处理原则,即留置权的效力优先原则,也即采取法定担保物权优先于约定担保物权的原则。学理上对这一问题则作了进一步的探究。

其一,先设定抵押权而后成立留置权。因为先设定抵押权后因标的物不移转占有,所以在抵押人将抵押物交由他人占有时,在具备留置权的成立条件下可在抵押物上再成立留置权。此种情形下发生的抵押权与留置权的竞合效力如何?通说认为留置权优先于抵押权。因为留置权人占有标的物,并且因留置权担保的债权往往是有利于保全抵押权人利益的。

其二,先成立留置权而后设定抵押权。这有两种可能:一是留置物所有人将留置物抵押,此时在留置物上又成立抵押权,抵押权与留置权竞合,因留置权成立在先,留置权的效力当然优先于抵押权。二是留置权人将留置物抵押,于此情形下,因为留置权人非为标的物所有人,抵押应为无效,不发生抵押权与留置权的竞合。但是若经留置物所有人同意,留置权人为自己的债务履行为其债权设定抵押权的,抵押权可为有效,发生抵押权与留置权的竞合。不过于此情形下,抵押权的效力应优先于留置权。因为留置权人是抵押权所担保债权的债务人,债务人的权利不能优于债权人的权利。

四、留置权与质权的竞合

由于留置权与质权都是以占有标的物为其存续要件的,留置权得因占有的丧失而消灭,质权在占有丧失而又不能回复时也消灭。但因占有不以直接占有为限。因此,在同一标的物上可以发生留置权与质权的竞合。就其发生而言,有以下两种情况:

其一,先成立留置权后成立质权。留置权人以其占有的留置物再设一质权的,如经所有人同意,质权成立;如未经所有人同意,则其设定行为应视为无效,但因留置权与质权均以占有为公示原则,善意第三人得依善意取得原则取得质权。在第三人取得质权时,留置权与质权竞合,在第三人取得质权时,留置权与质权竞合,后设定的质权效力应优先于留置权。因为在此种情形下,标的物为质权人实际直接占有,而留置权人仅为间接占有人。但如果在留置期间经留置权人同意,标的物所有人以留置物设定质权的,则因留置权成立在前,质权成立在后,留置权的效力应当优先于质权。

其二,先成立质权后成立留置权。在质物由质权人占有期间,质权人将质物交由第三人直接占有,而自己间接占有时,第三人得基于留置权的成立事由而取得留置权。于此情形下,因质权人的质权并不消灭。发生留置权与质权的竞合,留置权的效力优先于质权。因为留置权是担保基于维护或保存标的物的价值的行为而发生的债权,并且标的物由留置权人直接占有,质权人仅为间接占有人。

五、非典型担保物权与典型担保物权的竞合

(一)优先权与典型担保物权的竞合

优先权在我国并没有统一的制度体系,此次物权法也并未对优先权作出统一的规范。优先权本身的构成比较复杂,其标的包括动产和不动产,既包括一般财产也包括特别财产。在担保物权与优先权竞合的情形下,应如何确定其效力,各国法律规定并不完全一致。依我国现行规定,建筑工程优先权、船舶优先权、民用航空器优先权与其他担保物权竞合时,优先权的效力优先于其他担保物权。

(二)所有权保留与典型担保物权的竞合

1. 所有权保留与抵押权的竞合

先设定抵押权后设定所有权保留时的竞合。所有人将其财物设定抵押权后,由于其仍享有所有权,可以让与财产,因而也就可以再设定所有权保留。抵押人出卖抵押物而又保留所有权时,就会发生所有权保留与抵押权的竞合。在此情形下,如果抵押权已登记,则抵押权的效力应优先于所有权保留。在抵押权登记为对抗要件而当事人又未办理登记的情形下,则由于未经登记的抵押权不

具有对抗第三人的效力,此时所有权保留当优先于抵押权,即只要买受人履行支付全部价款的义务,就能取得该物的所有权。

先设定所有权保留后设定抵押权时的竞合。先设定所有权保留后设定抵押权时的竞合,分两种情况:(1)所有人以保留的所有权出卖标的物后就该已出卖标的物再设定抵押权。由于所有人就该出卖物仍保有所有权,也就意味着其仍可处分该出卖物,因此在该出卖物上再设立抵押权也非不可。但抵押权不能对抗第三买受人。(2)所有权保留买卖合同中的买受人在占有标的物后,用其占有标的物向第三人设定抵押,此时与前文提到的先质后押的情形类似,可以类推适用动产善意取得而主张抵押权有效。此时依设立优先原则,所有权保留应当优先于抵押权。

2. 所有权保留与质权的竞合

先设立所有权保留后设立质权时的竞合。由于质权是以移转标的物的占有于质权人为成立要件的,而在所有权保留中也由买受人占有标的物,并且买受人有期待权,所以在对标的物为保留所有权的出卖后,出卖人不可能再设定质权。但由于标的物为买受人占有,买受人以该标的物设定质权的,第三人得依善意取得原则取得质权。在第三人取得质权时,即发生所有权保留与质权的竞合。在此情况下,质权的效力应当优先于所有权保留。

先设立质权后设立所有权保留时的竞合。标的物上有质权的,能否再为所有权保留的买卖呢?就出质人来说,其作为所有人不能再为所有权保留的买卖,因为其不能将财产移交给买受人。但在质权人能否将质物为所有权保留的出卖上有不同的观点。一种观点认为,质权人于质权存续期间对质物有一定的处分权利,质权人得就标的物再为所有权保留买卖。另一种观点认为,质权人不能为保留所有权买卖。此种观点较为妥当。在所有权保留买卖中,买受人不能即时取得所有权,也就不应依善意取得原则取得所有权,这样质权人作为非所有人出卖他人之物的行为也就不能发生买卖的效果。

3. 所有权保留与留置权的竞合

先设立所有权保留后成立留置权时的竞合。在为所有权保留买卖后,如果标的物于具备留置权成立条件时成为留置物。此时,留置权的效力优先于所有权保留的效力。

先成立留置权后设立所有权保留时的竞合。在成立留置权后,留置权人将标的物为所有权保留买卖的,第三人可否善意取得标的物所有权呢?留置权人若得为所有权保留买卖,标的物上的留置权会因失去占有而在所有权保留买卖设立后消灭。

（三）让与担保与典型担保物权的竞合

1. 让与担保与抵押权的竞合

设定让与担保后，让与担保设定人对标的物无处分权，因此其不可能设定抵押；然而让与担保权人虽一时取得所有权，但作为所有权人，有权就所有物设定负担，因此其以让与担保标的物设定抵押权时，抵押权为有效。在让与担保权与抵押权竞合时，抵押权的效力优先于让与担保权。因为让与担保关系为债的关系，让与担保双方之间的约定不具有对抗第三人的效力。

标的物设定抵押权后，又设定让与担保的，若抵押权已登记，则让与担保设定后，抵押权同样应优先于让与担保权。因为让与担保人此时知道标的物上设有抵押权的负担而仍愿意接受的，其权利当然不能优先于已存在的担保物权，这也是抵押权的追及性使然。若抵押权未登记，则让与担保应当优先于抵押权，因此时的抵押权不具有对抗第三人的效力。

2. 让与担保与质权的竞合

先设定让与担保后设定质权时的竞合。让与担保办理所有权登记的，让与担保权人可以将标的物设定质权，因其为所有权人。于此情形下，可发生让与担保与质权的竞合，依设立优先原则，让与担保的效力优先于质权。由于在让与担保中，让与担保设定人通常仍可继续占有标的物，若让与担保无须办理权利移转登记时，占有标的物的让与担保设定人将标的物出质的，第三人可依善意取得原则取得质权。此种情况下，发生质权与让与担保权的竞合，此时，质权的效力应优先于让与担保。

先设定质权后设定让与担保时的竞合。对于出质人而言，在设定质权后，尽管标的物已为质权人占有，但出质人可以占有改定的方式移转所有权而成立让与担保，则此时发生质权与让与担保的竞合。依设定在先原则，质权应优先于让与担保权。对于质权人而言，在设定质权后，若以其占有的质物为标的设定让与担保，此时当让与担保权人为善意或经出质人同意时，可以取得让与担保权，从而发生质权和让与担保的竞合，质权亦应优先于让与担保权。

3. 让与担保与留置权的竞合

在让与担保标的物上具备留置权成立要件时，可成立留置权；留置物所有人以留置物设定让与担保的，让与担保也可成立。但不论因何原因发生让与担保与留置权的竞合，留置权的效力均优先于让与担保权。

第五编 占 有

第十七章 占有的一般理论

第一节 占有的概述

一、占有的概念和特征

(一)占有的概念和特征

占有保护为大陆法系国家或地区普遍设立的一项物权法上的制度。在英美法上,虽没有成文的占有制度,但对于占有也给予保护。

占有,是指人对物事实上的控制和支配。所谓控制,是指物处于占有人的管理或影响下;所谓支配,指占有人能够对物加以一定的利用。其中对物进行控制和支配的人称为占有人;被控制和支配的物称为占有物。

占有具有以下特征:

1. 占有是一种事实状态。占有的本质在于人对物的控制和支配的事实。这种事实状态本身并不是权利,也不是单纯的自然状态,而是民事主体以自己的意志对物进行控制和支配的事实。尽管多数国家或者地区的民法都将占有规定为一种事实,但都确定占有可以发生一定的法律效果。

2. 占有是对物的事实上的控制和支配。所谓对物的事实上的控制和支配,是指对物的支配力正及于物,而不论占有人对物的控制和支配是否具备据为己有的意思。

3. 占有的客体是物。占有是对物的控制和支配,其客体以物为限,排除了权利作为客体的可能性。物包括不动产和动产。

(二)占有和相关概念的区别

1. 占有与持有的区别

占有和持有都是对物的事实上的控制和支配。但二者具有如下的区别:(1)占有是民法上的概念和制度,而持有则为刑法上的概念,如非法持有毒品罪。(2)占有可以形成双重占有,即直接占有与间接占有,还有自主占有与辅助占有之分;而持有形态单一。(3)占有可以移转和继承,而持有不能。(4)占有具有权利推定的效力,而持有不具有此种效力。

2. 占有与所有权的区别

占有与所有权的区别比较明显:(1)占有是一种事实状态,而所有权为物权。(2)占有是对物事实上现实的控制和支配,而所有权是对物为法律上的支配。(3)占有是以现实控制和支配为必要条件,而所有权不以现实的控制和支配为必要条件。(4)占有有直接占有和间接占有之分,而所有权则无此区分。(5)占有不适用于一物一权原则,而所有权适用于该原则。(6)占有不能提供担保,所有权可以为其他权利提供担保。但是占有和所有权具有密切联系。如在一般情况下,所有权和占有发生重合;占有是取得所有权的重要条件,通过占有事实推定占有人对占有物享有所有权。

3. 占有与占有权能的区别

占有权能是所有权和其他物权的权能之一,它与占有具有明显的区别:(1)发生和消灭的根据不同。占有权能产生于本权,是本权的一项内容,随本权的发生而发生,随本权的消灭而消灭;而占有的发生根据是对物的现实控制和支配,随占有的取得而取得,随占有的丧失而消灭。(2)内容和表现形式不同。占有权能的内容是确定的,仅表现为对物体进行掌握和控制;而占有的内容是多面的,依占有原因的不同而有不同。

二、占有制度的社会价值

占有制度作为物权法中不可或缺的一部分,完善了物权法的体系,弥补了所有权和他物权制度调整范围之不足。与此同时,占有对于稳定占有关系,维护社会经济秩序等也有着巨大的作用。占有制度的社会价值主要体现在以下方面:

1. 占有制度有利于稳定现实的占有关系,维护社会经济秩序。由于占有是对物的现实的控制和支配,占有制度对物的现实占有是否享有所有权或他物权在所不问,一律推定其占有为合法占有,即使有人对占有人的占有提出异议,其占有是否合法的举证责任也不是由占有人负担,而是由占有的异议人负担,这样就避免了在交易中对交易标的是否享有所有权或者他物权的——查证,从而减少了交易成本,符合经济、效率的原则,更加重要的是有利于稳定占有关系,有利于维护社会经济秩序。

2. 占有制度有利于维护商品的交易安全,促进商品经济的发展。在商品交易中,根据占有制度,当转让人非法处分他人之物时,只要受让人的受让没有恶意,就能在一定条件下即时取得受让之物的所有权。即使不能即时取得该让与物的所有权,只要转让与受让是在市场上公开进行的,如拍卖,善意受让人的利益也受占有制度的法律保护。这些制度设计对维护交易安全,促进商品经济的发展都极其有利。

3. 占有制度有利于协调各方当事人的利益,维护社会正义。按照占有制度,占有人享有对物的孳息收取权和对权利人的费用偿还请求权,保护占有人的利益;占有制度的规定保护善意占有人,惩罚恶意占有人;公平解决本权人与善意占有人的争议,极好地体现了民法的公平原则和诚实信用原则,有利于协调各方当事人的利益,从而促成社会的正义和公平。

三、占有的分类

(一) 直接占有与间接占有

以占有人是否直接占有标的物为标准进行的分类。直接占有,是指不以他人的占有为媒介,直接对物进行控制和支配,如土地使用权人对土地的占有。间接占有,是指以他人的占有为媒介,非现实地占有其物,仅对物有间接支配力的占有,如所有人对租赁物的占有。要实现间接占有,必须具备三个条件:(1)必须与直接占有人有一定的法律关系;(2)必须对直接占有人具有返还原物的请求权;(3)必须对直接占有人对物的支配有一定的制约能力。

区分直接占有和间接占有的意义在于:直接占有可以独立存在,而间接占有不能,因此,间接占有人与直接占有人之间必须存在一定的法律关系。

(二) 自主占有与他主占有

以占有人是否以所有的意思进行占有为标准进行的分类。自主占有即指占有人以所有的意思对标的物进行占有。如所有人对所有物的占有即为自主占有。他主占有是非以所有人之意思对物进行的占有,如借用人对借用物的占有。

区分自主占有和他主占有的意义在于,时效取得及先占取得所有权等,均须以自主占有为要件。当占有物毁损、灭失时,自主占有人和他主占有人的责任范围不同,一般而言,他主占有人的责任要比自主占有人更重。

(三)有权占有与无权占有

以占有是否具有真正的权利基础为标准进行的分类。有权占有是指基于法律或合同的原因而享有对某物进行占有的权利。如通过买卖、赠与而取得的占有。无权占有指非依合法原因而取得的占有。如盗贼对赃物的占有。

区分有权占有与无权占有的意义在于,两者受法律保护的程度不同。有权占有人可以基于其占有权利对抗任何人,而无权占有人不能对抗权利人返还原物的主张。

(四)善意占有与恶意占有

以占有人主观心理状态为标准对无权占有的进一步划分。善意占有,是指占有人不知道或者不应知道自己的占有为无权占有而为的占有。恶意占有,是指占有人明知无占有的权利或对有无占有的权利有怀疑而仍然进行的占有。[1]

区别善意占有和恶意占有具有重要的意义。如在时效取得中,善意占有与恶意占有的时效期间不同;动产的善意取得以善意占有为要件;占有人对于占有回复请求权人的权利义务因占有的善意与恶意而有所不同。

(五)瑕疵占有与无瑕疵占有

依据占有的手段和方法对无权占有的再划分。瑕疵占有是指以强暴、隐秘手段取得和保持的占有。无瑕疵占有是指以和平、公然手段取得和保持的占有。瑕疵占有包括强暴占有和隐秘占有两种情形;无瑕疵占有包括和平占有和公然占有。

区分瑕疵占有和无瑕疵占有的意义在于:对取得时效的适用和占有效力的判定。通过时效取得而取得所有权的占有,必须是善意、和平和公然的。

(六)自己占有与辅助占有

以占有人是否亲自占有标的物为标准而进行的划分。凡占有人亲自对物为

---

[1] 参见徐涤宇主编:《〈物权法〉热点问题讲座》,中国法制出版社2007年版,第343~344页。

事实上的控制和支配的为自己占有;凡基于当事人之间特定的法律关系,受他人指示而对标的物为事实上控制和支配的为辅助占有。

区分自己占有和辅助占有的意义在于:辅助占有人不能独立存在,而自己占有能独立存在;由于辅助占有人不能独立存在,因此不享有负担因占有而产生的权利和义务。

(七)单独占有与共同占有

以占有人的人数为标准作的划分。单独占有是指同一物只有一个占有人的占有,又称分别占有。共同占有指数人对同一标的物的占有。

区分单独占有与共同占有的意义在于:在共同占有时,各占有人就其占有物的适用范围,不得互相请求占有的保护。

(八)继续占有与不继续占有

以占有在时间有无中断为标准进行的划分。继续占有指对于占有物不间断的占有,反之则为不继续占有。

区分继续占有和不继续占有的主要意义在于:在通过时效而取得占有物的所有权的情况下,须以继续占有达到一定期限为必要,否则发生时效取得的占有物所有权中断。

(九)准占有

准占有,又称权利占有,是指行使不包括物的占有权能的财产权的事实。例如,采矿权等自然资源利用权,并非以占有矿产等自然资源为成立条件,而是对矿产等自然资源有利用权利,行使此种权利的事实即是准占有。

第二节 占有的取得和消灭

一、占有的取得

占有的取得也称占有的发生,指占有人依照某种事实或原因对物产生事实上的控制和支配的行为。占有作为一种事实状态,可因法律行为、事实行为以及某种自然事件而取得。

(一) 占有的原始取得

占有的原始取得,是指不以他人既存之占有为根据而取得对物的占有,包括直接占有的原始取得和间接占有的原始取得。

一般而言,直接占有的原始取得的情形包括:无主物的占有、侵占和遗失物、漂流物的拾得。直接占有的原始取得有以下特点:第一,由于直接占有原始取得纯为事实行为而非法律行为,因此行为人无须具备行为能力。第二,该种取得并不限于取得人亲自为之,也可由辅助占有人为之。第三,占有的方法并不以身体的直接接触为限,只要将物置于其控制力的范围之内即可。第四,取得行为的性质不限于合法行为,也可由不法行为而取得。第五,取得对象既可以是无主物,也可以是他人之物。

间接占有的原始取得一般发生在以下三种情形:(1)直接占有人为自己创设间接占有。即直接占有人将其直接占有让与他人,从而使他人取得直接占有,而自己成为间接占有人,并保有该物的返还请求权。(2)直接占有人为他人创设间接占有,即占有改定。出卖人出卖其物时与买受人约定借用该物,使买受人取得间接占有,而自己则定为占有媒介人。(3)非占有人为自己取得直接占有,同时为他人创设间接占有。如某人以监护人的资格受领物的交付而成为直接占有人,受监护人则成为间接占有人。

(二) 占有的继受取得

占有的继受取得是指以他人既存之占有为根据而取得对物的占有,包括直接占有的继受取得和间接占有的继受取得。

直接占有的继受取得包括占有的让与和占有的继承两种情形。

占有的让与,是指占有人将占有的标的物交付给他人,从而使物的占有发生移转。占有让与必须具备以下三个条件:其一,移转占有的前提是占有人享有占有权。非法的占有不发生移转的效力。其二,必须有移转占有的意思表示。占有的让与大多是基于一定的基础法律关系而发生,当事人之间达成移转占有的合意。其三,必须有占有物的交付。占有的移转因标的物的交付而完成。

占有的继承以继承开始时被继承人占有该物为其要件,因此继承开始时继承人当然取得被继承人的占有人地位,无须另有移转行为。继承人是否已经占有该物,并不影响其发生效力。

关于间接占有的继受取得,也包括让与和继承两种情形,其制度设计与直接占有的情形相似,在此不赘述。

二、占有的消灭

占有的消灭,是指占有人丧失对于占有物的事实上的控制或支配。占有的消灭可以基于占有人的意思而消灭,如交付;也可以是非基于占有人的意思而消灭,如占有物被盗、遗失。值得注意的是,对物的控制或支配的丧失是确定的、持续的而非暂时的,因此占有物如果只是一时脱离占有人的实际控制,不能视为消灭。

第十八章 占有的保护

第一节 占有效力

一、占有的状态推定效力

占有的状态推定效力,是指法律为了更好地保护占有人的利益,实现占有制度设立的宗旨,而做出的在无相反证明的情况下,推定占有人占有为无瑕疵占有的规定。原因在于,对于占有的效力,如果一一需要占有人负举证责任加以证明,既不可能也与占有之维护社会生活秩序之目的相悖。因此,对于占有的状态,法律设置了推定制度。此种推定的内容如下:

1. 占有人对占有物,在是自主占有还是他主占有的事实不明时,推定为自主占有,以便一定时间经过后,占有人得以受到法律规定的利益。

2. 占有人是否以善意加以占有,因为属于个人内心之事,难以从外观上举证证明,因此推定为善意占有。

3. 和平占有、公然占有,均属于占有的常态,在事实不明时,推定为和平占有、公然占有。

4. 占有人主张继续占有的,仅仅需要证明前后两时有占有即可,无须证明从头到尾占有无间断。

占有状态的推定既然为推定,自然可以反证推翻,并且只有在有反证时才能被推翻。举证责任应由意图推翻无瑕疵占有之推定人承担。

二、占有的权利推定效力

占有的权利推定效力,是指占有人于占有物上行使的权利,推定为占有人依法享有的权利。至于占有人是否真正享有这一权利,在第三人举证破除法律所作的推定前在所不问。法律之所以作此规定,旨在通过假定占有人享有合法权利,给占有法律保护,从而稳定现实的占有关系。

权利推定的适用范围一般从以下方面来考察：(1)从权利方面来看，推定适用于一切由占有表现的权利，包括所有权与具有占有权能的他物权、债权。(2)从占有方面来看，权利推定适用于一切占有，包括善意占有与恶意占有，瑕疵占有与无瑕疵占有等。(3)从占有的阶段方面来看，推定适用于现有的占有和过去的占有。(4)从财产方面来看，推定只适用于动产。

综上所述，权利推定尽管适用范围广泛，且具有多方面的效力，但是推定只是作出的一种法律假设，当占有与本权相背离时，真正的权利人完全可以通过反证将其推翻。

三、占有人的权利和义务

(一)占有人的权利

占有人享有费用偿还请求权。所谓占有人的有关费用偿还请求权，是指占有人对于回复请求权人享有因占有其物而自行支出费用的偿还请求权。根据占有人对物占有为善意占有还是恶意占有，其有权请求偿还的费用范围不同，一般善意占有人还可以请求偿还有益费用，恶意占有人则只能请求偿还必要费用。必要费用，是指占有人为了保存、管理占有物，预防其毁损、灭失或者说是为了维持占有物的现状而支出的必需费用，如建筑物的修缮费用。有益费用是指占有人旨在为利用和改良占有物而支付的费用，如为装饰商店门面而安装彩灯等支出的费用。值得注意的是，我国《物权法》仅规定了善意占有人的必要费用偿还请求权。在回复请求权人请求回复其物时，应当支付善意占有人因维护该不动产或者动产支出的必要费用。至于善意占有人是否可以要求有益费用的偿还，以及恶意占有人是否可以要求必要费用的偿还，尚未予以明确。

(二)占有人的义务

1. 返还占有物的义务。无论是善意占有人还是恶意占有人，对于真正的权利人均有返还占有物及其孳息的义务。但在返还时应当扣除善意占有人因妥善保管不动产或者动产支出的费用。

2. 赔偿损失的义务。占有的不动产或者动产因可归责于占有人的原因而损毁灭失，当权利人请求赔偿时，善意占有人和恶意占有人承担的责任各有不同。各国民法大多对善意占有人规定了较轻的赔偿责任，适用不当得利的返还原则，善意占有人只对占有物的损毁、灭失所获得的收益负担返还的义务。而恶意占有人的赔偿责任则更重。

第二节 占有的保护

占有的保护是在对占有的非法侵害（侵夺或妨害）时给占有人以法律救济的一项制度。民法上对占有的保护可分为物权法上的保护和债权法上的保护。前者包括占有人的自力救济权和占有保护请求权；后者包括不当得利返还请求权和损害赔偿请求权。

一、占有的物权保护

（一）占有保护请求权

占有保护请求权，是指占有人在占有被侵害时，可以请求侵害人回复圆满状态的权利。包括以下三方面的内容：

1. 占有物返还请求权，即占有的不动产或者动产被侵夺的，占有人有权请求侵占人或者其继受人返还占有物。此种请求权的提起条件有二：一是必须有侵夺占有物的事实发生。所谓侵夺，是指以积极的不法行为夺取占有物，使占有人全部或者一部分丧失占有。二是请求权的义务人只能是实施侵害侵夺占有物的行为人或者占有物的继受人。

2. 占有妨害排除请求权，即对妨害占有的行为，占有人有权请求妨害人以其自己的费用排除妨害。此种请求权以存在占有被妨害的事实为前提。所谓妨害，是指侵占以外的妨害。妨害可能以积极的作为进行，也可能以消极的不作为进行。

3. 占有妨害防止请求权，即对可能发生的妨害占有的行为，占有人有权请求消除危险。此种请求权以存在占有被妨害的危险为前提，必须根据一般社会观念和当时周围环境来加以判断，而不能依占有人的主观来臆断。

（二）占有人的自力救济权

占有人的自力救济权，是指占有人得以自己的行为回复受到他人侵害的权利。换言之，占有人的自力救济是指占有人不依据国家规定的公力救济手段，而依靠私力保护。

对于占有的侵害，主要有侵夺与妨害两种方式。占有被侵夺时，会导致原占有的丧失和新占有的成立；占有被妨害时，也将使原来的占有弱化。最终严重损害占有人的利益。在通常情况下,权利的实现或者回复必须依照法律程序,不得诉诸私力。但是,当权利人的权利受到他人侵害而来不及寻求国家有关机关的帮助,并且此后其权利将不能实现或者实现具有困难时,法律允许权利人以自力实行救济。在占有被他人妨害或者有妨害的危险时,占有人虽然可以请求国家有关机关帮助,但在他人对占有人造成一时的妨害情形,通过诉讼程序成本较高;而在占有有被妨害的急迫危险时,寻求公力救济可能为时已晚。因此,允许占有人以自力进行防御更为妥当。在占有物被他人侵夺,但侵夺的占有尚未确立的阶段,占有人如果不及时采取措施予以制止的,占有物即可能丧失且难以追回,因此,也应赋予占有人夺回占有物的自力救济权。

占有人的自力救济权主要包括自力防御权和自力取回权。自力防御权是指占有人对于侵占或妨害其占有的行为,可以自力进行防御的权利。占有人行使自力防御权,必须具备三个条件:一是只有直接占有人或辅助占有人才能行使此项权利。原因在于,法律赋予占有人此项权利的目的是为了确保占有人对占有物的事实控制和支配,而间接占有人没有对物的事实上的控制和支配,当然不存在防御的问题。二是必须针对现存的侵夺或妨害行为而行使。三是恶意及其他瑕疵占有的占有人,如其占有为侵夺原占有人的占有而取得,对于原占有人或其辅助人的就地或追踪取回,不得行使自力防御权。

自力取回权,是指占有人在其占有完全被侵夺或妨害后,可以自力取回占有物而回复原有状态的权利。占有取回权的行使必须即时进行。是否即时应该根据具体情况加以判断。通常情况下,被侵夺的占有物如果是不动产,占有人应在被侵夺后即时排除;被侵夺的物如果是动产,占有人应就地或者追踪向加害人取回。所谓就地,是指处于侵夺时占有人事实上支配力能及的空间范围。追踪,是指加害人虽已离开占有人事实上支配力能及的范围,但仍在占有人跟踪之中。占有人在防御侵害或者取回占有物时,可以使用一定的强力,但不得采用当时情形并非必要的暴力。

二、占有的债权保护

占有除了获得物权法上的保护外,也得到债权法上的保护。这主要包括不当得利和损害赔偿请求权两种情形。

(一)占有人的不当得利返还请求权

占有作为一种受物权法保护的事实属于利益的范围,因此可以成为不当得利的客体。不当得利是指没有法律上或合同上的根据,使他人财产受到损失而自己获得利益的事实。不当得利可分为给付不当得利和非给付不当得利两个类型。在给付不当得利中,因不成立、无效或者被撤销合同的履行而取得物的占有,因缺少法律上的原因,可构成不当得利,对方当事人得依不当得利的规定请求返还占有物;在非给付不当得利中,因侵害他人的占有而取得利益,也可构成不当得利,负返还利益于占有人的义务。我国《物权法》对这两种权利没有作出直接规定,但依我国不当得利的法理,自为占有人应享有的权利。

(二)损害赔偿请求权

占有属于法律保护的财产利益,不受他人任意侵害。因侵占占有物或者妨害占有造成损害的,占有人有权请求损害赔偿。一般而言,侵害占有可能发生的损害主要有:(1)使用收益的损害。指占有人对于占有物不能使用收益而生的损害。(2)支出费用的损害。指占有人对占有物支出费用,本来可以向回复请求权人请求偿还,但因该物被侵夺而毁损灭失致使不能求偿而受到的损害。(3)责任损害。指占有人因占有物被第三人侵夺而致使毁损灭失,对回复请求权人应负的损害赔偿责任。(4)取得时效损害。指占有人因占有物被侵夺,致使时效中断而不能取得所有权的损害。由于我国尚未有取得时效制度的规定,因此,在上述四种损害中,被害人可请求赔偿的损害仅包括前三种。同时,应当注意的是,可以行使损害赔偿请求权的,仅限于有权占有人和善意的无权占有人,而恶意占有人不能享有该项请求权。

三、我国《物权法》对占有的设置

占有制度,在各大陆法系国家或地区都有规定,主要在于占有制度的设立有利于维护物的事实秩序而非维护物的法律秩序,即维护物的占有状态,禁止他人以私力加以破坏,从而维护社会的安定和谐。

我国《物权法》第五编专章规定了占有制度。详细规定了占有人损害赔偿责任、占有保护方式等。但是其最有特色的规定体现为:

我国《物权法》对占有的适用范围作出了限制性规定,明确规定我国《物权法》暂时只对合同没有约定或者约定不明确的占有状态予以调整。

1.《物权法》关于使用、收益占有物及其孳息归属的特别规定。根据我国《物权法》,不动产或者动产被占有人占有的,无论对于善意占有人或者恶意占有人,回复请求权人均有返还原物及其孳息的请求权,换言之,善意占有人和恶意占有人均没有使用、收益占有物的权利,也没有收取占有物孳息并据为己有的权利。

2. 占有保护请求权的除斥期间的规定。对于占有保护请求权的权利人行使权利的期间,各国或地区立法各有不同规定。我国借鉴德国立法例,将占有人返还原物的请求权的行使期间定为一年,自侵占发生之日起一年内未行使的,该请求权归于消灭。[①] 而对于其他占有保护请求权,我国《物权法》未予以明确。

综上所述,我国的占有制度的规定虽然还有不完善的地方,如占有适用范围的限制,除斥期间适用范围的限制等,但是,总体而言,还是比较全面和先进的,大大促进了我国《物权法》的发展。

[①] 参见吴高盛主编:《〈中华人民共和国物权法〉解析》,人民法院出版社2007年版,第434页。

参考文献

一、中文书目

1. 周枏著:《罗马法原论》,商务印书馆,1994年版。
2. 彭万林著:《民法学》,中国政法大学出版社,2002年版。
3. 梅仲协著:《民法要义》,中国政法大学出版社,1998年版。
4. 史尚宽著:《物权法论》,中国政法大学出版社,2000年版。
5. 史尚宽著:《民法总论》,中国政法大学出版社,2000年版。
6. 郑玉波著:《民法物权》,三民书局,1988年版。
7. 王泽鉴著:《民法物权(通则·所有权)》,中国政法大学出版社,2001年版。
8. 王泽鉴著:《民法物权(用益物权·占有)》,中国政法大学出版社,2001年版。
9. 王泽鉴著:《民法学说与判例研究(1~8)》,中国政法大学出版社,1998年版。
10. 王利明著:《物权法研究》,中国人民大学出版社,2002年版。
11. 王利明主编:《物权法教程》,中国政法大学出版社,2003年版。
12. 王利明著:《中国物权法草案建议稿及说明》,中国法制出版社,2001年版。
13. 王利明主编:《民商法研究(1~5)》,法律出版社,2001年版。
14. 魏振瀛主编:《民法》,北京大学出版社、高等教育出版社,2000年版。
15. 梁慧星、陈华彬编著:《物权法》,法律出版社,2003年版。
16. 郭明瑞著:《担保法》,法律出版社版,2004年版。
17. 徐国栋著:《罗马法与现代民法》,中国法制出版社,2000年版。
18. 董安生著:《民事法律行为》,中国人民大学出版社,2002年版。
19. 李双元、温世扬著:《比较民法学》,武汉大学出版社,1999年版。

参考文献

20. 杜景林、卢谌译:《德国民法典》,中国政法大学出版社,1999 年版。
21. 白非著:《物权法例论》,法律出版社,2005 年版。
22. 孙宪忠编著:《德国物权法》,法律出版社,2003 年版。
23. 孙宪忠著:《中国物权法原理》,法律出版社,2004 年版。
24. 屈茂盛著:《物权法·总则》,中国法制出版社,2005 年版。
25. 梅夏英著:《物权法·所有权》,中国法制出版社,2005 年版。
26. 程啸著:《物权法·担保物权》,中国法制出版社,2005 年版。
27. 尹飞著:《物权法·用益物权》,中国法制出版社,2005 年版。
28. 王效贤、刘海亮编著:《物权法总则与所有权制度》,知识产权出版社,2005 年版。
29. 温世扬、廖焕国编著:《物权法通论》,人民法院出版社,2005 年版。
30. 尹田著:《物权法理论评析与思考》,中国人民大学出版社,2004 年版。
31. 高富平著:《物权法原论·中国物权立法基本问题研究》,中国法制出版社,2001 年版。
32. 谢怀栻著:《外国民商法精要》,法律出版社,2002 年版。
33. 谢怀栻著:《票据法概论》,法律出版社,1990 年版。
34. 谢怀栻著:《合同法原理》,法律出版社,2000 年版。
35. 陈华彬著:《物权法》,法律出版社,2004 年版。
36. 高圣平著:《动产抵押制度研究》,中国工商出版社,2004 年版。
37. 高圣平:《担保法新问题与判解研究》,人民法院出版社,2001 年版。
38. 张俊浩著:《民法学原理》,中国政法大学出版社,2000 年版。
39. [意]彼德罗·彭梵得著:《罗马教科书》,中国政法大学出版社,1992 年版。
40. [德]鲍尔·施蒂尔纳:《德国物权法》,法律出版社,2004 年版。
41. 江平主编:《中国土地立法研究》,中国政法大学出版社,1999 年版。
42. 王利明著:《民商理论与实践》,吉林人民出版社,1996 年版。
43. 王泽鉴著:《民商法论丛》(第三卷),法律出版社,1995 年版。
43. 张俊浩主编:《民法学原理(修订版)》(上、下册),中国政法大学出版社,2000 年版。
44. 龙卫球著:《民法总论》,中国法制出版社,2001 年版。
45. 徐国栋著:《民法基本原则解释》(增订本),中国政法大学出版社,2001 年版。

46. 梅夏英著:《财产权利构造的基础分析》,人民法院出版社,2002年版。
47. 吴汉东、胡开忠著:《无形财产权制度研究》,法律出版社,2001年版。
48. 王利明主编:《物权法专题研究》,吉林人民出版社,2002年版。
49. 陈华彬著:《现代建筑物区分所有权制度研究》,法律出版社,1995年版。
50. 柳经纬主编:《物权法》,厦门大学出版社,2005年版。
51. 陈信勇编著:《物权法》,浙江大学出版社,2004年版。
52. 屈茂辉著:《物权法·总则》,中国法制出版社,2005年版。
53. 屈茂辉著:《用益物权制度研究》,中国方正出版社,2005年版。
54. 许明月著:《抵押权制度研究》,法律出版社,1998年版。
55. 苏力著:《法治及其本土资源》,中国政法大学出版社,1996年版。
56. 何美欢著:《香港担保法》,北京大学出版社,1995年版。
57. 苏永钦著:《民法物权争议问题研究》,五南图书出版社,1999年版。
58. 杨仁寿著:《法学方法论》,三民书局,1995年版。
59. 江平主编:《中国物权法教程》,知识产权出版社,2007年版。
60. 崔建远主编:《我国物权立法难点问题研究》,清华大学出版社,2005年版。
61. 常鹏翱著:《物权法的展开与反思》,法律出版社,2006年版。
62. 王效贤、夏建三著:《用益物权制度研究》,法律出版社,2006年版。
63. 黄松有主编:《〈中华人民共和国物权法〉条文理解与适用》,人民法院出版社,2007年版。
64. 全国人大常委会法制工作委员会民法室编著:《〈物权法〉(草案)参考》,中国民主法制出版社,2005年版。
65. 杨立新主编:《大众物权法》,北京大学出版社,2007年版。
66. 本书编写组编:《〈中国物权法〉辅导读本》,中国民主法制出版社,2007年版。
67. 徐涤宇主编:《〈物权法〉热点问题讲座》,中国法制出版社,2007年版。
68. 吴高盛主编:《〈中华人民共和国物权法〉解析》,人民法院出版社,2007年版。
69. 王胜明主编:《〈物权法〉学习问答》,中国民主法制出版社,2007年版。
70. 江平主编:《〈中华人民共和国物权法〉解读》,中国政法大学出版社,2007年版。

71. 王胜明主编:《〈中华人民共和国物权法〉解读》,中国法制出版社,2007年版。

72. 全国人大常委会法制工作委员会民法室编著:《〈物权法〉立法背景与观点全集》,法律出版社,2007年版。

73. [德]海因·克茨等著:《德国民商法导论》,中国大百科全书出版社,1997年版。

74. [德]迪特尔·梅迪库斯著:《德国民法总论》,法律出版社,2000年版。

75. [日]我妻荣著:《债权在近代法中的优越地位》,中国大百科全书出版社,1999年版。

76. [日]我妻荣著:《新订担保物权法》,岩波书店,1982年版。

77. [英]F. H. 劳森、B. 拉登著:《财产法》,中国大百科全书出版社,1998年版。

二、外文书目

1. Hans Josef Wieling, *Sachenrecht*, Verlag Springer, 1997.

2. Karl Larenz, *Allgemeiner Teil des Burgerlichen Rechts*, 7 Auflage, Verlag C. H. Beck, 1997.

3. Vinding Kruse, *The right of Property*, Oxford University Press, 1953.

4. Olin Browder, *Basic Property law*, West Publishing Company, 1989.

5. Andrew Reeve, *Property*, Macmilan Education Ltd. 1986.

6. Cheshire and Burn's, *Modern law of Real Property*, 13th. ed. by E. H. Burn, Butterworths, 1982.

后　　记

　　物权法的筹备工作始于1993年,2007年3月16日物权法被审议通过,自2007年10月1日起施行,前后历时14年。物权法这部规范基本财产权的法律,作为从法律上明确保护私人财产的一项重要举措,从2002年到2007年,从一审到八审,从而成为全国人大立法史上审议次数最多的法律草案。全国人大常委会法制工作委员会副主任王胜明曾说:"物权立法,既涉及国家的基本经济制度,也关系千家万户的切身利益,社会关注度高,不仅法律性强,而且政治性、政策性强。立法难度之大,操作过程之复杂,可想而知。"物权立法的历程如此艰辛,也正说明了这部法律的重要性及其相关制度学术问题争议的激烈性。

　　物权法的出台是立法的巨大成果,但绝非物权法律问题学术研究的终结。如"重庆最牛钉子户"事件一度引起了全国各界人士的广泛关注,说明物权法律研究任重道远。在物权法刚刚出台之际,关于物权法具体条款注释及适用的著作纷纷出版。这些图书对于广大读者了解、学习物权法大有裨益。但缺少对相关法律问题更深入的探讨,立法争论观点的介绍,以及完善配套立法问题的建议。笔者关注、研究物权问题久已,不揣冒昧,将本人数年关于物权法律问题的研究心得、观点付诸文字。结合物权法律条文论述相关法律问题,正是本书的体例和特点。

　　两千多年前的孟子曾说,"有恒产者有恒心,无恒产者无恒心"。物权法可以说是市场经济稳定与健康运行的最为重要、基本和直接的法制基础和法律保障,也是社会中的每个公民保有和完全支配自己财产、增进福利的"保护神"。当代中国法律人恭奉盛世,鉴证与参与了这一伟大时代的标志性事件,物权法真正走进人们的生活并发挥作用才是物权法律研究者所企盼看到的结果。物权法的出台在中国法治化进程中具有标志性意义,但这仅仅是一个良好的开端,需要广大的法律人积极的参与和深化的研究,因此本书也试图做出这些努力,希冀以自己的绵薄之力为物权法的进一步实施,为物权法迈向现实做出可能微不足道但也全力以赴的探讨。

我要感谢人民出版社所有为我的专著在出版过程中付出辛勤劳动的同志们。我当然还要特别感谢湖北大学政法与公共管理学院对我的专著出版所作的资助。我的研究生在初稿校对过程中发挥了重要作用,在此也一并表示感谢。

陈小燕

2007年12月于武汉丁香苑

责任编辑:洪 琼

图书在版编目(CIP)数据

物权法研究/陈小燕 著.-北京:人民出版社,2008.7
ISBN 978-7-01-007098-8

Ⅰ.物… Ⅱ.陈… Ⅲ.物权法-研究-中国 Ⅳ.D923.24

中国版本图书馆 CIP 数据核字(2008)第 083845 号

物权法研究
WUQUANFA YANJIU

陈小燕 著

人民出版社 出版发行
(100706 北京朝阳门内大街 166 号)

北京集惠印刷有限责任公司印刷 新华书店经销

2008 年 7 月第 1 版 2008 年 7 月北京第 1 次印刷
开本:710 毫米×1000 毫米 1/16 印张:19.75
字数:350 千字 印数:0,001-2,500 册

ISBN 978-7-01-007098-8 定价:49.00 元

邮购地址 100706 北京朝阳门内大街 166 号
人民东方图书销售中心 电话 (010)65250042 65289539